越来越

作词：杨海潮
作曲：零点乐队
演唱：零点乐队

人在人海里漂泊
被风吹雨打着
未来有谁能够把握
眼前无数灯火
哪一盏属于我
答案总让我们沉默
城市越来越高了
天空越来越小了
我为生活奔波着
笑容越来越少了
我是繁华世界里
平凡的角色
总被幸福这场戏冷落
全靠梦想支撑着一步步走过
这是冷暖自知的生活

干杯，朋友！

流浪北京的日子

杨海潮◎著

山西人民出版社·山西出版集团

图书在版编目（CIP）数据

干杯，朋友/杨海潮著. —太原：山西人民出版社，2010.11

ISBN 978-7-203-07065-8

Ⅰ.①干… Ⅱ.①杨… Ⅲ.①杨海潮—自传 Ⅳ.①K825.76

中国版本图书馆 CIP 数据核字（2010）第 234250 号

干杯，朋友

著　　者：杨海潮
责任编辑：阎卫斌
装帧设计：小徐书装

出 版 者：山西出版集团·山西人民出版社
地　　址：太原市建设南路 21 号
邮　　编：030012
发行营销：0351—4922220　4955996　4956039
　　　　　0351—4922127（传真）　4956038（邮购）
E — mail：sxskcb@163.com　发行部
　　　　　sxskcb@126.com　总编室
网　　址：www.sxskcb.com

经 销 者：山西出版集团·山西人民出版社
承 印 者：北京飞达印刷有限公司

开　　本：700 mm×1000 mm　1/16
印　　张：17
字　　数：245 千字
印　　数：1—10000 册
版　　次：2011 年 1 月　第 1 版
印　　次：2011 年 1 月　第 1 次印刷

书　　号：ISBN 978-7-203-07065-8
定　　价：26.00 元

行吟诗人的长安梦

2006年前，我从没留意自己最喜欢的歌《月牙泉》的词曲作者叫杨海潮，直到认识这个人。

来到北京后，我曾在北新桥附近蜗居过好几年，当时那一片还没有进行旧城改造。在香饵胡同口，有一家音像店，大约在1999年的冬天，总在循环放几首歌招揽顾客，其中一首歌便是田震唱的《月牙泉》。它一下子便击中了我心中的软处，尤其听到："我的心里藏著忧郁无限/月牙泉是否依然/如今每个地方都在改变/她是否也换了容颜。"我的思绪就回到了甘肃，那块我度过四年大学时光的土地，回到春日榆叶梅开、柳丝拂面的校园。

其实，2000年我才有缘去敦煌，去看莫高窟和月牙泉。坐在泉边的流沙上，我想起自己在满城冠盖的京华这些年来艰难的打拼。问自己：为什么非要逃离大西北，去那个繁华的京城呢？回到旅馆后，扯下一页信纸写下了一首诗《月牙泉的等待》，开头是这样写的：

"什么时候/你的眼泪流尽了/便汇成，这股清泉/你的等待，
风化成/三危山上的雅丹/和秦时的冷月、汉时的寒关/一起长眠/
一千年还是一万年？"

很明显，诗受到了舒婷《神女峰》的影响，且《月牙泉》的旋律和歌词总萦绕在耳边，大有"崔颢题诗在上头"的感慨。我知道古代的诗词是可以配上曲子由歌手来歌唱的，所以如插上翅膀，在帝国的广袤疆域内飞翔。而我的诗，不但由于常年的公文和新闻报道写作使诗意枯竭，而且也没有旋律给它以生命，只能是躺在我抽屉里的几行字。

与海潮结识后，知道他是《月牙泉》的词曲作者，我一下子觉得那样亲切。更让我惭愧的是，他竟然从没有去过敦煌，对月牙泉只是想象。我心有不甘地说了句，见面真不如想象。

后来随着两人的交往，我发现我们虽然生长的自然环境差别甚大，但气味相投遂引为同调。我比他早12天来到这个世界，于是，70年代初生人的我俩，常说的话题便是我们这代人的经历。我发现两人的少年时代心路历程是那样相似，曾对他说：我们算是给这个国家农耕文明唱挽歌的一代，还抓住点理想主义的尾巴。我们的下一代，是彻底拥抱了工商文明。

他深以为然，几回酒酣时，就找一个KTV，为我们一帮哥们唱他那首不如《月牙泉》《楼兰新娘》知名的《生于七十年代》：

一张木头小方桌/围着伙伴们和我/我们在听岳飞传/高宠正在挑滑车/红灯牌的收音机/宽广我儿时的天地/真的感谢刘兰芳/让我学会去想象/我想你，我想你/那些属于我的快乐记忆/我想你，我想你/仿佛梦过一场了无痕迹/那年学习张海迪/我们去街上扫地/我得了全班的第一/让我自豪了一学期/高三那年我爱上/坐在我前排的姑娘/一次无意的对望/她的羞涩永难忘/我想你，我想你/那些属于我的快乐记忆/我想你，我想你/仿佛梦过一场了无痕迹/小学语文第二册/有一只乌鸦找水喝/好像在说现在的我/日复一日的奔波/朝九晚五的人群/走着现在的这个我/要忙的事情有很多/只是少了些快乐。

再后来，我读完他这部《流浪北京的日子》的书稿，便不再把他看成一个音乐人，而认为他是这个时代几乎快要绝迹的行吟诗人。一路吟唱，走进京华。

我们或许是中国几千年来最后一拨、只有是幸运儿才能离开故土走进大都市的农村和小城镇青年，在我们以后，中国的年轻人如潮水一般集体离乡，中国人的故乡，地不分南北已呈现空巢化了。而在我和海潮的青少年时代，高考（古代是科考）和从军依然是小地方青年走出故乡、改变命运的两条狭窄的小道。那时候的高考真正是“千军万马挤独木桥”。我比海潮幸运，应该说比他更能遵循世俗的路径，考上了西北一所不错的大学。而海潮，以行吟诗人的豪气与胆识，闯进了北京。

海潮虽然在汉唐古都、地理上的长安周边长大，在唐代他的家乡属于京畿道，但而今已然残破，风光不再。北京，在我们这代人的眼中，就如汉唐的士人眼中的长安。事实上，由于长安是中国两个强盛王朝汉、唐的首都，她不是简单的一个地理名词，而成了这个国家都城的代称。两宋时，“长安”就是汴梁和临安，元、明、清时，“长安”就是北京；民国时，“长安”则是南京；而今，北京又成了“长安”。

我和海潮，或许更多的同龄人，年少时都有一个长安梦。我的实现方式，则是循古人的路径，高中黄榜，获得进城的资格。而海潮让我佩服和尊敬的是，他在连续高考落榜后，腰揣五元钱的硬币，敢于逃票来到陌生的“长安”。相比较而言，我的梦更为平庸与现实。

1992年春节过后，海潮在宝鸡随意爬上一辆东去北京的火车时，我在哪里呢？很有可能当时也坐在火车里，由南往北，到郑州往西折向兰州。两辆车在陇海线上交错而过也未可知。

好多年过去了，能在“长安”结识海潮，是我的幸运。

长安居，大不易，自古皆然。当年唐帝国各地籍籍无名的士子们来到亚洲的心脏长安城，无不希望在这个繁华的帝都里实现自己的梦想。其中的幸运者，有些如孟郊那样，因题名雁塔从而“春风得意马蹄疾，一夜看尽长安花”；有些如李白那样，靠自己的才华，让贺知章这样的文坛祭酒惊呼“谪仙人”，为之“金龟换酒”。后一种方式，看起来浪漫而传奇，但却要艰辛得多，非有过人才华和坚强毅力者所不能至也！

海潮走的是后一条路。他自嘲为“六无人员”（无户口、无学历、无工作、无钱、无房子以及无个头），凭一个“关中愣娃”的倔强，有点不知天高地厚地闯进“长安城”，从连简谱都不识的起点，到成为一个知名的词曲作家，不能不说是一个奇迹。

然而，我并不把这本书看成是一部寻常的“北漂”成功史、乐坛轶事集或中年人回忆录，作如是观则会降低本书的历史厚度，而认为这部书在为一种人甚至是一代人精神作传。我相信多年以后，这部书能成为记录一个时代思想变迁与文化形态的文本。读完这本书的人，应当相信，在任何一个时代，哪怕是物欲横流、人情浇漓、世风日下的时代，有诗人气质的人，依然有生存下去并获得成功的理由与机遇——只要能坚守，不放弃。

“诗人气质”是什么呢？我的理解是，无论是得志而失意，无论身处何地，这个人决不舍弃狂野的想象、不羁的灵魂、自由的心灵、独立的人格和悲悯的情怀。远如杜甫，在午餐还没有下落的时候，登上岳阳楼，仍在吟诵“戎马关山北，凭轩涕泗流”。近如聂绀弩，发配北大荒，还在感叹：“文章信口雌黄易，思想锥心坦白难。”杨海潮就是这么一类人，他有过候车室过夜、混迹北大数年的窘迫，有过当化工厂工人、从事小商贩之类“鄙事”的不得已，也有过一曲成名天下知的风光。但他对物质的追求，仅仅是为了解决简单的衣食住行，除此之外，他一直致力的，就如历代行吟诗人那般，用歌曲唱出自己的心声，表达自己对这个世界的看法。如他书中所言：“在我看来，心无感触的创作毫无价值，那样的东西数量越多，对接受者就越是一种折磨。我的创作动机，来自这个世界给我的直觉。”

海潮就像一个唐代诗人行走在当下。我们熟悉后，有一次聊天，他说他最喜欢的一首诗是唐代虞世南的《蝉》：“垂緌饮清露，流响出疏桐。居高声自远，非是藉秋风。”这首诗没有盛唐的华丽恢宏，没有晚唐的凄迷婉约，然而它所表现出的纯洁高贵的精神层次，为后世同题诗人所难及。海潮喜欢它，我看成是他对自己人格的一种磨砺与自许。

正因为有种浓郁行吟诗人的气质和情怀，海潮创作的歌曲，听起来旋律不复杂，歌词也通晓如话，但是从内心流出来的真情感，总能一下子让听众感动，而其审美情趣，与中国的古典诗词特别是唐诗一脉相承。如他那首几乎家喻户晓、有 KTV 处必有人歌之的《干杯，朋友》，歌词分三阙，唱离别之忧伤，但忧伤之余，更多的是勉励朋友，追求自由的空间，不为形役的生活，走再长的路，经历再多的风霜是值得的。“天空是蔚蓝的自由，你渴望着拥有。但愿那无拘无束的日子，将不再是一种奢求。”“绿绿的原野没有尽头，像儿时的眼眸。想着你还要四处去漂流，只为能被自己左右。”这亦是词曲作者夫子自道。这首歌之所以能一下子就引起听者的强烈共鸣，是因为大多数人渴望精神上的自由，想象过漂流天涯的生活，但为生计，只能过着“不能被自己左右”的生活，《干杯，朋友》安慰了这样缺憾的心灵。有一次在酒桌上，我对海潮说这首歌，是今日的“阳关三叠”，兼有“劝君更尽一杯酒，西出阳关无故人”和“莫愁前路无知己，天涯谁人不识君”之旨趣。酒后的他颇为自得地笑了。

杨海潮在书中一再庆幸自己的好运气，在生命重要的节点，他总能碰到对他提供巨大帮助的“贵人”。我认为固然有与之相识的人欣赏其才华的原因，但更重要的是其性格使然。在中国，人际交往学是传统的“显学”，而权谋盛行亦是“国粹”之一。这是由于中国的政治权力长期对社会资源过于强大的控制，个人因渺小和弱势不得不小心谨慎行事，胸有城府甚至有些世故和圆滑，是受到推崇的处事态度，真诚坦率常被看成“不成熟”的表现。但这是由社会缺乏相对公平竞争的环境决定的，多数人未必就喜欢少年老成、看上去让人猜不透心思的人。这样的人或许在单次的利益分配中占便宜，但人们很难把他当朋友对待——谁愿意和一个看上去老练世故如五十岁、实际年龄却不到三十岁的年轻人交朋友？生活中我们会看到许多心计颇多、八面玲珑的年轻人，进入职场最开始能占据有利地势最后却难有大的成就，因为没多少人愿意帮助这样的“聪明者”。而海潮狷而不狂，待人真诚仗义，轻俗利却人情通达，与这样的人交往不但不会感觉到威胁，而因其坦荡与良善的品格，更愿意和他成为朋友。这也是生活中常说“傻人有傻福”的原因，此乃社会的一种平衡原则。

感谢海潮，他的文字让我回忆起上世纪90年代早期那段时光，大学

“扩招”还没有开始，“房奴”更是一个未来的名词，理想主义不像今天几乎成了一个贬义词，靠自己的奋斗可以改变命运的信念还不曾被怀疑。因此，北大的校园才可能接纳他这样一个“六无人员”，他的身边也才可能聚集起那么多忧道不忧贫的同龄人，身无半文却一点也不影响歌唱理想、憧憬未来的心情。也因此，我这样没有任何社会关系的农家子弟能分配到北京，实现我的“长安梦”。

不知道今天海潮的人生奇迹能否被复制，但愿不是绝响。

人生若梦，岁月如流，我们已到中年，正在长安城里慢慢地变老。但诗人的心，永远不会老去！海潮，别停止歌唱，期待你更好的下一曲。

十年砍柴

2010年11月17日　北京　定福家园

目　录

序　行吟诗人的长安梦　1

第一章　五块钱，开始北漂　1

第二章　小城里的梦想　25

第三章　第一次北大“编外生”　47

第四章　化工厂工人、小商贩、推销员……　64

第五章　在北大的日子　92

第六章　她离去之后……　124

第七章　“中国首届不插电音乐会”　155

第八章　高校巡演与央视晚会　178

第九章　我的音乐工作室与《月牙泉》　201

第十章　干杯吧，朋友！　233

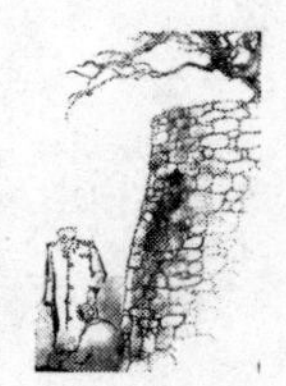

第一章　五块钱，开始北漂

1

1992年寒假，当时我已两次高考落榜，参加一个补习班，准备第三次高考，一个屡考屡不中的人很难有什么好心情。终于在那年春节，我在与父亲的一次激烈争吵之后决定离家出走。我收拾了简单的行李，但是带上了几乎所有的鞋，棉鞋、球鞋甚至还有一双拖鞋。这是因为我当时觉得这一走，还不知道什么时候才能回来，而路漫漫其修远，鞋是必不可少的。出了家门，才想起自己身无分文，站在刺骨的寒风里，我有些动摇，可马上就灰溜溜地回家显然太滑稽了，毕竟自己两分钟前那声气壮山河的“我再也不会回这个家”还犹在耳畔，那样的话也太没面子了。遂打消此念，义无反顾地向着十公里外的宝鸡火车站走去。一路上，总有大大小小的便民车（宝鸡人对此类私营公交车的简称）在我身边停下来问我上不上车。刚开始我还以自己在“长途锻炼”为由礼貌作答，后来问得多了，我干脆装聋作哑，他们哪里知道我身无分文。

走了五公里，路过陆军第三医院，我想去看看家住这里的朋友程光进，跟他道个别，谁知道什么时候才能再见面呢？当然，也抱着向他化点缘的目的。正值春节，程光进一家热情地招待了我。在得知我要一个人“勇闯天涯”时，我的朋友并不吃惊，对我一番鼓励的同时他打开了自己的储蓄罐，捧出一堆硬币，全是五分的。我们还数了数，有一百多个，总共五块多钱。看得出程光进对自己只能帮助我这么点很不满意，这也难怪，那时候大家都没什么钱，即使是零花钱也很少，五块钱在当时还是能干不少事情的。最重要的是，朋友的鼓励对当时的我来说，比什么都重要。就这样，我怀揣叮当作响的一百多个硬币，开始了我人生的第一次流浪。我一直不明白为什么要用“穷得叮当响”这句话形容一个人穷，可当这一百多个五分硬币在我身上叮当乱响的时候，我彻底明白了。

世上所有的火车站都是要凭票乘车的，宝鸡火车站当然不会例外，对此我早有准备，毕竟一把五分硬币所能到达的地方决不是我此行的梦想之地。于是我顺着铁路向西走了大约一里路，从红旗路铁路桥一个没有围墙的地方钻了进去，又往回走，顺利地走到了站台。幸亏元宵节快到了，又是春运高峰，没人在意我这个漏网之鱼。站在站台上，我才发现自己根本不知道要去哪里？只知道自己想去遥远的地方，至于想去干什么，心里却一片茫然，只是觉得自己会唱歌，在我们学校也号称四大歌王之首，应该不会饿着的吧？现在看来，天下的盲流们，在流浪之前的心理活动都不过如此吧。当下决定，只要是停在这个站台上的火车，不管去哪里，我都上！

这么想着，一列火车徐徐开来，是从成都到北京的164次。老天！世上还有这么挤的火车，从站台上往里看，人头密密麻麻。更可怕的是，站台上全是想上车的人，可很多车门根本不开，很多人在砸门，也有很多人企图推开车窗强行钻入，而车内的人同仇敌忾，死死地拉住车门或车窗，站台上和车内的人形同水火，互相叫骂。我发现有一节车厢的门突然开了，有个中年妇女和她的儿子以及行李被车上的人扔了出来，她和她的儿子以这样的方式到达目的地后的第一个反应令我至今难忘：她爬起来抻了抻衣服，转头用宝鸡话给了车上推他们的人以最狠毒的诅咒：让火车开到渭河里把你改我儿（宝鸡方言：你们这些我的儿子）淹死去！

我瞅准车门还未关上的间隙，顾不上本次列车即将开进渭河里的诅咒，一把抓住车门旁的扶手，飞身而上。车上的四川民工就像连体兄弟般地拼命用手推，用脚踹我，一番挣扎之后，我带着胸前的几枚脚印终于和脚印的主人们连为一体，虽然只有一只脚着地，但已十分满足。对于一个逃票的人来说，没什么比车上挤得水泄不通更好的了，果然，此后的二十多个小时中，我连乘务员的影子都没见着。

车开动后，虽然还是很挤，但比刚才松快点了，我数了数，我所在的两节车厢的接合部竟然挤着将近三十个人，而就连两边的厕所都挤了八个人。多年后流行的"零距离"这个词，可以生动地形容这个场面。离我不远的一个当兵的，被几个男女民工馕包肉似的裹在中间，当时我要有相机就好了，那个画面简直就是最形象的"军民团结如一人"。车过我们家的时候，我把头努力伸向车窗，可是家一晃而过，我的思绪被未知旅途的新鲜感占据，心里并不难过。直到几年后的一天和妈妈聊天，才知道我走的那天，她拿着一些食物和一大罐头瓶茶水追到宝鸡火车站，她当然没见着我。直到现在，每当想起白发苍苍的妈妈手捧一大瓶水在人群中焦急地找我，呼喊我名字的时候，我还是会忍不住流下泪来。亲人和朋友，世间再没有什么比他们更珍贵了。

原以为车过西安后会宽敞点，没想到比原来更挤，但是这样也有一个好处，那就是你尽可以放心地站着睡觉而不用担心会摔倒。我就这样用左右脚交替着一路金鸡独立，迷迷糊糊地到了郑州，终于有了一个可以坐下的地方。这时已是半夜，我饿得难受，也渴得要命，听见站台上有人用河南话喊："高橙，高橙，一瓶两块，三块两瓶。"我本想只买一瓶，可是算了算还是买两瓶划算，于是从兜里抓出那把五分硬币，数出六十枚。周围醒着的人都用一种怪异的目光看我，毕竟一个大小伙子数一把硬币买东西比较少见。当我把这一把硬币递给那个卖高橙的人时，看得出他挺不情愿，在接过硬币后大概数了数就匆匆走掉了。

这时车已开动，一件让我和周围人大开眼界的事情发生了，随着车厢的晃动，只见那两瓶"高橙"如同巫婆配制魔水般起了反应，一种黄色的，油腻腻的东西开始向瓶子上部聚集，不一会儿工夫，这两瓶所谓的"高橙"就变成了两瓶上半部分黄，下半部分白的可疑液体。我在心里万分心疼那六十枚硬币的同时，也借用了宝鸡火车站那位中年妇女的诅咒："让火车开到大街上，把改我儿骗子碾死去！"哎，一滴水都没喝到，财产却已损失过半，我当时的心情真是沮丧到了极点！多年以后看到网上有一篇“河南人惹谁了?”的帖子，我想都没想，马上恶作剧般地跟帖：“惹我了!”

2

车过邯郸时已是凌晨，有两个人也不知为什么打起来了，以后的岁月中我见过很多次斗殴，但都没有这次惨烈。人们瞬间向车厢两边涌去，使得本来挤得水泄不通的车厢中部，出现一大片空荡荡的座椅，而众人都默默地看着这两个人拼命地厮打。我被涌过来的人群压倒在地几乎窒息，那一刻，我真的有些后悔了。直到一个人惨叫一声后，车厢内渐渐恢复了平静，我好不容易爬起来，捡起早已被踩得不像样子的包，看见刚才打架的其中一个，已经满脸是血，倒在地上一动不动。直到石家庄，才有乘警和站台上的医务人员把他抬了下去。看着满车厢灰头土脸、满面倦容的乘客，再看看地上还未干的血迹，我在想一个问题，为什么我们大多数国人如此狼狈不堪地活着?这个问题从没有随着我年龄的增长、阅历的丰富而隐去，相反，在以后的岁月中它总是频繁地在我脑海中闪现。

看来首都就是不一样，列车上的广播在哑巴了二十多个小时之后，似乎终于想起自己还有播音的功能，于是在激昂的《北京颂歌》中，一个庄严的女声开始了对我们伟大首都的赞美。我心里一阵激动，长这么大了，这可是第一次到北京啊。可随后想起的一个问题让我的心凉了半截，我知道，首都的火车站检查肯定严格，我不可能像在宝鸡站那样蒙混过关，一旦查出我没票，还不得被遣返回家?那可是我极其不愿看到的结果，难道自己一路金鸡独立到北京，就是为了领教一下首都警察的遣返功力?不能，绝对不能，正在我一筹莫展之际，那个庄严的女声适时响起：“旅客们请注意，前方到站：丰台车站……”真是谢天谢地，我知道自己有救了。

我之所以知道自己有救了，是因为我的地理学得很不错，虽然我两次高考落榜，但那都是因为数学成绩太低了，足以冲刺全国最低纪录：总分120分，而我只考了22分。所以即使我的语文、英语及历史、地理成绩基本上都在80分以上，我也因为数学和政治两门分数太低而与大学无缘。此刻我一听到丰台车站，就知道此地离北京只有十几公里，是个小站，而这种小站，无疑是我这种逃票者的天堂。

在丰台站下车后，才发现情况比我想象的严酷。首先，这是个小站，下车的人不多，我所希望的那种鱼龙混杂的场面，根本就没有出现。再者，此时正是春运高峰，站台上的警察和铁路工作人员却不少。我准备硬着头皮从检票口混过去，可下车的人实在太少了，没一会儿就已经走得差不多了，感觉检票员都比乘客多，我如果现在过去无异于自投罗网。看来只有沿着铁路走出去了，可站台两头各站了一个警察，更要命的是，其中一个足有一米七五，壮如铁塔的女警察看出了我的可疑，手拿步话机威风凛凛地向我走来……那一刻，我简直要崩溃了！但随后发生的事情，即使是我现在回想起来，还是觉得不可思议。看来，急，确实可以生智：我迎着女警察走了上去，开始先发制人："阿姨，刚才164上打架，我的包被踩得乱七八糟的，票也没了，这事你们得管呀。"

我一边说一边把脏兮兮的包捧给她看。她听完我的诉说马上双手一摆："这不关我们的事啊，你得找164的乘警，找他们去呀。"在她说这话的同时，164次列车正在如我所愿地驶离丰台站，于是我说："164走了，这可怎么办呀？"女警察显然不愿处理这种麻烦事："这事跟我们一点关系都没有，要不你去找北京站公安处，这事他们管。"我作出一副为难的样子："我的票也没了，怎么去北京站啊？"她听罢向我一招手："来吧，跟我走。"于是我这个逃票者在这位好心的女警察护送下，顺利地出了丰台站。我对她千恩万谢的时候不好意思抬头看她，毕竟我能自由地站在北京的土地上，是用我对她的一半谎言换来的。

出了丰台站，我才感觉自己饿得要命，可不是嘛，上一顿饭还是在程光进家吃的，距现在都快三十个小时了，这期间我粒米未进，滴水未沾。我向四周看了看，心想这是北京吗？怎么也这么破破烂烂的？一片片圆屋脊的低矮平房。但是随处可见的"北京市×××"的牌子让我觉得自己确实已经来到了北京。我没有按照女警察给我的提示去坐337路汽车，原因很简单，自从“高橙事件”后，我所有的财产就只剩下不到六十个五分硬币了，我想在最关键的时候再动。这样想着，我就沿着337路汽车的路线向市区走去，沿途看见一户人家门前的水龙头没有上锁，就趴在水龙头上顾不得冰冷刺骨地大喝了一通，暂时平息了胃的抗议。这样做的结果是，当我走路时，身上除了发出“穷得叮当响”的叮当声之外，又多了一种来自胃腔的水的咣当声，此起彼伏，好不热闹。

天气虽冷但阳光灿烂，初到北京的喜悦随着市区越来越近也愈发高涨，没多久我就来到了公主坟，接着顺长安街往东走到了木樨地。在木樨地桥头，我看见一个大妈在卖煎饼果子，在陕西从没见过，那诱人的颜色和扑鼻的香味使得刚被我用凉水骗过的胃顿时醒悟，它以一阵剧烈的抽搐向我提出更强烈的抗议，而肚子此时也落井下石，跟着咕咕叫起来。面对它们这种联手抗议的群体性事件，我不得不数出十六枚硬币，花了八毛钱买了一个，这东西真好吃，不是因为当时饿极了，而是确实很好吃。而我的肚子和胃也就像勤劳朴实的我国人民一样宽容，在得到这点补充后便偃旗息鼓，一路配合着我的双脚向东走去。

一路走过礼士路、复兴门、西单，这些地名总是隔三差五的，出现在央视的新闻联播中，我一点都不陌生。大约下午两三点的样子，我走到六部口，往左一看：一幢中国式的金碧辉煌的两层阁楼，门口站着威严的礼兵，门前还有一个穿军绿色呢子大衣的礼兵走来走去，我想这就是新华门吧。这时候我已经很累了，就打算在旁边的花坛栏杆上休息会儿，刚坐下，就看见那个礼兵向我走来，难道这地方不能坐吗？我就站起身打算离开，没想到那个礼兵指着栏杆说：“没事，你坐你坐。”我一边坐下一边纳闷他要干什么？他可能看我戴着眼镜，就问：“你是大学生吧？”那年月大学生可真是天之骄子，我心里真想说我是，可自己又没那个资格，而此时我已经看出他是因为无聊想找人说话，于是就半开玩笑地回答：“不，我还在上高五。”

他果然一惊：“你们高中要上五年？”我看他朴实的脸上堆满惊讶，就忍着笑继续跟他开玩笑：“上几年的都有，就看你的毅力够不够顽强了，我有个同学已经上到高八了。”听到这里他总算明白过来：“噢，你还在补习啊！你说话还挺逗的。”在随后的聊天中，我得知他来自苏北农村，因为保密的原因，家人只知道他在当兵，但并不知道他在哪里当兵。1991年他的家乡也遭遇了那次著名的洪水，他也没能回家看看，只是从信中得知家人还好。我对此表示同情的同时也觉得我该走了，万一这位守卫中南海的卫士，因为跟我聊天而让敌人钻了空子，那我的罪过可就大了。于是向他道别，顺便问他天安门在哪儿。只见他把手往东一挥：“那不就是吗。”可不是，那个从我懂事起就被植入脑子的光辉建筑物，从没有像现在这样，离我如此之近。

3

天安门广场真大，风也真大，四处红旗招展。北京的风真厉害，就像精确制导过一样，专往人身上怕冷的地方钻。虽然我穿着棉袄还套着一件牛仔衣，但由于三十多个小时只吃了一个煎饼果子，身上几乎没什么热量，站在广场上就跟没穿衣服一样。肚子此时也不争气地咕咕叫起来，所以以往书上对于天安门广场那些诸如庄严、伟大、雄伟的描述在我这里基本没有得到什么体验。是谁说“民以食为天”的？他简直就是个圣人！冬天的北京白天很短，才四五点钟日已偏西，人在黄昏的时候最容易伤感，看着街上匆忙回家的人流我也开始想家了。以往这个时候，正是家里准备晚饭的时候，我这一走，妈妈还不得急死？我又想到了自己的女朋友，我走的时候没办法通知她，如果她知道我离家出走了心里该有多难过？我这样一边走一边想，天也就黑下来了，天一黑，我也辨不出方向了，其实，对我来说知道方向又有什么意义呢？去哪儿都一样，反正除了天安门城楼上的毛主席像，我一个人也不认识。

我就这样漫无目的地乱走，也不知道能在哪里过夜，这样走着走着竟然走到了王府井。那时候的北京一到夜里就比较冷清，只有像王府井这样的商业区还是灯火辉煌，人头攒动。我夹杂在人群中向前挪动，突然很后悔来到这里。如果说中午的那个煎饼果子就让我的胃和肚子联手抗议，那现在街两边琳琅满目的烧鸡、烤鸭已经让它们联手暴动了，我把皮带勒到最后一个扣也没能镇压。肚子的咕咕声是那样大，以至于它每响一次我都会小心地看看周围人的反应。路过一个卖茶汤的小饭馆时，我实在无法忍受那种没完没了的咕咕声了，于是问了问价钱，得知一块钱一碗，我就转过身数了数还剩下多少硬币：还有二十四枚，一块两毛钱。我把四枚硬币装回口袋，用一块钱买了一碗茶汤，迫不及待地享用起来。我以为所谓茶汤应该跟我们陕西的油茶差不多，没想到它竟然是甜的，热乎乎的挺好喝。出来后被冷风一吹，一个现实的问题摆在我面前：今晚该去哪里过夜呢？旅馆之类的场所显然不在我的考虑范围之列，还是去火车站吧，那里有椅子还有暖气，对，就去那儿。天下盲流考虑问题的思路，总是惊人的一致。

这儿离北京站没多远，没多久我就走到了。当时还没有北京西站，北京站也远没有现在这么整洁，广场两边全是违章的简易饭馆，广场上，人头攒动，垃圾遍地，各色人等，鱼龙混杂。令我诧异的是，很多人就铺着被子睡在寒冷肮脏的站前广场上，而候车大厅里的人并不是太多，我走到门口才知道，是要凭票入内的。而广场上这些成千上万的人，都是没买着票或像我一样没钱买票的人。我试图向把守候车厅的中年女乘务员解释，说我是一个外地学生，以博得她的同情，可她连看都懒得看我一眼，只是用手指了指“凭票候车”的牌子就接着想她那高深莫测的心事了。我透过玻璃，看到候车厅内高悬的“人民铁路为人民”几个大字，情绪复杂。

本来我打算也跟别人一样，在车站广场上凑合一夜，可是在地上坐了不到半小时就受不了了，尤其是我没有帽子，耳朵冻得生疼。我想起白天在天安门广场路过的地下通道，那里应该是避风的好地方，只要没风，光是冷还是可以忍受的。于是我站起身，背好包，向人打听好天安门的路线，拖着双腿向梦想中的避风港走去。此时街上人已很少，我路过崇文门的时候，几个联防队员不住地打量我，我倒真希望他们过来盘问盘问，以没有身份证形迹可疑为由把我带到派出所去，那至少也是个房子呀！可他们仅仅是看了看我，就把目光移到别的地方去了。这时候我又感到饥饿难忍了，其实这种饿的感觉从我踏上北京的土地就一直如影相随，只不过有时强烈有时和缓罢了。现在我的感觉可以用前胸贴着后背来形容，创造这句话的人绝对挨过饿，否则不可能这么传神。

此时已是深夜，天安门广场上除了执勤的武警几乎没有任何人，寒风刮得广场两边的松树刷刷地响。我来到广场东北角的地下通道，偌大的通道里除了两个雕塑般的站岗武警外空无一人，而这地方也确实没什么风，对此刻的我来说，不失为一个过夜的好地方。可是当我把包放在地上，正准备坐下的时候，一个“雕塑”开口了：“同志，这儿不允许停留，请你离开。”那个时候，陌生人之间相互称呼同志还是很常见的，“同志”这个词还没有像现在这样，成为某类人的专属词。所以当我听到自己被称为这种很有人民内部意味的“同志”时，就一厢情愿地认为即使他不允许我在这儿坐，但应该可以通融通融。于是在空空的地下通道里就回荡起下面这样的对话：

“同志，你看我现在没钱，也没地方去，你能不能……”“同志，这是规定，请你自觉遵守。”“同志，我保证只待几个小时，太阳一出来我就走，我……”“同志，这是规定，我们有纪律。”

看着他一脸坚定，我知道再说下去也没什么意义，他也是在执行任务。于是背起包转身离开，却于无意中，在通道墙上镜片的反照中，看到了自己的尊容：头发凌乱，面容憔悴，心里就想，其实国家就和人一样，只要有了钱就会在意自己的形象，任何一个公民，都有维护国家形象的义务，而我作为公民，此时最应该做的，就是带着这幅尊容尽快离开。可是，我又能去哪儿呢？

本来我想再走一走，只要找个居民区有个背风的地方就行，但又一想，深更半夜的那样不太安全，而且我实在走不动了，广场上有武警，至少安全问题可以保证。这样我就向着人民大会堂方向走去，当然，我虽饥寒交迫，但还没有失去理智到想去人民大会堂借宿，我只是觉得大会堂前面有很多树，风应该小一些。我在大会堂东面的一排冬青树和松树相间的一个地方坐了下来，太累了，就算有更好的地方我也懒得再挪窝了。我从包里掏出一件衣服包在头上，很快就睡着了。

最多有一个小时的样子，我就被冻醒了，那天的气温足有零下八九度，可谓滴水成冰。人在这种环境下，很容易对诸如“暖和”“火炉”“热气腾腾”“红烧肉”等等词汇产生最具体的联想，我一边尽量把头缩进衣领，一边望着远处一座楼上某个窗户透出的灯光，我想这个窗户里面肯定有一个摇篮，睡在里面的小家伙肯定把被子都蹬了，对，她肯定把被子蹬了，因为屋子里太暖和了。我又想到小时候在山里，也是冬天，窗户上全是冰花，窗外北风呼啸，雪如鹅毛，而我们一家人围坐在被窝里打扑克牌，身旁是烧得通红的炉子。我此时多怀念有一次因为吃得太饱，被我像扔铁饼一样扔掉的那个肉夹馍呀，唉，如果它此刻能像飞去来器那样向我飞来就好了。

4

漫无边际的瞎想，我脑子里竟然出现了这样几句：“我头枕着伤痛，身上盖着梦，蜷缩在异乡的街头，幻想成功。我吞咽着泪水，咀嚼着寒风，面对无边的暗夜，编织着光明。”这就是我人生写出来的第一首歌的雏形。虽然这首被我后来完成并定名为《淘梦者》的歌，因为旋律太像郑智化最终被否定，只有不多的几个朋友听过，但是对当时的我来说是莫大的鼓励，我意识到自己也可以写歌，这不是很难的事。这种兴奋让我觉得也不是那么冷了，此时我只有一个念头：“我想回家，越快越好!”没来北京时，对天安门广场的种种美好憧憬，此时早已被饥寒二魔折磨得消失殆尽。现在我就坐在天安门前，却达不到李白“相看两不厌，只有敬亭山”的那种境界，我想，要达到他老人家那种境界，不一定得“酒足”，但最起码也得是“饭饱”。

人在饥饿的时候，行动不是受大脑，而是受肚子指挥。这不，当广场上响起雄壮的国歌进行庄严的升旗仪式时，我没能像众多的外地旅行者那样肃穆地在国旗周围行注目礼，而是被饥饿胁迫着走向王府井。我攥着最后的四枚五分硬币，心想那里肯定有两毛钱能买到的食物，两块钱一笼的包子我是买不起，但一个包子不正好两毛嘛。我真想走得更快一些，可是双腿在昨晚就已经酸痛了。眼看到王府井路口了，肚子却不争气地疼了起来，而且越走越疼，后来竟疼得直不起腰来，我想可能是因为昨天喝了太多凉水，晚上又受了风寒，要拉肚子，于是就赶紧找厕所。

那时候北京的公共厕所不像现在这么多，我问了好几个人，才在马路东边看到一个堪称豪华的公共厕所，很讲究的门上挂着“高标准收费厕所”的牌子，那时候别的厕所五分钱撑死了，可它却像是知道我的底细一般，竟需要二毛钱！我当时正遇到人生三急之一，也顾不了那么多，交钱进去匆匆地解决完，顿时一身清爽。这个厕所确实干净，还弥漫着一股淡淡的水果香，浪漫的《蓝色多瑙河》飘荡其间，可《蓝色多瑙河》此刻在我心里，还不如那个没有到手就被这厕所夺去的包子诱人。人生就是这样，总是让你哭笑不得。

站在大街上，我已彻底从“穷得叮当响”转入一文不名的行列，腹中空空，口袋空空，就快四大皆空了。回家的愿望从没有像现在这么强烈，我根本不在乎这么早回家会不会丢面子，在连填饱肚子都成问题的时候，谁还会在乎有没有面子呢？问题在于，不是说我想回家就能回家，而是我怎样才能回到家？离元宵节还有四五天，我一想到元宵节一过就该开学了，心里就更着急。虽然我高考两次受挫，可在当时跟大家一样，认为只要考上大学，前程必定一片灿烂，想到这里，我开始盘算回家的办法。

首先，我否定了继续逃票这条路，以我现在这样的体力和被体力影响得有些迟钝的智力，再加上人生地不熟，这样做肯定会自找麻烦。那么走到丰台，然后再想办法进入车站逃票回去？这样也不行，万一再碰上那个女警察，我不可能再编出类似 164 上打架把票给打没了的谎话。最后，我打算去找北京站公安处，向他们把我的处境实话实说，我准备主动要求遣返。

早晨九点多，我就出现在北京站公安处。当班的一个满口京腔的警察听完我满脸真诚的诉说后，像看怪物一样地看着我：“哎我说哥们儿，你没开玩笑吧？我看你这样子也不像盲流呀，你是学生吧？再说了，你该不该被遣返也不是我们说了就能算的事儿，那得走一个法律程序你懂吗？如果全国人民都像你这样把北京玩儿个一溜遍，钱花光了就来这儿撂一句‘我要求遣返’，那铁路部门改福利院不就得了嘛。”我真佩服北京人的语言功力，每个字都像是抹了润滑油一样地从嘴里往外出溜儿：“像你这种情况我们哪儿管得过来呀？你得找民政部门你懂吗？”听他这么一说，我如获至宝，向他再三道谢，出来时才想起忘了问是哪个民政部门，于是返身再问，在得到他“应该是北京市民政局吧？具体在哪儿我还真不太清楚，你打听打听吧”的回答后，我再次道谢离开。

穿过站前广场，我被一个京味儿的怪异吆喝声吸引：“盒饭了哎！肉的肉的肉的肉的肉的肉的。”这声音每隔五六秒就响起一次，像录音机录出来一样准确。这样听了几遍，我发现那声“盒饭了哎”后面总是不多不少地跟着六个连珠炮似的“肉的”，那情形很像“盒饭了哎”是一个火车头，拉着后面那六个整齐的“肉的”车皮。这吆喝声太有意思了，对我尤其是我的胃来说，有着莫大的吸引力。我循声望去，看见一个胖胖的小伙子斜靠在广场边的小饭馆门口，周围堆满了敞着口露着肥肉块的盒饭，看上去人好像睡着了，嘴却在机械而准确地重复着那句让我至今难忘的叫卖声。我想尽快离开这里，以免我的肚子和胃再次联手暴动，没想到它们此刻却出奇的安静，看来任何事情习惯了就好了，这大概就是人们常说的饿过劲儿了吧？

5

对于大部分人来说，很少会跟民政部门打交道。所以我在北京街头问了好几个人北京市民政局在哪儿？几乎每个人都觉得这个名字挺熟，可是到底在哪儿，都表示不清楚。我就这样一路问着又走到了前门附近，每到一个路口就去向交警询问，可是北京市民政局的地址，依然如同它的职能那样神秘莫测。终于，在和平门，一个学者模样的老人告诉我，民政局在东四。

看到我对东四这个地名有些茫然，老人往四周看了看，捡了一小块碎砖头然后蹲在地上，很认真地在地上画起了坐标轴："你看，咱们现在的位置在这儿，东四在这儿，你顺着……"他详细地向我标出了民政局的方位后，依旧不放心地问："知道怎么走了吗?"我数学虽差，但毕竟也是上到"高五"的人，XY 轴还是看得懂的，于是向他再三表示感谢并道别。"多可爱的老人!"走出很远，我还在心里感叹。

从北京站开始，我在找民政局的路上就出现了很大偏差，民政局在东边，而我却在一直往西走，这么长的冤枉路让我的双脚苦不堪言，于是在肚子和胃已经习惯沉默的时候，我的双脚却开始和我闹起了别扭，对此我在无奈的同时也充分理解，这就好比一个单位的领导总是盲目决策，手下的人在疲于奔命的同时，发些牢骚也是应该的。于是我又往北走，一路走一走歇一歇，终于在快中午的时候来到北京市民政局的大门口，心中竟有一种像电影上掉队红军找到组织时的那种激动。在门口登记后，我按照门卫的指示艰难地爬了七层楼，来到一个叫"人民信访办公室"的房间，里面只有一个三十多岁的男子，在听了我的来意之后问我："你是哪里人?"在得知我来自宝鸡后他惊讶得说："啊?你是宝鸡的?我以前也在宝鸡工作。"

天下竟有这么巧的事情!在随后的交谈中，我得知他以前在宝鸡工作了很多年，而他工作的那个地质队，和我们家只隔了一条千河。这明显拉近了我们彼此的距离，在得知我饿了两天后，他马上拿起一个碗说："你在这儿等一会儿!"不一会儿他端着两个馒头和菜回来了："食堂快关门了，只有炒白菜，你凑合吃吧。"当时别说炒白菜，就算没菜我都已经感激不尽了!在我尽量装作斯文实则狼吞虎咽地吃完饭后，他说有专门负责处理我这种情况的部门，于是就带我下楼，来到和门卫室挨着的一间挂着好像是什么"信访接待室"的平房，把我交给一个叫张德宽的老人后就走了。真遗憾，我当时都忘了问他的姓名，祝愿这位好心人一生幸福，平安。

6

我走进“信访接待室”的时候，一对学生模样的男女刚从这里离开。张德宽老先生头发花白，精神矍铄，一副老干部的派头。我刚要开口，只见他大手一挥，在空中一停：“你不用说，什么都不用说，我都清楚。”他用一种洞察一切的眼光看着我：“和家人吵架了吧？然后离家出走，没钱回家了吧？”我心想此人真乃神算！他看出了我的纳闷儿，又接着说：“你们现在这些孩子，多让大人操心呀，我每天不知道要处理多少这样的事，刚才那对儿看见了吧？南京中医学院的，挺好的学校，不好好上学谈什么恋爱？还瞒着家里人来北京玩儿，这下好了吧？钱也被偷光了就来这了，我们也不能看着不管呀，我就是专门管这种事的人，我叫张德宽。”

说着，他把几本书放在我面前，其中一本封面上写着《北京市民政战线上的老黄牛——张德宽同志》，我看到这么多书在写他的事迹，顿时肃然起敬。随后他详细地询问了我的情况，在得知我爸爸的姓名和单位电话后，他抓起桌上的电话拨了过去：“喂，是杨同志吗？我这里是北京市民政局，你的儿子现在在我们这儿。”我离桌子很近，很清楚地听到电话那边爸爸的惊讶：“啊？啊？……”我心想幸亏不是北京市公安局，要不然非得把他惊出心脏病不可。我以前也离家出走过，但那都是去了朋友家里，爸爸绝不会想到我这次会跑这么远。随后张德宽在电话里向我爸爸说了问题的解决办法，那就是民政局可以为我提供回家的火车票，但是回家后尽快把车票钱寄来，爸爸在电话里赶紧答应，并对北京市民政局表示由衷感谢。

随后张德宽老先生为我开了一张用来换火车票的证明，上面盖了一个“信访”字样的章。其实我当时根本不知道什么叫信访，也没好意思问他。张德宽在递给我证明的同时给了我五块钱并表明：“这是借给你的，你回去后和车票钱一块儿寄来。”随后他告诉我要去永定门火车站换票乘车，还告诉我去永定门坐几路车。我真诚地谢过张德宽老先生，离开了民政局。来到大街上，我用三块钱买了六个小面包，吃了一个就后悔了，这面包做得太“巧”了，看着很饱满，可是手一捏就成了乒乓球那么小的一团，唉，决策失误啊！早知道买馒头好了。我按照张德宽老先生指的路线上了一辆公共汽车，坐在车上，看着窗外我这两天走来走去的北京城，心里不禁感慨：“唉，还是汽车快呀!”沿途，售票的姑娘让我再次领教了北京人的语言功力，一路上的站名被她以极快的卷舌音报出来，真像是抹了润滑油一样，感觉每个站名都差不多，以至于每到一站，我还得仔细地透过车窗看一下站牌，生怕坐过站。

来到永定门火车站也就是北京南站，我的第一感觉是，这地方解放了吗？如果哪个导演要拍解放前的苦难片，来这儿好了，随便找出一堆人来，根本不用化妆直接就可以拍。怎么首都还有这么脏乱的地方？这么多衣衫褴褛、满面愁容的人？其实我当时哪里知道，永定门火车站是全国各地到北京告状的人，也就是信访人员以及盲流等各色人等最大的集散地及遣返站。而我当时还不知道，那张证明让自己在还不懂得什么是“信访”的时候，也成了信访人员的一分子。

好不容易排了很长的队来到售票窗口前，里面一个女的看了一眼我的证明给了我一张票，我一看，却是一张从北京到石家庄的慢车票，我以为她给错了就说：“我要去宝鸡，不是石家庄。”没想到那女的听了后很不耐烦地说：“你是信访人员你知道吗？信访人员只能坐区间慢车!”随即就不再理我。我感觉自尊心受到很大伤害，但却无可奈何，于是就走开，找到一个看上去慈眉善目的老者，问他这证明是怎么回事？老人一看很关切地问我：“小伙子，来北京告状来了?”

我心想我告哪门子状呀，就说：“不呀，我没告状，这是民政局给我开的证明，我是学生。”在随后的询问中我得知，这证明上已表明我现在的身份就是信访人员，要想回家，我还得拿着这张证明分别在石家庄、郑州、孟塬、西安这些大站下车报到，再签字转其他的车，而且只能坐慢车。那一刻，我在明白了“信访”含义的同时也感到了信访人员的不易，我想，无论是谁，经过这么折腾，下次再来北京告状之前都会想半天的。我想起《聪明的一休》里师傅对一休说的话：只有经历了苦难，才会理解弱者的痛苦。

我要坐的那趟慢车夜里十二点才发车，离现在还有七八个钟头。我困得要命，于是就小心翼翼地穿过遍地席地而卧的人，唯恐踩着人家，最后在人满为患的候车室找到一个可以躺下的角落，顾不得周围的嘈杂和乌烟瘴气，倒头就睡。由于心里一直担心误了火车，我睡得极不踏实，一直处于半梦半醒之中。这样也不知过了多长时间，我被周围一片异样的喧哗吵醒，起来一看，十几个人手里举着十块二十块的钱围着一个头戴礼帽的中年男子。因为刚才睡着的缘故，我不知道他给周围的人施了什么迷魂大法，反正众人争先恐后："我要一瓶！""给我来两瓶……"在一片人民币的簇拥下，那个男子嘴里一边忙不迭地应付："别挤别挤，都有份都有份。"一边在手里举着一个葫芦状的瓷药瓶，药瓶上粗糙地印着"祖传秘方"几个大字，还有一些我看不清的小字，在"祖传"和"秘方"中间还印着一个束发纶巾的古代老者形象，我看着眼熟，仔细一看，竟然是历史课本上的数学家祖冲之。

以前这种江湖把戏我在宝鸡街头司空见惯，但那些骗子至少还比较专业，一般会拿扁鹊或者华佗当招牌，不像这位如此离谱。可这丝毫没有影响他骗术的效果，又有几个举着钱的围了过来，我在心里疑惑为什么没有警察来管的同时也走了过去，站在一个满脸皱纹的老太太身边，她手里正举着一张一看就是得来不易的皱巴巴的十块钱。我像地下党对暗号一样目视前方的热闹场面，仿佛自言自语般低声对她说："大妈，别买了，骗人的。"没想到老太太听了扭头看我一眼，那眼神倒仿佛我是个骗子，随后她看见一个空档，很快地把钱递了过去。我怀着一种类似吕洞宾被狗咬的心情回到原处坐下，心里突然觉得这个卖药的还真不是骗子，而这些买药的却是真正的病人，也只有他的"祖传秘方"可以治疗这种叫做执迷不悟的病。多年以后中国大地上各种神功风起云涌，势不可挡，我没有觉得惊讶。

7

这时候车厅的广播里播放起了《橄榄树》，齐豫那超凡脱俗美妙绝伦的声音，与我当时的心情产生强烈共鸣，我静静地坐在地上，听着这宛如天籁的歌声，虽然这是首流浪者的歌，却让我这个流浪者暂时忘记了所处的辛酸。真得感谢那个时代的音乐人和他们用心创作的不朽作品，让我在口袋时常空空的年轻时代，却总能得到高品质的精神慰藉。火车开动的时候，北京城已进入梦乡，我看着车窗外向后远去的灯光，心中默默地想：再见了北京，我还会再来的，但是绝对不会再像这样。我会以我的方式过自己想要的生活，可我想要什么样的生活呢？我想，那应该是一种自由的无拘无束的日子吧。几年以后，我创作的《干杯朋友》中有这样一句“天空是蔚蓝的自由，你渴望着拥有，但愿那无拘无束的日子将不再是一种奢求。”可是直到今天，如果有人问我你得到想要的生活了吗？我还是只能以苦笑作答，我知道，在永无止境的欲望面前谈心灵的自由简直就是妄想，而明白这一点的时候，我的青春大半已逝，当然这已经是后话了。

我坐的这趟慢车几乎每站必停，一路磨磨蹭蹭的，直到大约早晨六点才到石家庄，天还没亮，伴随着一会儿一个的冷战，我随着人流来到站前广场。春运期间哪里都是人，这儿也不例外，我来到中转签字处，窗口却关着，排队的人很多，我不敢走远，就在离窗口不远的地方坐下。这样坐着很容易睡着，我就和旁边的一位老人聊了起来，这个老人气质很不一般，穿一身洗得发白的旧军装，精神矍铄，虽然坐在地上，但身姿笔挺。在交谈中我得知，老人已经七十多岁了，年轻时毕业于国民党中央军校汉中分校，曾在广西打过日本鬼子，后来在解放战争中被解放军俘虏，成了一名解放战士。

“文革”中他被打成历史反革命，后来落实政策把原来没收的房子退还给他，可是有几家人就是不愿搬出来，当地政府协调了很多次也没有解决，老人只好到北京“告御状”，看来他似乎很满意此行，因为据他说北京的有关部门已经答应一定帮他解决。我这个“假信访”听着这位“真信访”的诉说，心里不禁肃然起敬，我一向认为凡是打过侵略者的都是英雄。此时我真想为这位老英雄做点什么，在看到他身旁的搪瓷缸子是空的时，我去饮水处接了一杯开水递给他，老人有些激动地说了好几句“谢谢”。对于一个曾在抗战前线浴血奋战的人来说，我做这点事算得了什么呢?

终于，在九点多钟，我拿到了一张到郑州的慢车票，虽然我的目的地是宝鸡，但此时已毫无怨言，领教了永定门火车站那个女售票员的一番冷脸，我已经认同自己“信访者”的身份了。到郑州的车是下午 5 点钟开，我正发愁这一天怎么熬，却听见车站广场上锣鼓喧天，热闹非凡。于是我来到街上，看见很多写着“庆祝河北省第二届花会”之类的巨大横幅，到处人流如潮，摩肩接踵，很像我们陕西的“物资交流大会”或者“社火”，只不过规模要大，天上还有类似撒农药那样的飞机拖着条幅飞来飞去。此时我也夹杂在欢乐的人群中，就像《三毛流浪记》里的三毛夹杂在庆祝上海解放的人群中，唯一不同的是，他是真的开心，而我，看着眼前的热闹景象，更增添了独在异乡为异客的忧伤。

就在我看着人群发呆之际，耳旁响起一个很严肃的声音：“嘿！你是哪儿的？把包放下!”我转身一看，旁边不知什么时候，站了两三个警察和几个保安，我有些不知所措，赶紧放下包，愣在那儿。其中一个警察指着我：“你，站那边去!”我一看，是一个很大的装垃圾的铁箱，心里虽感屈辱却也无可奈何，就挨着垃圾箱站着同时纳闷儿发生了什么事?他又指着一个保安：“你去查查他的包。”于是一个保安打开我的包在里面摸来摸去，摸了一会儿他拎着一只拖鞋有些奇怪地看着我：“你怎么带了这么多鞋呀?”我看着他的样子想笑没敢笑，因为他那个表情像极了《鸡毛信》里的那个皇协军，我赶紧说：“我喜欢走路。”那几个警察和保安互相看了看然后对我说：“走吧!”就这样，我莫名其妙地被他们查了一番又莫名奇妙地走人。我想可能是自己的这副近似流浪汉的尊容，让人家怀疑我可能会对眼前这安定团结的大好局面构成威胁吧。其实他们哪里知道，我对眼前的威风锣鼓以及旱船之类的毫无兴趣，只想回家。

我现在已经想不起来我剩下的那两块钱是怎么花出去的，我只记得下午上火车的时候已经饿得不行了，而坐在我对面的一个中年人，偏偏拿着一只很肥的烧鸡在啃，香味不断地飘进我的鼻子，这种近距离的折磨简直让人难以忍受，说真的，我当时扑上去的心都有。有了这种经历，我很容易就理解了为什么农民起义总发生在闹饥荒的地方。后来实在受不了了，我就起身去盥洗处（此次出来没带杯子是我一大失误），虽然人很多，但这趟列车竟然有水。哎，人总是有个脸面的，在这么多人面前喝这种标明“非饮用水”的水还真有些难为情。于是我装作在洗脸，然后趁人不注意猛喝几口，有时正喝水的时候碰巧有人看过来，我就赶紧装作在洗嘴。就这样，我带着一肚子凉水伴随着火车的咣当声向郑州驶去，我不知道什么时候才能到家，也不知道前方等待我的是什么……

8

不管前方等待我的会是什么，毕竟离家越来越近了。凌晨一点左右，我跟这趟车的旅客们，带着同样的一身怪味走出郑州站。对于这种怪味，我想坐过火车的人都会印象深刻，那是火车上特有的一种味道，用笔墨难以形容，这么说吧，它是人类各个部位气味的混合浓缩体，如果把这种气味投放到战场上，绝对会使敌军在短时间内无心战斗，且不会像毒气那样遭到国际舆论谴责，我这么形容当然夸张了些，可火车里的味道也确实夸张。所以当我面对郑州火车站广场上的百万人潮（日后得知的数字）时，竟然觉得这里的空气可真好！

一直到现在，我也没见过比那几天郑州站广场更拥挤的人海，即使国庆节的天安门广场人流也没那么密集。在那里，所有人和人之间的距离已化为乌有，大家就在寒夜里这么一个挨一个地站着，没人敢坐下来，因为人海并不是静止的，而是如波浪一般，一会儿涌过来一会儿涌过去，每个人都或扛或背着五花八门的行李，脸上是茫然与惊恐。我刚开始不明白人群为什么会来回涌动，后来看清楚了，原来是人海的边缘有很多警察，还有一些没穿制服但也不像便衣的人在维护秩序，警察手里拿着长长的竹竿，貌似便衣的那些人一律手握木棍。只要有人越过他们这条线，警察就会拿竹竿“维护秩序”，而被“维护”的那些人就惊恐地往后退，后面的人不知发生了什么也跟着往后退，于是就出现了我前面所说的场面。

幸亏我没有加入到眼前这人民群众的汪洋大海，而是站在候车厅外的一根柱子旁。当时郑州站有两个候车大厅，其中一个叫“高架候车厅”，我很奇怪为什么那么宽敞明亮的候车厅明明是空荡荡的，而广场上却还拥挤着如此之多的旅客？后来我去换票才得知，按他们的规定，必须有票才能进入，可广场上排队买票的人龙足有好几里地长，而且还是无数的Z型。更要命的是，半夜售票的就那么一两个窗口，就算排到跟前还往往没票，这就造成一边是空荡荡的候车大厅，而另一边是在寒夜中默默矗立的人海。这个场面，让我想到了鲁迅先生的那首诗：横眉冷对千夫指，俯首甘为孺子牛。前半句用来形容“维护秩序”的那些人，后半句用来形容被“维护秩序”的那些人，我想是再恰当不过了。

我看着眼前这一个搂着前一个腰的人龙，觉得签字是无望了，但也不想站在这里被人维护，于是就走到候车厅门口想碰碰运气。我拿出我认为最真诚的一种表情，用一种极其诚恳的语气，对守门的一个四十多岁的女乘务员诉说我遇到的问题，为了让她心情愉快，本该叫她阿姨的我还叫了她一声大姐，我也只能做到这一步了。她听了我的诉说接过我的“信访票”看了看，以一种极其坚持原则的口气回答：“不行，你得去签字，你这票不能进！”我还想再争取，却看见她坚定地目视前方，于是欲言又止，回到不远的那个柱子旁。

我在那个柱子旁坐了没多久，发现刚才检票的中年女人不见了，换了一个年轻一些的姑娘，另外一个门口也换了人。于是我又打算试试，只不过我这次不想说实话了，而且为了跟她拉近距离，我准备说河南话。要知道我们宝鸡有太多的河南人，很多陕西人都会说几句河南话。我走到她跟前，用河南话开始了我刚才编好的谎言：“大姐，我是宝鸡铁路司机学校的学生，去北京旅游把学生证什么的全丢了，到郑州还是民政局给发的票，现在根本排不上队，我冻得受不了，你看能不能让我进去？”这一招果然灵，她看了看我的票，又看了看我，然后手一挥：“进吧！”坐在宽敞明亮的候车厅里，我没有为撒谎感到脸红，一点都没有。真诚是需要土壤的，如果一个社会环境不具备这种土壤，那么谎言泛滥、欺骗成灾也就不足为奇了。我所在的这个候车厅温暖明亮，“高架候车厅”有很多类似这样的大厅，几乎都没太多的人。对比窗外广场上寒风中涌动的人群，我感觉自己就像是从一艘快要沉没的巨轮上被救到岸上一样，可是，怎么就高兴不起来呢？

在此之前，我从未见过如此多的茫然的面孔，汇聚成如此壮观的茫然之海，每个人都在渴望着一张不知会把他们带向何方的火车票，想想他们，再想想自己目前的处境，我在心里写下了这样的句子：“这个世界就像，狂奔的卡车，你我只不过是，灰头土脸的乘客，没有人能把握，将在哪里停泊？漫天飞舞的谎言，已把目光淹没！”现在想起来，我真的庆幸自己在那个时候，能够亲眼看看这个没有被过滤过的世界。

出来好几天了，这个候车厅算是我待过的最暖和的地方，一时困意来袭，倒头就睡。可是这里的排椅都带着扶手，人不能平躺着，只能把腿架在上面，但这已使我十分满足，和在天安门广场的露宿比起来，这里简直是五星级酒店了。本想大睡一觉，好好休息一下，可是只睡了大约三个小时就醒了。很久没脱过衣服了，在这种暖和的环境里一烘，身上痒得要命，再加上候车厅旁边的录像厅声音大得出奇，我怎么也睡不着了。录像厅的牌子上写着七八个录像片的名字，什么《军妓》《杀夫》之类的“少儿不宜”片，还有周润发演的《英雄好汉》《江湖情》《赌神》等等。我坐着无聊，也没钱去看录像，于是就开始观察那些从录像厅里出来的人。

我发现一个有趣的现象：大多数男人在看了周润发的片子后，马上就开始了有意识无意识的模仿。我看到一个小伙子嘴角咬着火柴棒走了出来，这可是小马哥的招牌动作，只不过小马哥咬的是牙签。另一个穿中山装的男子出来后把衣领竖了起来，以一种很冷酷的眼神环顾了一下四周，仿佛在确认周围有没有来自江湖的危险，其实中山装的领子很小，况且这里也没有风。他似乎确认了周围确实没有什么仇家（当然也不可能有），然后摸出一支烟，炫技般地在手指间翻转了几下叼在嘴上，随即拿出一个金色的打火机，很潇洒地“啪”一声把烟点着。但接下来的事情让我差点笑出声来，这位在幻想中已成为江湖英雄的男子只顾炫技，却把烟叼反了，点着的是过滤嘴，此时他也看见我在偷偷观察他，于是有点不好意思地把烟一扔，尽量装作若无其事地离开了。其实每个红尘中人都有不甘平凡的梦想，我也经常做那种身负使命、肩扛重任的白日梦，只不过人们在把一种形象推崇为“英雄”并成为一种潮流时，那推崇他的人也应该承担自己这种推崇带来的后果。我就相信，袁隆平式的英雄和古惑仔式的英雄，给这个社会带来的后果是绝对不一样的。

快天亮的时候，我被候车厅大门口的一阵叫骂吸引，于是走过去看个究竟。我看见一个农村妇女抱着一个两三岁的孩子在哭，她说孩子太小了，能不能让进去暖和一下？可守门的女检票员死活不让进，还破口大骂“不要脸，没票还想进”之类的话。抱小孩的女人后来要往里冲，检票的女人竟然抓住她的头发用膝盖顶她，还不断地骂，周围很多看不过去的人开始指责她，她才有所收敛。我在一旁看得发抖，我有个毛病，一激动就发抖，我真不能想象同为女人，她怎么就这么恶毒？是的，就是恶毒。其实我真不想把这段写出来，因为前几天就有网友说我对河南有点偏见，但他随后说这是经历所致，不怪我。我首先谢谢他的理解，另外我想说，我对河南人没有任何偏见，宝鸡有很多河南人，我们愉快相处，大家从来也不会强调谁是哪里人。而且十年后我去洛阳和郑州旅行，遇到的几件事都让我很感动。但我要忠于自己的眼睛，我只是对我当时所看到的，发生在这里的一些事有意见。毕竟十几年过去了，那样的情景应该不会再有了吧？

9

我已经不愿再描述我的饥饿了，那已经是我当时的常态，我之所以觉得自己无论如何也得补充一点食物，是因为我觉得如果再这么饿下去，也许会倒在街头。我一想到自己倒在异乡的街头而妈妈却不知道，心里就难受得要命，于是在早上八点多，我走出了候车厅，一是想看看能不能换到票，二是看能不能想办法弄点吃的。

白天的广场比夜晚更加拥挤，郑州站是华中最大的铁路编组站，南来北往的人在这里汇聚。我本想去售票窗口碰碰运气，却发现眼前的人流，就是买票的人所排的多条Z型“人龙”，而这地方距窗口至少也有几百米之遥，我实在没勇气也没体力成为其中的一分子，在这里，你会立刻明白为什么咱们中国人把自己叫做龙的传人。我准备像来的时候在宝鸡站那样，从郑州站旁边的铁路上走进去。这么想着，我绕过人海，路过格陵兰大酒店，现在想起来应该是向西走去。街道两边有很多卖早点的，我尽量不去看那些热气腾腾的包子，却无从躲避它们飘过来的香气。我相信自己的样子一定是落魄到了极点，这从那些卖早点的吆喝声中就听得出来，因为那种热情的吆喝声往往在我这里戛然而止，我在不知不觉中充当了他们吆喝交响乐中的一个休止符，对此我感到不好意思，却也无可奈何。

走到一个人不太多的地方，一阵烤红薯的香味飘了过来，我的双腿不听指挥地停了下来。我知道，我的大脑对于我的身体，如同一个长官面对一群哗变的士兵，空头支票是没法再开下去了，只能来点实在的。卖烤红薯的是一个老太太，她满头的银发让我想起了我姥姥，这让我觉得，如果向这位老人要一个红薯的话，她也许不会拒绝。如今我在电脑前打“要饭”两个字只用一秒钟，可在当时，我下这个决心用了太长的时间，我觉得世界上最难的事就是忘掉“尊严”两个字，而那一刻，我却不得不这么做。我几次走向她烤红薯的炉子但在最后一秒又退了回来，最终我瞅准周围没有一个人的时候走了上去：“奶奶……能不能给我一个红薯?”

老人马上拿出一个红薯递给我，我想她肯定没明白我的意图，于是又说了句：“我是说我没钱，你能不能给我一个红薯?”果然，她听了此话就把红薯放了回去然后对我说：“孩儿，不是俺不给你，俺这是小本生意……”我听了此话马上迅速离开。真的，没有这种经历的人可能无法理解，你在这种时候只会为自己的行为感到羞耻，而不会埋怨别人没有给你，作为一个那么大年纪还在冬天街头卖红薯的老人，她的做法无可厚非。这么多年过去了，我常常想起这位老人，她根本不知道自己在十多年前，帮一个年轻人捡回了他已经扔掉的尊严。

我于中午时分，找到通往郑州站站台的铁路并顺利地来到站台。我发现以这种方式进站的人还不在少数，看来买不到票的人太多了，工作人员也管不过来。在站台上，我遇见两个西安电子科技大学的学生，他们来自江西吉安，一个叫刘海强，另一个姓宫（或龚），名字我忘了，我已经想不起来我们是怎样认识的，他们俩过完寒假返校，虽然有票但是那趟火车竟然没挤上去，于是我们三个打算一起行动。他们没有因为我这副落魄的形象而嫌弃，反而把他们从家里带的各种美味分给我吃，陌路相逢却给我无私帮助，我永生难忘，要知道不是谁都能做到这一点的。最终我们三个在下午挤上了一趟上海到兰州的车，他们于次日凌晨在西安站和我告别，从此再也没有见过面。我也在凌晨5点多到达宝鸡站，跟着出站人流混了出来，剩下的十公里路对于现在的我，已算不了什么，家，就在两小时后等着我！

我从来没有像此刻这样，觉得宝鸡如此的美丽与亲切，远远望去，黎明前的鸡峰山被薄雾笼罩着，若隐若现，就像睡着的仙女，而在以前，我曾用“躺着的和尚”形容过它。站在车站广场，我夸张地大喊了一声：“宝鸡，我回来了！”那架势仿佛我不是离开了七天，而是七年。一个早起扫地的清洁工被这声气贯长虹的感慨惊得蓦然回首，用一种怪物出现时才有的眼神看着我，弄得我挺不好意思，赶紧离开。

我一边往家走，一边回想这些天的经历，觉得多少有些滑稽可笑。离开时的那个好男儿志在四方，衣若不锦决不还乡的豪迈青年，在短短几天内，就蜕变成现在这个只求早点到家，快快钻进热被窝的“庸俗市民”，让人真的很难为情，这使得我在八点多到家门口时，犹豫再三才敲开了门。

开门的是妹妹，这很像崔健《浪子归》前两句所写的场景。妹妹一脸惊喜，这种惊喜随即传到了妈妈脸上，好像我爸爸在他屋里并没有出来。妈妈和妹妹没怎么问我的情况，就去厨房忙活去了，我想我当时的样子足以让她们看出，这些天我肯定不是享福去了。我记得那天是元宵节，不一会儿，一桌丰盛的饭菜就摆在我面前，妈妈她们做饭已经够快的了，可我用了比她们快得多的速度，就让眼前的美味化为乌有，在亲人面前，人总是最放松的。

我从来没有像那天一样，睡得那么踏实，时间那么长，以后也没有过。我从元宵节早上开始睡，醒来的时候已经是正月十六晚上了！我去爸爸的单位洗了个热水澡，在澡堂里，有爸爸的同事带着诡秘的神情问我："听说你是'公费'从北京回来的?"我明白他是拿民政局的事儿跟我开玩笑，臊得我恨不得变成水流进地沟，唉，好事不出门呀。回到家里一照镜子，里面的人让我想起了一本小说的名字——《镜子里的陌生人》。短短的一个礼拜竟然能使人瘦到这种程度，以至于爸爸本来还想给我来一次深刻的思想教育，但看到这张脸时，他明显地打消了这个念头。

当天晚上，我在日记中给自己立下了这学期的目标，现在看来，虽显幼稚但激情可贵，其中有这么几句话："不惜一切代价，努力攻克数学这只拦路虎，考上北大考古系!"连具体的专业都写得如此清楚，可见当时是真下了决心了，虽然每年新学期到来之前，我都会在日记里写下类似的豪言壮语，但经历了这次流浪之后，我相信自己一定会实现这个目标，想到这里，不由得一阵激动，那个夜晚，我久久不能入眠……

第二章　小城里的梦想

10

新学期伊始，我就下定决心把自己的高中生涯终结在"高五"，绝不能再升了！再升的话，站在讲台上教我的，可能是我已经大学毕业的同学，那岂不尴尬。于是在新学期，我把很多时间用到了令我倍感头疼的数学上。我的已经在上大三的女朋友薇娜，此时也鼎力相助，在她们学校找了一个数学系的学生为我辅导。人常说千里马常有而伯乐不常有，可当时的情况是好几个伯乐围着我这匹劣马，真的，我在数学方面的表现，常常让我的这位很学究气的小老师深感绝望，我的数学是如此之差，以至于此刻我想在键盘上打出一道题举个例子，却想不起自己曾经学过什么。这就难怪他为我辅导数学时，总是用一种迷茫的目光看着我，这种目光我很熟悉，当人们眼前莫名其妙地出现一截木头桩子或一块石头时，大体上就是这样。

基于这种原因，在那年三月，当我无意中听人说，报考艺术院校数学分要求比较低的时候，不禁欣喜若狂。前面说过了，我对自己的歌声很有信心，我打算报考西安音乐学院。艺术院校的专业课都是提前考的，在进行了一番自认为比较充分的准备后，好像是四月的一天，我以一种“仰天大笑出门去，我辈岂是蓬蒿人”的自信，踏上火车，向西安进发。那种狂妄只属于那个年龄，人在那个年龄如果没有那种狂妄，也许一生都不会再有了。

当我独自面对声乐系五位考官的时候，心里不禁有些紧张，我打量了一下，五位考官中有三位都是白发苍苍的老师，坐在最中间的好像是主考官，他首先开口：“同学，把歌篇拿过来。”我心想什么是“歌篇”呀？他看出了我的迷惑，就接着说：“噢，就是你演唱曲目的歌谱。”我心想糟了，之前我只是认为唱三首歌就行，哪里知道还要这个？于是如实回答：“对不起，我不知道要准备这个。”他明显地皱了皱眉头望着我：“那你报一下你的曲目。”我很认真地回答他：“第一首：《我是一只小小鸟》……”他还没等我报第二首就打断了我的话：“停，你是什么……？”我以为他没听清楚又报了一遍：“《我是一只小小鸟》。”“嗯？你是一只……什么鸟？”说完他以一种询问的目光环顾周围其他几个人：“有这歌吗？”旁边一个中年女考官回答：“好像是通俗歌曲。”

听了此话，主考官马上对我说：“同学，你不知道我们不招通俗唱法，只招美声和民族唱法吗？”说真的，我还真不知道他们不招通俗唱法（其实我从来也不认同把唱歌分成这种那种的唱法），于是心里有些慌，但又不愿就这么失去机会，就迅速地在脑海中搜罗了几首自认为是“民族唱法”的歌。至于美声唱法我就不考虑了，毕竟那样的唱法对我来说，就好比让大象跳高一样难。想好之后我马上回答：“那我唱三首民族唱法的歌吧。”随后依次报出曲目：《怀念战友》《草原上升起不落的太阳》

《赶牲灵》。老主考官听后颔首示意："好，开始吧！"

我尽可能地模仿着以往电视上看到的那些"民族唱法"，以一种嘹亮的，自认为也是很深情的唱腔，开始了对我那不曾有过的战友声情并茂的怀念。在"民族唱法"的宗师们面前表演假冒伪劣的"民族唱法"，下场可想而知。就在我唱完第一段打算唱第二段时，主考官打断了我："停，你唱下一首吧。"于是我迅速地把自己从失去战友的悲伤中拉出来，换了一种更为嘹亮也更为豪迈的唱腔，开始了对草原上不落太阳的赞美。在关公面前耍大刀，露的只能是马脚，主考官的又一声"停"，把我从草原上不落的太阳下拉了回来。看到我一脸的不解，他说道："同学，你的声音还是比较亮的，但属于野嗓子，考音乐学院不是那么简单的，那得经过系统的训练，学会科学的发声，你没有指导老师吗？"我心想，我的老师倒是有一大堆，而且个比个的有名，什么崔健、罗大佑、齐秦等等，这些老师天天面对面地教我，他们都集体住在我们家的录音机里。我当然不能这么回答了，只能说："我没有老师，就是自己练的。"主考官看了看我："如果有条件的话，还是找个老师吧！好了，你回去等通知吧！下一个！"本来我还想把《赶牲灵》唱完，听他这么一说，心想算了别赶了吧，还赶什么牲灵？赶快回家吧！

出了考场，我看到很多来应考的乖乖女、彬彬男们都是车接车送，他们的父母或是别的什么人，背着各色乐器忙前忙后。我当时的感觉就像是闯进盛宴的流浪汉，眼前的景象欢乐和谐却与已无关。面对此景，我真有些嫉妒，于是不管不顾地唱起了此前精心准备，却没机会展现的一首考试曲目《一无所有》。这首歌在音乐学院的校园内声嘶力竭地回荡，很多人走过我身边的时候，都尽可能离得远一些。我不管他们会怎么看我，我就是要在这里唱完我想唱的歌，尽管这样的歌不属于这样的地方。

在回宝鸡的车上，我想到父母一辈子辛辛苦苦，用微薄的工资把我们三个孩子抚养成人，是多么的不易。姐姐为了减轻家里的负担，高中毕业后就去工作了，而妹妹刚上完初三就在一家印刷厂上了班，家里人都期待着我能考上大学，可我总是让他们失望。我记得那年中秋节，妹妹用自己第一个月的工资买了月饼来学校看我，这种亲情的关怀让我心里感觉温馨的同时，也为自己的不努力感到羞耻。我有一个至今也不曾改正的弱点，那就是我对自己感兴趣的事情就会很卖力且从不放弃，但是我不喜欢的就往往听之任之甚至置之不理。反映在学习上也是如此。按说作为一个学生，没有对所学知识挑三拣四的权力，数学我就不说了，我从小对它就没什么兴趣。我想说说政治课，以我当时不多的知识和有限的阅历，都觉得这本书中的内容和现实有很多不同，距离很远，所以我一直对政治这门功课提不起兴趣，这并不是在为自己的不努力寻找借口，我只是觉得，人一辈子如果总是违心地生活，那么你在这个世界上存在的意义何在呢？

回到学校，日子一如既往，只是我隐约觉得，越来越近的高考肯定会终结自己的“高五”生涯，但我到时候面对的，很可能也不是大学的校门。有天早晨早读的时候，班主任满面春风地告诉大家：“北京广播学院播音专业在陕西省招生，机会难得，想报名的同学现在就可以登记。”这个消息无疑让我们这些千军万马过独木桥的人眼前一亮，但大家可能都觉得赵忠祥邢质斌们的位置过于高不可攀吧，所以同学们都在踊跃议论，却没人首先站出来。这时班上一个刘姓同学举起了手：“老师，我要报名。”大家一看，很多人都笑出了声，要知道，该同学以一口宝鸡味浓厚的“醋溜普通话”在全班闻名，而且他读英语老是把“no”读成“漏”。他的这一举动极大地鼓舞了大家，不到一会儿工夫，我国播音事业就有了三十多个摩拳擦掌的后备军，当然，我也位列其中。

此后的一个多礼拜，世界各大新闻在我们这个文科班的早读时间汇聚成灾：“据新华社报道，伊拉克总统萨达姆9日宣布……”“据《华盛顿邮报》的消息，美国总统布什8日在会见到访的英国防务……”。同学们个个模仿着央视新闻联播主持人腔调，男生尽力展现着胸腔共鸣，沉着严肃，女生们尽量掩饰娇声柔情，人人慷慨激昂。我的数学如此之差，早已把这个机会当成高考前最后一根救命稻草，当然更不甘人后，常常在宿舍没人的时候，穿上唯一的那件廉价西装，拿起一张报纸，面对巴掌大的一个小镜子，字正腔圆，煞有介事地一遍遍练习，时不时抬头看一眼我想象中的全国观众……虽然大家心里都明白，抢罗京李修平们的饭碗几乎没有获胜的希望，但我想大家都抱着类似“撞大运”的心理，万一呢？

11

去西安赶考那天，我们班的三十多个同学打扮得如同要去赴宴一般，齐聚宝鸡火车站。男生一律穿或借或买的西装革履，貌似绅士，女生都像事先约好的一样，个个红衣招展，妆若淑女。我们一行人下了火车，来到位于西安南郊的省电视台，才发现全省的考生基本上都是这种装扮，我们站在其中，实在没什么特别。

我们这个班被分成三个组，我随着一个组来到考场外，听到里面的考生正在激情澎湃地朗诵：“我骄傲，我是一棵树！”我知道这是第一个考项：诗歌朗诵，题目自选。当时我正在纳闷儿为什么会选择这首诗？却听见好几个考场都响起了激昂的声音：“我骄傲，我是一棵树！”接二连三，此起彼伏。以至于当时我的脑海中浮现出这样的画面：每个考场内都有几个考官，他们面对着一棵会说话的树，在听它表白自己有多么骄傲。说真的，现在回想起来，我还是不太喜欢这首诗，我觉得我们的教育应该让人自豪地说出：“我骄傲，我是一个能创造的人，不是一棵不会思考的树！”有点扯远了，还是回到考场吧。

轮到我了，我进去一看，给我主考的是我们省的著名“省嘴”，以前总是通过电视与他单向交流，现在见到了本人，心里还真的有些紧张。到底是“省嘴”，人家一声共鸣十足的“请坐”就让我立即感觉到，前些日子的发声练习算是走了旁门左道，当下有些心虚，竟然在朗诵《雨巷》时把“丁香般的姑娘”给读成了“冰箱般的姑娘”，虽然是一音之差，但意境完全走样，我心里虽然十分沮丧，但也只好硬着头皮，完成了这次本该深情款款的朗诵。好在考官大人并没有介意我对戴望舒作品的不恭，还给了我一番鼓励：“你的音质不错，要是能用自己本来的声音，自然一些会更好。”他的这句话真是及时雨，让我这株本来已经有点蔫头奋脑的禾苗，又重新抖擞起了精神。

第二个考项是念新闻稿，题目由考官出。考官把一份《陕西日报》拿给我，又指了指一篇用红笔划过的文章。我一看，标题是《岐山县生猪收购喜遇开门红》，心里不由得暗暗叫苦，要知道，我们大家前些日子练习念新闻稿，目标都是冲着新闻联播去的，稿件也往往是国家大事，世界风云。现在冷不丁拿出这么一篇生猪收购的文章，我一时还真不知道感情如何拿捏？如果读得过于兴奋，一看就比较假，毕竟生猪收购喜遇开门红这样的事，跟养猪的人关系直接，还轮不到我瞎高兴，但又不能念得过于冷静，怎么说这也是一件“喜遇开门红”的事。于是我想了想，立即给脸上挂出一丝笑容，用一种声含感情却又不太过分的语调开始了我的播报：“本报讯：岐山县生猪收购喜遇开门红……农民们开着拖拉机翻山越岭……大家掩饰不住内心的喜悦，一致认为还是党的富民政策……”就在我读到一半渐入佳境之时，却见考官把手在空中一顿，一个“好”字脱口而出！

考官大人的一声“好”，让我从喜悦的生猪收购现场回到了考场，只见他拍了拍我的肩膀：“就这样，回去等通知吧！”虽然前不久在音乐学院我也听到过类似的话，但我感觉这回明显不同，要知道这可是我们省著名的播音员，能从他嘴里说出一声“好”来，那肯定意味着我这次的表现还是很不错的。我恭敬地向他道别并走出考场，同时在心里琢磨他这声“好”到底是什么意思，是说我读得好呢还是就读到这儿呢？我一时不能确定，于是返身走回考场门口，打算听听他对别人的评价。此时正好是我的那位刘姓同学在里面，我听到他用那种“醋溜普通话”，读一篇省人大第几次会议胜利召开的稿件，还没读完，“省嘴”也来了一声浑厚的“好！”当下心里明白，此好非彼好，仅仅是停的意思，于是心里顿感失落。

来到院子里，我看见好几个学生家长模样的人围在一个中年人身边，而中年人不时看看周围神秘地说着什么，我也围了过去，听见他以一种看穿一切的口气对家长们说：“……你们也不想想，播音员是什么？

那可是新闻喉舌，那都是万里挑一的，不是说有喉有舌就能成为喉舌的，我要是你们，就不会让娃娃们凑这个热闹。”说到这儿，他又警惕地看了看四周，把手放在嘴边压低声音：“以我的经验，名额早都内定了，娃娃们来这儿就是陪太子读书，走个过场，不信你们到时候看。”对他的话，我将信将疑，但是在日后的岁月中，无数的经验告诉我，在我们这个国家，小道消息往往不但准确而且及时。

两个礼拜后，考试结果出来了，我们参加考试的三十多人，无一人进入复试，不光我们，好像整个宝鸡市也没几个进入复试的。看来，这高考前的最后一根救命稻草也离我远去了，而高考并没有因为我的恐惧而停下它逼近的脚步。那年 7 月 6 日的夜晚，暑热难当，我躺在床上想着马上就要到来的考试，怎么也无法睡着。凌晨的时候，妈妈以为我睡着了，怕我吹电风扇感冒，关了电风扇，拿了把扇子坐在床边不停地为我扇着，我的心里那个惭愧呀。真希望今天的数学考试能有奇迹出现，可我知道，奇迹只会出现在有准备的人身上。

一连三天的高考终于过去了，我心里很清楚，根本不用估分，我的学生生涯到此为止了。在别的同学忙着填报志愿的时候，我虽然也填了，但基本不抱希望，我已经在为我人生的下一步作打算了。首先我觉得再也不能让父母养活了，作为父母，他们为我做得够多的了，我必须开始自食其力，这是最起码的，至于怎么开始自食其力，我想还是走一步看一步吧。高考分数出来了，我离分数线差了足有 40 多分，而数学仅考了 44 分，有同学跟我开玩笑：“你可能是全国唯一数学分能翻倍的考生，去年 22 分，今年 44 分。”望着他，我一脸苦笑，谁让咱底子薄呢。

那天拿着成绩单我迟迟不愿回家，坐在马路边，心想父母殷切的希望，就要随着我的到家而彻底破灭了，我真想就一直这么坐下去……

12

天已经很晚了我才回到家里，我鼓足勇气把结果告诉了父母，妈妈听了一言不发，只是叹气，爸爸理都没有理我，把他的房门一关，睡觉去了。从那天起，他有一年多都不跟我说话，我明白，作为一个父亲，他做到了他能做的一切，只能怪我自己不争气。晚上睡觉的时候，妈妈走进我的房间，望着日渐苍老的她，那一刻我明白了什么叫无言以对。妈妈建议我先回西安老家散散心，同时帮老家的亲戚干干农活什么的，我父母的家都在西安，父亲家在北郊的草滩，母亲家在东郊的白鹿原上。听妈妈这么说，我当然愿意了，刚刚经历人生重挫的我，现在真的需要白鹿原那广阔天地的拥抱，而且我的女朋友薇娜家在西安，她正在过暑假，这时候，我真想见到她。

我是骑自行车去西安的，前面说过了，我要自食其力，另外也想磨炼一下自己。从宝鸡到西安有一百八十公里，那天早上下起了大雨，但我没有丝毫犹豫，十点多披上雨衣就上路了，那种无所畏惧的力量，现在在我身上已经快找不到了，我想这也是人们对青春岁月留恋不已的一个原因吧。一路上在大雨中行进，我得不时地停下来擦眼镜，于是就想，如果有一种眼镜，镜片上有像汽车玻璃上的雨刷该有多好。虽然大雨滂沱，但我心情很好，我喜欢这样的大雨，它冲刷着这些年我屡遭失败的苦闷，我就像一只雨燕在雨中自由地穿梭，多年以后，我有一首作品《雨中的鸟依然在飞》，灵感就来源于此。

一路骑过姜子牙钓鱼台，五丈原，郿坞镇，哑柏……每个地名的历史都悠久无比，给我的感觉就像是从一个典故骑向下一个典故。说真的，想让一个陕西人不对家乡的历史感到自豪，太难了。天都黑了，雨还没有停下的意思，我的骑行变得艰难起来，这时意外发生了。对面开来的一辆汽车大灯一照，我几乎什么也看不见了，一下子撞在前面的什么物体上，感觉还软软的，自行车虽然没倒，但我心里一惊："糟了，撞人了！"

可是我听到被撞物体发出的不是人声，而是驴叫，于是松了口气，心想幸亏不是人，要不可就麻烦了。牵驴的是一个朴实的农民，他赶紧走过来关切地问我："你没事吧？没事吧？唉，手电没电了，吓着你了吧？"我一边回答没事没事一边往后退，躲开他的驴，万一这头驴因为被撞而蓄意报复，来个“驴不胜怒，蹄之”，那我可受不了。被驴这么一吓，刚才已经有点犯困的我，顿时又有了精神，但是觉得这样在雨夜里骑车太危险了，于是就小心地骑了一段，在周至县城找了一家便宜的旅馆住了下来。躺在床上，我想像着明天就这么突然出现在薇娜面前，她会有多么惊讶？

第二天是个大晴天，热得要命。快中午的时候，我汗流浃背地骑到了西安，来到薇娜家门口，薇娜的爸爸开着一家电子公司，她们家和公司一起，都在这个院里。我本来想给她打个电话，但看了看周围没有公用电话，于是就坐在台阶上点了一根烟，想碰碰运气，看她能不能碰巧这时候出来。没想到刚抽了两口，就看见薇娜端着一只碗出来，好像要去买什么东西，我记得她看见我时先是惊讶地张大了嘴，然后一脸欣喜：“你这个家伙……你这个家伙……”她总喜欢这么称呼我。得知我再次落榜，薇娜一点都不惊讶：“你要考上了，那才叫怪事呢。”没办法，她太了解我了。

我们进去见了她的父母，撒谎说我是她的同学，暑假来西安“勤工俭学”。我知道，如果他们知道自己的宝贝女儿找了一个这样的男朋友，很难说会不会把我轰出去。这跟偏见没关系，谁都会希望自己的孩子能选择一种有保障的幸福，而我自己离这一点还很远。薇娜跟她爸爸说她想和我一起“勤工俭学”，立即得到支持：“年轻人就应该这样，在生活中锻炼锻炼！”于是我和薇娜就成了她父亲公司的推销员，推销一种在当时还不多见的通讯工具——载波电话。以薇娜的生活环境，根本无须这样，她这样做仅仅是为了我。

从那天起，我每天晚上住在秦川厂的大姨家，白天和薇娜一人背一部载波电话，骑着自行车顶着烈日，穿梭在西安的大街小巷。载波电话的工作原理是这样的：它无须电话线，只要插在同一个变压器范围内的电源上就能通话，且没有话费，相当方便。但它的缺点也是致命的，那就是必须在同一变压器范围内，而且不能与普通的有线电话连通。这就使得我们俩虽然很卖力地推销，但几天下来毫无战果。记得一天我们来到位于湘子庙街的一家公司，公司的几个人听了我们的介绍都很好奇，立马就有两个人一人拿一个插在电源上打了起来："喂，你好……哈哈……这电话不错……简直太清楚了……"我在一旁看着，感觉这很荒唐，本来就在一个屋子里，而且最多五六米的距离，不用电话岂不更清楚？于是就让他们俩分别在稍远的两个屋子里试试，以突出这种电话的优点。没想到他们就像孩子得到心爱的玩具一般，在两个屋子里一人拿一个玩得不愿撒手："喂喂喂……没事没事再说会儿……这电话不要钱。"类似的场面我和薇娜碰到过多次，但最终都是以人家觉得新鲜倒是新鲜，可是用处不大而告终。

渐渐地，这种产品的局限性，使得我们失去了为它奔忙的热情。有天，我们在西门外的护城河边休息，看着马路上来往奔波的人们，我想着自己这样一个一无所有的穷小子，身边还有一个如此清纯善良的姑娘陪着，心里不禁感觉幸福，可我也知道，如果就这么下去，这种幸福随时会变成对幸福的思念。薇娜似乎看出了我的担忧，对我说："以你目前的情况，要么就去找个工作上班，我知道那样你不会甘心，我也不愿意你那样，因为我一直认为你身上有种不一样的东西，你写歌吧，我会全力支持你。"其实从北京流浪回来以后，我也想过写歌的事，但也就是想想而已，毕竟在那个年代，一个人要立志向这个方向发展，还是需要极大勇气的，不像现在互联网这么发达，人人都可以写歌唱歌。所以我听薇娜这么一说，虽然觉得这条路可能会很艰难，但我真的没有别的选择，最重要的是，这条路，我喜欢。

那时候正是黑白俩猫理论开始盛行的年代，社会上诸如"下海""练摊""倒爷"之类的名词层出不穷，你刚唱罢我登场，全国上下前所未有地达成两个字的共识：赚钱！在人人都视"财主"为偶像的时候，我却立志要成为一名"才子"，这的确需要视白眼为粪土的决心。那时候的很多歌曲创作人也的确才华横溢，诗在当时已经没落，于是很多写歌的人，顺手把诗的责任扛在自己肩上，所以那个年代的流行歌曲很多都养分极大。音乐创作这个行当，虽然已开始被娱乐业威逼，但还一直从着良。那时立志于跻身这个队伍的人，还能够被称之为理想主义者，而当时的我，就要追着这个队伍大喊："等等我，我也要参加红军……"

虽然我当时连简谱也不识，但是人一旦要干某件自己感兴趣的事情，热情是最重要的，技术反倒成为其次。可当时我面临的最大难题倒不是这个，而是如何养活自己。一个多礼拜的推销生活，根本没出现我们幻想中的脱销场面，反倒让我看到，自己在经商方面智商低得可怜，我把这也归罪于我那羞于提起的数学：唉，全受它拖累了。于是我跟薇娜商量，想回白鹿原姥爷家看看，薇娜说这样也好，有些事急也没用，还不如去原上走走，说不定能找到什么灵感。而且薇娜还说，要和我一起去。

很长时间没有回姥爷家了，白鹿原的风光依然那么美丽，蓝天绿野，一览无余，当年“沛公军霸上”指的就是这里。姥爷家所在的那个镇叫狄寨，解放前，他们家也算得上这个镇的大户，可是以后就日渐衰落，这从家里太师椅的数量就看得出，小时候我回来还看到有五六把，前几年回来还能看到三四把，这次我回来，发现太师椅就剩下一把了，当然得姥爷他老人家享用，我和薇娜只能坐小板凳了。姥爷小时候受过完整的私塾教育，临老了爱上写诗了，每次我回来，他别的不说，先戴上老花镜，把他那些诗稿拿给我看。我这次回来，他依然忙不迭地捧出一大堆诗稿，这些诗稿花花绿绿，什么纸质的都有——报纸，烟盒，甚至还有糖纸。因为姥爷说他随时都有诗句冒出来，记性又不好，所以身边有什么纸就用什么纸。姥爷像个小学生一样谦虚地坐在一旁，看我和薇娜读他的诗，因为他认为薇娜和我都是有学问的人。

姥爷说他现在每天能写三四首诗，已经有好几年了，我粗略一算，如果光论数量，都快赶上乾隆爷了。我看了看，这些诗大多是打油诗，但其中有两首诗，还真让我吃惊不小，其中一首是这样的：众人乘车我步行，游览临潼与秦陵。欲望东海日出影，力登华岳最高峰。前两句平实朴素，类似白话，可后两句却很有气势，一个老骥伏枥的形象跃然纸上。另一首我只记得后两句：乡村无处不经商，你争我夺奔小康。当时看到后面这一句时，我差点笑出声来，因为我觉得可能老人当时是找不到别的词了，才用了“你争我夺”这个词。可是那次我们在白鹿原上看到的农村景象，让我觉得姥爷的用词非常准确，当时中国的商业大潮席卷各个角落，农村也不例外，种粮食不挣钱，农民大都选择了经商，激烈的利益竞争导致人心不古，人情淡漠，陈忠实笔下所描绘的“仁义白鹿原”早已和他所写的那段历史一样，成为了过去。

姥姥看我领着女朋友回来了，忙不迭地给我们做饭，唯恐怠慢了薇娜这个城里女娃。我望着从小没少疼我的姥姥，心里真的只有惭愧了，长这么大，连像样的礼物都没给她老人家买过，等我以后出息了，一定好好孝敬她，可我什么时候才能有点出息呢？

那天黄昏的时候，我带薇娜来到白鹿原边我最喜欢的地方——薄太后陵。站在陵上，极目远眺，夕阳下，古城西安尽收眼底，远处杜陵原上的杜陵，和我们身旁不远处的灞陵遥遥相望，汉时雄风，仿佛扑面而来，这一刻，你会真正体会到李白那句“西风残照，汉家陵阙”的意境有多美。看来造物主他老人家是很公平的，他不忍心看到我被生活逼迫到如此地步，于是让我即使面对很平常的风景时，也能得到很美的享受，还派来一个这么好的姑娘，陪在我身旁。在这一点上，他老人家有着和我姥爷姥姥一样的慈祥。

薇娜在原上不能久留，于是第二天我带她去我的几个姨家走走，正像老爷诗中所写的“乡村无处不经商”那样，我的几个姨无一例外地都做起了生意，大家都很忙。之前妈妈交待过，看我能不能帮老家的人干点农活，现在看来，在市场经济的大潮面前，妈妈显然是落伍了，她还不知道她的这几个妹妹跟很多乡亲们一样，已经完成了从农民到商人的角色转换。在做生意方面，我只会帮倒忙，况且，这里不需要劳力。我的三姨在西安康复路批发市场做生意，在得知我目前的境况时，很热心地拿出好几大包手套、发卡、胸花、小孩童装之类的杂货对我说：“这都是过季的东西，我知道你心气很高，可是人总要一步一步来，这些东西卖多卖少都是你的，就当是你的本钱吧，大生意也是从小买卖开始的。”在理想与吃饭问题面前，我当然没有别的选择了，如果连这种无本生意都不会做的话，那就不是智商高低的问题了。于是谢过三姨，背着大包小包跟薇娜下原去了。看来这商业大潮还真是厉害，回老家这么会儿工夫就被它给缴械了。

13

薇娜还有十多天才返校，于是我就先回去了。从此以后，在宝鸡街头众多的“练摊”者当中，多了一个戴眼镜的小贩，用现在的话讲，就是看上去还蛮像一个儒商的。既然是“练摊”，那肯定先得有一个练的过程，我每天早晨起来，背上水壶，把装货的包往自行车上一架，赶紧往市区赶。我得去占地方，去晚了往往不能占据有利地形，对于“有利地形”这个词，我通过切身感受把它总结为：有利益可图的地形，对于这一点，凡是当过小贩的肯定会有同感。刚开始干这个我还真的有些抹不开面子，我在斗鸡中学上过六年，在金台中学和龙泉中学分别补习过一年，同学众多，我真不想让他们看到这个曾有鸿鹄之志的人，现在却沦为燕雀。所以往往我找到一个地方以后，把塑料布一铺开，发卡、头饰、童装之类往上一摆，自己站在离摊位好几米远的地方东张西望，全无小贩形迹，倒有哨兵风范。

在肚子问题面前，面子问题只能先不管了。连续几天块儿八毛的销售额，弄得我连买不买一盘擀面皮，还得决策半天。做生意得靠吆喝，人家走到你的摊前了，卖货的却站在几米开外，给人一种来此销赃的感觉，生意能好吗？于是我痛下决心，大大方方地做一名堂堂正正的小贩，虽然扯开嗓门吆喝我眼下还做不到，却也能做到对过往行人的积极拉拢。这样果然有效，很快的，我这个国民的国民收入就明显好于往日，达到历史最高水平的一天十几块。以下是我通过实践检验出的真理：人的脸皮厚薄程度和被生活逼迫的程度成正比。

可是这种一天十几块的收入不是每天都有，那个时候全社会好像都在“砸三铁”，所谓消灭铁饭碗。这个政策好像也没有错，可是如果没有一个公平的机制与之配套，就只能出现有关系有门路的依然抱着铁饭碗，没关系没门路的就只好自谋出路，去“市场经济的大海中游泳”。于是，在宝鸡街头这个市场经济的大海中，我这条小鱼身边的抢食者日益多了起来。那时可真是全民皆商，宝鸡的这个路那个路，街边全是摆摊的人，星期天更是人满为患，卖货的比买货的还多。看来，要想在这场商战中不被淘汰，我只能不断地采取游击战略。有天我在老火车站口华通对面的街边摆摊，却无意间碰见了妹妹，妹妹知道我现在干这个，却没想到会碰见我。我明显感觉到她看我时眼里透出的辛酸，妹妹对我说："哥，你等一下啊。"然后就走开了，过了一会儿，我看她拿着两个肉夹馍匆匆走来："哥，热的，赶紧吃。"看着妹妹，我这个当哥的心里真不是滋味，就在我刚要吃的时候，却看见周围摆摊的人纷纷卷起地摊，四散逃离，那时候还没城管，凭经验，我知道收管理费的来了，于是赶紧把塑料布一卷，把货物胡乱一塞，推着自行车就跑，妹妹也帮我拿着东西跟在后面跑，我们兄妹俩就像战乱岁月惊慌的逃难者，一直跑到引渭渠边才停下来……在写这段的时候，我的眼泪不断地滴在键盘上……我根本不认为我逃避这种管理费有什么羞耻的。

在摆摊的日子里，薇娜每个星期天只要没事，就会陪我一起摆摊。一个已经在上大四的女孩子，家境优越，从小没受过什么苦，却陪着我在街头练摊，那个场景一直是我对那个年代的记忆中最美丽的一道风景。在薇娜的鼓励下，平时不练摊的时候，我就写歌，我这人有一个优点，就是记性极好，很多年前的人和事，我都记得很清楚。所以虽然我不会记谱，但只要在我脑海中出现的旋律，我都会牢牢记住，永远不会忘记，这在一定程度上弥补了我不识谱的缺憾。那时候写的歌，我现在还记得很清楚，有一首歌是这样写的：不要动不动就哭，说这世界太孤独，不要动不动就嚷，你的生活太凄凉，不要动不动就放弃理想，说你经历了太多的伤……呵呵，现在看起来比较幼稚，连"嚷"这个字都用上了，但是其中透出的心境却是我当时境况的真实写照。

转眼已是深秋，鉴于城里摆摊的人已趋于饱和，我也不是每天都出摊了，战场也逐渐转移到乡镇，什么八鱼，石羊庙，虢镇之类的地方，只要是物资交流会之类的热闹场所，均能看到我的身影出没其间。有一天黄昏，我收了摊，骑车从虢镇往家赶，望着西边即将落下的太阳，突然一段旋律在我脑中出现，我就像被电击一般赶紧停下，从来没有这样的感觉，因为我觉得这旋律太美了。其实每天晚上我都会躺在床上，闭上眼睛天马行空地创作歌曲，但是都没有这样的感觉，我想这就是所谓灵感吧。我真的怕自己把这旋律给忘了，又骑上车子往家赶，一边骑一边唱着这首还没有词的歌，直到我确信自己再也忘不了它了。

回到家我一鼓作气，准备给它填上词，试了好几个题目都不满意，但这段旋律隐约有种西域的感觉，于是我在想到“楼兰新娘”这四个字的时候突然眼前一亮，那么，我是怎么知道楼兰新娘的呢？前面说过了，我对历史很感兴趣，尤其是周秦汉唐史（陕西人嘛），以前读古诗，看到一句“不破楼兰终不还”，很纳闷“楼兰”是什么？这两个字组在一起意境很美，但当时由于资料有限，我只查到这是一个西域古国，曾经辉煌但神秘消失，于是我一直对楼兰这个地方，充满了强烈的好奇与神往。那年我在金台中学补习，班上的一个女孩很让我好奇，因为她不爱说话，无论冬夏总是穿着裙子，气质很是与众不同，后来我得知她来自新疆鄯善，这是古楼兰所在的那个地方，于是我总是找机会接近她，后来我们成为很要好的朋友。我很喜欢听她讲的那些西域风情，大漠风光，水草骆驼，我知道了维族人把橡皮叫“脆子”，小孩叫“巴郎子”，这一切对我来说，都很新鲜。记得有一天，她穿着一件很西域风格的裙子来到班上，我们班一个很爱写诗的女孩击掌叫道：“楼兰新娘”，这四个字太有魅力了，组合在一起给人无穷的想象，在此时我还不知道这是席慕容一首诗的名字，从此我牢牢记住了“楼兰新娘”这四个字。那一年我们都没考上大学，她也回新疆当兵去了，在遥远的西域边城。她那种来自西域的气质以及我对楼兰的神往，通过我的想象，幻化成下面这段文字：

楼兰新娘

一个楼兰新娘从这里走过，留下了一片香。
一个楼兰新娘从这里走过，带走了我梦想。
她的眼睛像弯月亮，挂在了我心上。
她的脸庞像幅画，在我记忆中珍藏。
在没有生命的荒漠上，

黄沙漫漫太凄凉。
远方死一般的山岗，支撑着半个太阳，
忽然一阵琴声悠扬，仿佛仙乐从天降，
人们簇拥着一个羞涩的姑娘，走在出嫁的路上。
啊……楼兰新娘我梦中的姑娘，你要去向何方，
不要走得太远，路途太长，隔断了我梦想。
啊……楼兰新娘我梦中的姑娘你要去向何方，
不要一去不归，忘了故乡，留给我荒凉。

（杨海潮词曲）

《楼兰新娘》写出来以后，我唱给薇娜听，从薇娜激动的眼神中，我知道了这首歌的分量，薇娜告诉我："这首歌真的太好了，你一定会成功！"那一刻，我有了前所未有的信心。后来我把这首歌唱给我好几个朋友听，他们的反应也很强烈，尤其是我的几个死党，给了我莫大的鼓励，我的音乐之路也似乎在眼前铺开……

14

父母也知道我整天在创作歌曲，可在他们看来，这跟我每年都信誓旦旦地要考上这大那大一样，不可信。我知道，在他们眼里，我就是总喊着"狼来了"的那个孩子。每次有新歌写出来，我都会兴奋得无以名状，在家里扯着嗓子高唱，看得出爸爸很讨厌我这样，每当这个时候，他要么回到房间把门一关，要么把录音机声音调到最高，让秦腔里的花脸"王朝马汉"跟我对抗，我得承认，没几个人能是他们的对手。要知道，我的声音再高，也高不过这戏剧里的摇滚——秦腔。后来我发现了一个唱歌的宝地，那就是我们家的厕所，这地方不但回音效果极佳，而且不用担心引出"王朝马汉"来。这样，我的新歌写出来时虽然听众极少，但听众群却很固定，那就是我的父母，还有通过厕所通气口传播到

的四楼的冯亮家。

天下的父母都是爱自己的孩子的，他们虽然觉得我在做一件不切实际的事，但看到我对创作如此执著，也想找找人看能不能帮上什么忙。当时妈妈在文化宫门口的一家商店上班，她经常向人打听能不能在文化宫，或者宝鸡歌舞团之类的单位，给儿子谋一份创作的差事，但对于像我们这样没钱没权也没什么门路的人家，这几乎是不可能的事情。这么多年来，作为一个创作人，我有这样的体会，那就是一个创作人，首先得是一个自由的人，有一颗自由的心，不隶属于任何单位，这样才能比较客观公正地通过自己的作品表现真实的世界。你能指望一个拿工资的创作人，去表现给他发工资的人不想让人看到的事情吗？这就好比爸爸养着我，他即使做法再有问题我也会选择沉默。

虽说我要自谋生路，但一直还住在家里，我拒绝了爸爸让我去他们厂上班的建议，却选择了摆摊，这使得本来就不和我说话的他，现在连看都懒得看我了。有一天我晚上回来，看见家里来了客人，爸爸一看见我，立即铁青着脸，我纳闷又怎么了？却看见妈妈指了指茶几，我一看，是一包烟，再一看，里面装的却全是挂面，于是心里一惊："天哪，我怎么把这事忘了？"原来前几天的一个深夜，我想抽烟却发现烟没了，外面的小卖部早关门了，于是就偷偷去客厅拿了爸爸一包烟，本来我只想拿几根，但都是整包的，我怕被他发现，于是小心地用小刀把烟盒封纸打开，把烟全部拿出来，给里面装满了挂面再封好放回去，想等第二天买一包烟再把假的换回来。可第二天我把这件事忘得一干二净，于是就有了刚才的场景。那天爸爸气得不得了，借着这件事把我落榜之类的事全翻出来，骂得我抬不起头，我当时心里只有一个念头，搬出去住！可我能搬到哪里去呢？那时候我已经不常出摊了，一个是确实不是很好卖，另一个我的心思主要在写歌上，写出《楼兰新娘》之后，我更是痴迷于此。

虽然当时我已经写了不少的歌，比较完整的就有将近十首，可是宝鸡这个地方在当时就根本没有那种环境，而我也从没有想到去北京之类的地方闯荡，总觉得自己的作品还不具有那样的实力，我的歌只在我的几个朋友之间小范围流传。薇娜曾让我把这些歌寄给一些杂志社，我这么做了，但都是如泥牛入海。我这个人比较傲，给自己定的目标很高，因为我知道，如果你给自己定的是华山那样的高度，也许很快就会达到，但如果你给自己定的是珠峰，即使达不到那也不会低到哪儿去。

那段日子，薇娜没少鼓励我，还把自己的一个在当时比较贵的随身听送给我，我经常带着这个随身听，在我们家后面的贾村原边徘徊，那绝对是徘徊，因为漫无目的。我就这么一边走一边在脑子里推敲着我写的歌，我总希望自己能写出惊世的句子或想出绝美的旋律，因为我知道，像我这样家境的人，不拿出比别人强很多的作品，那就一点机会都没有。我当时给自己树立的目标，现在看起来还依然遥远，那就是成为崔健或罗大佑那样的人。我知道，这条路虽然沧桑，但它是正道。

我是如此频繁地出没于那个地方，以至于家属院的大妈跟我妈妈说："你得劝劝海潮，让娃想开一些，高考落榜也没什么，我看他老在山上转，那旁边可是引渭渠呀。"这让我哭笑不得，我当然会谢谢她的好心，人常常活在一个不被理解的世界，却又无法沟通。

1992年年底，离春节还有快两个月的时间。天气已经很冷了，我想在春节之前把存货处理掉，于是又开始到处摆摊。有一天我在文化宫门口出摊，却看见钟维文一瘸一拐的走过来（他的腿因小儿麻痹残疾），这个人我太熟悉了，我初三住校的时候他是我的室友，只不过比我高三级，他的诗写得非常好。此时他也认出了我，很是惊讶："你怎么在干这个？"我初中的时候唱歌就小有名气，他认为我应该更有出息。我们在街上聊了会儿，当他得知我现在在写歌，手一挥："走，跟我走，别干这个了。"我虽然不知道他会把我带向哪里，但也确实不想再摆摊了，每天跟各色人等为了几毛钱较量半天，真的挺消磨人意志的，于是就收了摊跟钟维文去了他家。他自己住着一套比较宽敞的房子，在那里，他拿出很多他以"南子"为笔名所写的诗，我基本不懂现代诗，但好的诗打动的往往是普通人的心，他的诗正是这样。但我发现此时的他兴趣已经不在写诗这件事上了，而是如何去赚钱，而且是赚大钱，因为从后面的交谈中我得知，他一会儿要承包装修工程，一会儿又要开饰品店等等，让我和他一起干。虽然这些事后来一件也没干成，但通过钟维文，那个冬天，我认识了一个对我帮助极大的朋友——王凯声。

凯声也是一个爱唱歌写诗的人，我们聊得非常投机，他在宝鸡石油钢管厂工作，他听了我的歌并得知我和家人关系紧张之后，很豪爽地说："去我那儿住，就专心写歌吧。"于是我就住在了他那三个人的集体宿舍，吃饭也在他们单位的食堂。这样我心里很过意不去，毕竟他也是靠工资生活的人，总想帮他做点什么。那个时候，中华大地钢材紧俏，宝鸡自然也不例外，似乎遍地都是钢铁巨子，仿佛每个人背后都有洛克菲勒撑腰，这从排队打公用电话人的对话中就听得出："喂，老王吧？……要500吨盘条？没问题，昨天刚发走3000吨螺纹钢，你这点货，包在我身上……"类似的对话在街头比比皆是，虽然大部分普通人可能连"盘条"是什么都没听说过。

我当时第一次听到这个词，脑子里出现的就是天津麻花之类的东西。凯声因为在钢管厂工作，认识一些这方面的人，有一天他下班兴冲冲地对我说："海潮，咱们要发了！我搞到了5000吨盘条！"以我一个小贩所见的世面，立即被这传说中的大宗买卖惊得目瞪口呆。凯声接着说："货在石家庄，是首钢的货，只要咱们联系好买家款一到，那边就发车皮。"我们算了算，如果买卖成功的话，刨去中间各渠道的费用，至少可以赚九万块钱！这相当于现在的一百万。这个数字让我们兴奋得在床上翻了好几个跟头，我清楚地记得凯声当时的激动："你想想，5000吨哪！光车皮就得有至少一百节，整整一个专列，不，应该得两个，咱们中国还没有那么长的火车。"

随后的日子里，我和凯声还有杜斌这三个人的钢铁联盟迅速投入运作。凯声负责联系与货主沟通，我和杜斌负责找买家。那时候只要有钢材，根本不愁买家。很快，我通过朋友得知一位姓曹的经理急切需要大量盘条，于是我们约好在文化宫门口见面。看得出，初见对方我们彼此都比较失望，曹经理五十多岁的样子，那么冷的天，只穿一件毛衣外加一件旧兮兮的蓝西装，跟我说话的时候不住地哆嗦，而且他看着我时，每隔一会就猛挤几下眼睛，搞得我时不时得回头看一眼，他到底在给谁使眼色？后来我发现这只是曹经理的一个习惯而已，可能眼睛有毛病。这样一个人，我怎么也不能把他和需要大量钢材的大老板联系起来，当然了，从曹经理的眼里，我也能看出，他对我这个学生模样的人却自称有5000吨盘条，也是将信将疑。按说这种货值一两千万的大买卖不在大饭店，至少也得在小饭馆谈吧？可我们俩就那么蹲在马路牙子上，一人叼一根不带把儿的烟，其中一个还一边哆嗦一边对着行人不停地挤眼睛。这种场景，可能也只有那个全民倒钢材的特殊年代才会出现。

曹经理看出了我对他的不信任，于是要带我去他们公司看看。在公共汽车上，我们俩为了显示彼此的慷慨，争着付价值一毛钱的票款，推来搡去，让一车人为之侧目。他们哪能想到，这两个人将要进行的生意总额，足以买下一百辆这样的公共汽车！没想到曹经理的公司竟然位于市委大院，这不由得让我的信任度大增，曹经理给我介绍了他们的董事长，这位董事长虽然对我有所怀疑，但那年月，谁又见过真神是什么样子呢？于是他们开出了条件：必须见到货，才能打预付款。这很让我为难，因为石家庄那边是必须打款才发货。我给凯声打了个电话，问他的意思，他想了半天说让我先答应他们，三天后看货。

回去的路上，我一脸愁容，心想哪里有盘条呀？没想到凯声却一脸高兴的样子，原来他说他们厂有不少的盘条，先让曹经理看看，等他们一打预付款，石家庄的货就到，保证没问题，这生意百分百没跑了。那天晚上我们俩憧憬着未来，兴奋得睡不着，凯声说一挣到钱我们就买三辆“野狼”摩托，一人一辆。我说我不要摩托，我要去北京，因为那时艾敬的一首《我的一九九七》非常火，让我知道了北京有了大地唱片那样的，不同以往的唱片公司，我想去试试。三天以后，曹经理如约来看盘条，我和凯声陪他来到钢管厂的露天货场。一进去，我看到堆着好多带着红锈的钢筋，我跟曹经理还往里走，却见凯声走过来悄悄地对我说：“别往前走了，这就是盘条！”我一脸纳闷儿低声说：“这不是钢筋吗？”凯声又悄悄地说：“钢筋盘起来就叫盘条！”天哪，世上还有如此顾名思义的东西。我们看见曹经理还在往里走，很认真地寻找他心目中的“盘条”，就一齐忍住笑：“曹经理，别走了，盘条在这儿。”曹经理回过头往这边一看，明显地有些不好意思：“噢……这……就是盘条啊……”

15

世上还有如此荒诞的事情，生意做到现在，买卖双方的接头人，还不知道自己要交易的货长什么样！在随后的交谈中我们得知，曹经理以前也不是干这个的，他也是响应政府号召，刚刚一猛子扎进这市场经济的大海中，跟我一样，属于刚学会几下狗刨的那种商界新手。他望着眼前堆着的盘条，眼里似乎有着跟我刚才一样的迷惑：怎么钢筋换个姿势躺在这儿，就变成盘条了呢？但他毕竟看到了梦寐以求的盘条，似乎对我们的信任有所提高，可他又提出一个问题：“不是说5000吨吗？这才有多少？”凯声马上回答：“只要你们的预付款一到，我们‘总部’马上发专列。”为了让曹经理彻底放心，我们随后安排他和我们几分钟前诞生的石家庄“总部”通了电话。至此，曹经理非常满意：“好的，买家的预付款最多一个礼拜就到帐。”到底是新手，自己说漏嘴都没意识到，看来曹经理他们也不是真正的买家，我们和他们，算是一对货真价实的“空对空捣蛋”。

九万块，已进入倒计时阶段，我们几个整天兴高采烈，那时候薇娜也经常过来，她还把她父亲公司的新产品，一种镭射唱机拿来给我们玩。其实那就是VCD的雏形，可以唱卡拉OK，但人物是不动的，像幻灯一样。凯声唱歌很不错，老是拿着话筒用所谓的粤语，模仿张学友的样子大唱《爱的比你深》，但比张学友陶醉。充满希望的日子总是快乐的，但是快乐往往短暂，几天后的一个下午，凯声垂头丧气地回来：“完了，石家庄那边被查封了，他们根本就没什么盘条……”其实我们当初对这件事就不该抱那么大希望，但从幼稚到成熟总是需要一个过程，好在也没损失什么，就是担心对曹经理如何交待。

果然，曹经理在得知真相后把我们叫到他们公司，大加训斥。看来曹经理气得不轻，因为他在声讨我们的时候，眼睛挤得更狠了：“你们知道吗？这叫商业欺诈！是要负法律责任的！”这下我可吓得够呛，心想我怎么这么倒霉呀，刚过了要负法律责任的年龄没两年，这就得负法律责任了。曹经理看我们俩低着头不吭声，嗓门更大了：“你们知道吗？人家买主的预付款都到帐了，光是利息，你们拿笤帚扫都扫不过来！你们就等着法院的‘缠票’吧！”他说的是宝鸡方言，把传票说成“缠票”，早知道这钞票要用传票换，我们说什么也不会凑这份热闹的。

回去的路上，我真的有些害怕，怎么转眼间这钞票倒计时就变成传票倒计时了呢？我仿佛看见一个法官的手，拿着一枚公章盖向写着我们名字的“缠票”。凯声到底比我大，他安慰我：“没事的，他在吓唬咱们，咱们又没有签合同，而且他说买家付了预付款也是空口无凭，你就放心吧，肯定没事。”果然，那张“缠票”并没有缠着我们不放，这件事很快就不了了之。在凯声那里住了一个多月，我又写了几首歌，那时候中国的流行音乐开始复苏，各路人马云集北京，我在宝鸡了解到这一切，感觉自己应该有所行动了。于是在春节前回到了家里，临走时，凯声送给我一身行头，一件墨绿色的牛仔衣，一双那时候刚流行的“陆战靴”，看到我打扮一新的样子，凯声拍了拍我的肩膀：“这才像一个歌手！”

春节的时候，我们很多老同学在我的朋友张建文家聚会，大家听了我写的歌都觉得很不错，后来在聊起我流浪北京露宿街头的事情时，我在斗鸡中学的同学，1990 年考上北大的李骐说了声：“那你怎么不来找我？”随后他想起当时是寒假，自己也不在北京，在聊天中他得知我要去北京闯荡，就给我留下详细的联系方式让我到北京一定找他。其实在学校的时候我们也不是特别熟的朋友，而此时我也不会知道，李骐之后给了我多大的帮助。我只想说，在中国，一个平民的孩子要想成功，不但自己要付出更多的努力，还要有亲人朋友的很多心血。

第三章　第一次北大“编外生”

16

1993年2月下旬，我背着简单的行李，拿着薇娜给我买的车票，和她一起来到宝鸡火车站，我没有告诉家里人，只留下了一封信，我担心他们阻挡我的行程，不得不出此下策。我和薇娜站在等车的人群中，心情很复杂，我不知道这一去会怎么样，也不知道什么时候才能回来，想想薇娜这么好的一个女孩，在我最艰难的时候也从未离我而去，而命运却在此时把她从我身边拉走，让我从此天涯孤旅……我不让她送我到站台，我怕我们都受不了，我进站的时候，看见她远远地向我挥手，我被人流拥挤着，很快就看不见了……但我知道，我们都流泪了。

在以后的岁月中，我经历了太多的分分合合，但薇娜在人群中向我挥手的样子，在那一刻定格，从此在我的记忆中永存。车过潼关的时候已经入夜，趴在茶几上刚想睡一会儿的我被乘务员叫起：“查票了，拿一下车票。”以往总是在逃票，这么猛然被人叫起，我第一个反应就是：“完了，这回跑不了了！”但随即反应过来，自己是有票的，于是掏出来递给他，心里前所未有的踏实。这很像你是一个街头游商，突然有了合法的营业执照，就算城管们再气势汹汹，你也会神情自若，因为你知道这一切都不是冲你来的。这么一折腾，我也睡不着了，望着窗外黑漆漆的夜色胡思乱想。想当年潼关也是风光无限，热闹非凡，多少文人墨客、富商巨贾、平民百姓慕长安之盛名，羡关中之富庶，从这里走向大唐帝国的心脏，以期实现自己心中的梦想。而如今我却不得不背井离乡，反其道而行，天涯孤旅，前路迷茫……一个人的命运变迁和一个民族的历史兴衰，虽不可同日而语，但道理大同小异。

正在我胡思乱想之际，却听见车厢里传来“苹果，苹果，红红的苹果”的叫卖声。这个声音虽然不大却很特别，因为卖东西的小贩很少会用这种比较书卷气的“红红的苹果”，于是我循声望去，看见一个戴着眼镜，学生模样的人端着一个陕西人常用的筐篮，里面装满他所说的“红红的苹果”。他基本不看两边的乘客，嘴里机械地重复着“红红的苹果”，目光直视前方，透着一种坚定与高傲，似乎很不屑于自己现在所干的营生，却又无可奈何。这个样子让我想起刚开始摆摊时的自己，同时猜想他的生意肯定不会太好，果然，他在这个车厢来回几趟，我发现那些“红红的苹果”一个都没少。

后来我去厕所，看见他蹲在两个车厢衔接处，捧着一本高中课本在读。这书我太熟悉了，于是就过去跟他聊天，得知他是渭南人，在读“高四”，他说家里还有个弟弟也在上学，而父母身体又不好，于是自己不得不时不时地在火车上卖点东西，说完他长叹一句：“唉，这也是没办法啊。”这句话让我记忆尤深，因为那透着与他年龄并不相称的沧桑。我买了几个苹果，还告诉他卖东西不应该只顾自己往前走，不顾乘客的反应，有的人想买，卖货的却只顾往前走，生意当然不会好了。毕竟，在当小贩这件事上，我是绝对可以当他老师的。车到洛阳的时候，他要下车了，因为他还得在这里换车，一路再卖回去，早上还要上课……唉，我要是有这种精神，何愁考不上大学呢？

终于到达北京站了，这也是我第一次来这里，虽然我已经来过北京，但上次我这个陈仓（宝鸡古称陈仓）人是以暗渡的方式从丰台站混出去的，现在终于可以从这里从容不迫地出站了。站前广场和一年前相比，没什么变化，还是那样拥挤脏乱。我找到一年前那个卖盒饭的地方，想圆一下去年在这里垂涎欲滴的饱餐梦，却发现那里敞着口露着肥肉块的盒饭依然那么堆着，却不见了那个吆喝“盒饭了唉，肉的肉的肉的肉的”的小伙子，于是在我眼里，那堆盒饭也不过如此，当下收起买它一盒的打算，广告的作用多么巨大。

我按照李骐给我留的联系方式，坐车先到动物园，然后坐 332 路汽车一路奔北大而去。当时那条路虽然不宽，但绝无堵车之虞，很快就到了海淀黄庄。我对海淀这个地名很熟悉，是因为在前些年的“范进”生涯里，我们所做的习题集基本出自海淀教师进修学校，另一个因此而声名远扬的地方是湖北黄冈。我在北大南门下了车，当时的北大南门一带不像现在这样高楼林立，只是一条不宽的街道，两边的楼房平房也都是灰蒙蒙旧兮兮的，但当我站在北大的大南门前，眼望北京大学四个大字时，还是立即感觉到了什么叫高不可攀。我多么希望自己是以一个北大的学生，而不是眼下这种投奔朋友的身份走进这个大门啊。

进大门的时候，查学生证的校卫队员并没有拦我，这让我的心中窃喜：难道我很像一个北大的学生吗？校园里的人大都行色匆匆，自行车在我身边来往穿梭，夹杂在这样一堆状元探花们中间，我真的有些自惭形秽，没有过这种经历的人，很难体会我当时的心情。终于来到 28 号楼 359 室，见到了李骐，在异乡完全陌生的环境中，李骐的热情让我不再拘谨，他很高兴，而且我看得出，他在这里人缘很好，他的几位室友对我这个陌生人也表示了欢迎。当晚我和李骐挤在一张床上，抵足而眠。李骐在中文系的朋友众多，其中的卞智洪、高成海、周世一等人刚开始是因为我是李骐的朋友而对我照顾有加，后来大家熟了以后，发现兴趣相投，也成了很好的朋友。我日后写出的《干杯朋友》，就源于两次在北大生活的经历以及和这些朋友在一起的日子，当然，在以后我会详细讲述。

在接下来的日子里，李骐在北大东门外租了一间平房，我们搬了过去。我知道他这样做完全是替我考虑，因为他自己根本没必要这样，那个平房虽有土暖气，但四处漏风，而且每个月还得额外开销，他家境虽好但父母并不知道这些情况。这一切安顿下来之后，我开始打算闯荡北京的唱片公司。李骐对我的歌很有信心，尤其喜欢《楼兰新娘》。他是个想唱就唱的人，唱性一起，不分场合不分时间随口就来，他的声音虽然谈不上好听，但是很高，传得很远，往往人未至，声已到。《楼兰新娘》也被他演绎成一种深具李骐特色的原始高亢风格，从而传遍了 28 号楼的走廊、水房甚至厕所。我们当时还没意识到，正是他这种粗犷的初级传播为这首歌后来的为人所知提供了可能。

我去的第一家唱片公司并不是大地唱片，而是位于北京电影学院附近的一家唱片公司。那天风很大，我在门口犹豫再三，就是没勇气去敲门，有几次走到门口了又退了回来……毕竟是第一回呀。最后我一咬牙走了进去，却发现里面的几个姑娘在冲着我乐，我有些莫名其妙，却发现从她们那个角度望出去，我刚才拉锯般的走来走去全被她们看在眼里，那样子想起来也确实滑稽，形同哑剧。其中一个女孩比我大不了多少，问我："您找我们有什么事吗?"我尽量镇定地说："我是一个来自陕西的歌手，想让你们听听我写的歌。"那女孩看着我："那你的歌呢?"我说："我现在就唱给你们听。"她们几个互相看了看，又开始笑，她们怎么那么爱笑啊?现在想想，在唱片业市场化初期，大家对自己所扮演的角色都比较新鲜，她们看着我新鲜，我看着她们才新鲜呢，比如那女孩给我的名片上的"企划"二字，就让我立即感觉到自己知识的贫乏："这企划到底是个什么职务?"

17

她们终于不笑了，那个企划对我说："你唱吧!"于是我放开嗓子唱起了《楼兰新娘》。刚唱两句就发现这个房间回音不错，声音听起来很圆润，无疑增强了我歌声的感染力，这从那几个女孩略带惊讶的表情上就能看得出来。她们听完之后互相看了看："挺好的呀，还有吗?"于是我接着又唱了两首，唱完之后那个企划对我说："你的歌挺不错的，能把'小样'给我们留一份吗?"我有些迷惑："小样?"她看到我一脸茫然，就说："噢，就是你把歌录在磁带上，简单的伴奏就行，你没有吗?"当时我初闯歌坛，还不知道这些基本的常识，于是如实回答："我还没有这个，等以后录了再给你们送来吧。"于是就把歌词和联系方式留给了她们，告别了这家我人生第一次见到的唱片公司。走在街上，我心情还不错，虽然没有什么结果，但这毕竟是我第一次见到唱片行业的业内人士，而且看得出她们挺喜欢我的歌，这让我对未来的前景更加充满信心，那天我好几次看到喜鹊从我头顶“喳喳”飞过，心里不免有了这样的幻想：抬头喜鹊喳喳叫，莫非好事要来到？

回到北大东门外的小屋，李骐他们都问我：“怎么样怎么样?”我告诉他们人家挺喜欢我的歌的，他们都替我高兴。那时候高成海也搬过来住了，卞智洪和周世一等人也老过来，那个屋子虽然不大，但却容纳着很多欢乐，大家虽然没什么钱，但却有着诗歌音乐以及时不时冒出来的北京啤酒（当时是北京啤酒的天下，燕京啤酒还在卧薪尝胆）。在给薇娜和父母的信中，我说自己在北京一切都好，认识了很多新朋友，让他们放心，我会努力等等。李骐听我说需要录盘小样，怕一般的录音机录出的效果不好，就让他们系一个家住北京的女生带我去她家，用她家的音响给我录了一盘清唱的小样，那时候，我还不会弹吉他。那个女生的名字我已记不得了，似乎姓张，但我记得她不厌其烦地一遍一遍帮我录音，直到我满意为止。有了这盘小样，我接下来要做的就是查阅各种报刊杂志，寻找各个唱片公司的地址，然后买一份北京地图，按图索骥。

我在报纸上看到香港武打明星徐晓明在北京开了一家唱片公司，在北京饭店十层，于是在三月初一个刮着大风的日子去往那里。那时候老刮风，当我风尘仆仆地赶到北京饭店门口时，明显感觉到自己灰头土脸的样子和这里富丽堂皇的景象形成鲜明对比，当下有些心虚，于是趁人不注意，迅速地把皮靴在左右裤腿上蹭亮了一些，尽量装作老来这种地方的样子，挺胸抬头就打算往里进，却听见旁边两位穿红旗袍的女孩说了句什么，她们声音不高，说得又快，我没听清，赶紧退回两步，问她们：“你们说什么?”她们看到我这个样子，似乎想笑又忍住，几乎是一字一顿地齐声说：“先生，欢迎您光临!”我下意识的“噢”了一声，带着一种被人识破的尴尬赶紧走了进去。看来这无产阶级想要冒充资产阶级，简直浑身都是马脚。徐晓明公司接待我的是一位三十多岁的女士，她在听了我的自我介绍之后，留下了小样和歌词，并说一定尽快转给徐晓明先生，让我回去等消息。为了加深她对我歌曲的印象，我提出现场为她唱两首，但她说她很忙，我留下小样就可以了，她们会仔细听的。那天在回去的路上，我又好几次看到喜鹊，但已没了上次见到它们时的欣喜，只是觉得这可能会是好的兆头，毕竟带个喜字。

我在北京见到的第一个明星是艾敬，那时候她红遍中国的大街小巷。有一天我按照报纸上的地址，来到位于西单的华威大厦十层，找到了大地唱片，大地唱片是由香港方面投资，老板是给 Beyond 乐队写词的刘卓辉。他写的《长城》《大地》《农民》等等歌词充满人文关怀，而且大地公司当时汇聚了黄小茂、三宝、张卫宁等一大批中国流行音乐的优秀人物，当然这都是我当时从报纸上得知的。那天我一进大地唱片的办公室，就看见艾敬一个人在沙发上坐着，第一次见到明星，我心里当然激动了，一边拿出歌词给她看一边自我介绍，艾敬一点架子也没有，脸上一直带着微笑："噢……是这样的，我只是个歌手，这个事情我们有专门的人负责，我给你叫一下吧。"说着，她就出去找人了。我看见她穿着拖鞋，心里还挺纳闷儿，多年以后我和田震、张卫宁聊天，得知他们还有艾敬等人当时都住在华威大厦，可是那次却无缘见面。艾敬出去了一会儿，进来了一个年龄稍大的女孩，她递给我一张名片，我看到她叫慈越，也是一个企划。我记得她在听我自我介绍的时候，腰间突然响起了"滴……滴……"的声音，于是她把衣服往上一撩，拿出一个黑色的小方块，看了一眼，给我说了声：稍等，就去打电话。当时我还不知道，那个东西叫 BP 机，即将风靡中国。

慈越看了我的歌词，又出去叫了个人进来，此人足有一米九零，还留着当时已经不太多见了的爆炸头。慈越给我介绍说，这是他们的制作人王迪，熟悉中国流行音乐的人可能都知道，王迪在当时就已经是资深音乐人了，他听了我的小样，没发表什么意见，或者是不好马上给出什么评价。这时候黄小茂走了进来，我之所以认出他是因为我总在听崔健的歌，他给崔健写的几首词都很出色，而且我在电视上见过他。黄小茂听了我的小样之后对我说："你最好能给你的歌加上伴奏，哪怕是简单的 guitar 伴奏，音乐是立体的，那样可能会更好一些。"我很想能立即听到他们给自己的作品一个评价，但显然没能得到，这确实是一件让人为难的事，多年以后当我也成为这个行业的一员时，深有体会。当然，在回去的路上，我依然看到那些飞来飞去的喜鹊，但我此时对它们的出现已没有什么特别的感觉，仅仅是觉得总比看到乌鸦要好吧。

我记得，有一次我来到位于六部口，和中南海只隔一条马路的北京文化艺术音像出版社，进门时碰见一个个子不高，黑黑瘦瘦的人出来。我刚一进门，就看见一个个子很高，面色稍黑的男子用一种很豪爽的语调对我说："欢迎你们这些来自祖国各地的热血青年，刚下火车吧？我叫杨晓东。"随即伸出手来与我握手。他的这种热情让我感到心里一暖，那一瞬间甚至有种找到组织了的激动。在听过我的介绍后，他说刚才走的那个人叫张楚，也是陕西人，并说张楚的歌很不错，那时候张楚的《姐姐》还没有出来，还没有后来那么大的名气。杨晓东在听了我的歌之后对我说："旋律还行，但有些老，而且我们现在没有这方面的出片计划，我给你介绍几个人。"

随后他给我写了几个人的名字和详细的联系方法，我看了看，那上面有乔方、付林、谷建芬等人的名字。他又告诉我说乔方是乔羽老师的儿子，他正在做一盘校园合集，让我最好先去找他。于是我谢过杨晓东，出来就给乔方打了个电话，可是乔方说他们歌手已招满了，又给我介绍了一个叫朱一弓的人，我给朱一弓打电话，人家却在外地，需要很长时间才回北京……那些日子我走遍了北京大大小小的唱片公司，但大都是留下小样后让我等消息。终于，当我第N次从唱片公司出来，再看到那些喜鹊时，我意识到，我之所以每次都能看到它们，仅仅是因为在北京这种鸟比较多而已，没有除此之外的任何意义，这种带喜字的鸟，使得渴望成功的我对它们格外留意，而另外一种比喜鹊多得多的鸟——麻雀，就得不到这种关注，我总是对它们视而不见。

在海潮版的《楼兰新娘》没有任何进展之时，李骐版的《楼兰新娘》却带给人一些惊喜。有天李骐又在28号楼的水房里高歌，同楼的地质系学生刘蜀秋听到此歌很是喜欢，于是向他打听出处，这样我就得以和刘蜀秋相识。蜀秋很瘦，留着那时学生中不多见的披肩长发，他虽为地质系学生，但酷爱音乐，尤其是罗大佑的歌，他唱那些歌简直可以以假乱真，甚至有人叫他“刘大佑”。他非常喜欢《楼兰新娘》，跟我认识以后，他又给我介绍了他身边的几个朋友，申军、刘森、王一平等人，这几个人都会弹吉他，申军弹得尤其好，外号“大师”。于是在那年三月初，我们几个在北大的一个教室，用周世一的一个爱华牌随身听，给《楼兰新娘》等几首歌配了简单的吉他伴奏。现在，虽然我已找不到这个小样了，但那种质朴却很有想法的配器总是在我脑海里萦绕，那毕竟是我的歌第一次配上了音乐。

等消息的日子虽然难熬，但有李骐他们这些朋友在身边，我也从不缺少快乐。我们这个小屋现在已成了中文系很多人聚会的大本营，房东老大爷对此很有意见，尤其是有时深夜院门锁了之后，还有人从墙上翻进翻出，大爷对此更是恼火，曾几番警告，但收效不大。终于有一天，我们聊到深夜肚子很饿，无奈院门紧锁，于是李骐翻墙出去买方便面，当他如勇士般翻墙而回时，却立即直面了惨淡的人生：房东老大爷已在此守候多时，手握扫把，怒目如炬。幸亏李骐反应快，迅速遁入屋内。虽逃过皮肉之苦，但老大爷向我们下了逐客令：“明天就给我搬走!”后来经过我们软磨硬泡，终于使他老人家回心转意，但规定以后决不能再犯，否则立即走人！事后李骐跟我们说，其实他那天刚从墙头跳下，就已发现手握扫把的房东，但无奈人已在半空……每次讲起这件事，大家总会哈哈大笑。但是，伴随着这种快乐出现的，是愈来愈明显的经济危机……

18

我来的时候，身上只有一百多块钱，这些钱很快就在打印歌词，买磁带转录小样，以及日复一日地找唱片公司这些事情上，花得所剩无几了，所以我在北京的生活基本都靠李骐。本来李骐每月都有较为充足的生活费，这些钱他一个人花绰绰有余，但加上我的话就明显感觉紧张。李骐是学古典文献专业的，他很爱看武侠小说，我虽然对此类小说没什么兴趣，却比较认同其中的侠义精神。侠者义为重，尽自己所能给需要帮助的人施以援手且不求回报，我们往往认为此种人物似乎只出现在中国古代，或是现代人所写的武侠小说里，其实这样的人就在你我身边，只是没有了冷兵器时代的肃杀背景，换种方式以平凡的形象存在而已，我所认识的李骐，就是这样的一个人。

我记得刚来北大那天，李骐就慷慨地和朋友们一起为我接风洗尘，我们大家在北大南门对面，军机大臣胡同的一个叫玛嘉丽的餐厅把酒言欢，不亦乐乎。我发现，不光是我，凡是来找他的朋友，均能得到如此热情的款待，这是一个人的性格使然，跟钱多钱少没什么关系。有时候实在没多少钱了，他也会和我就着一份从学三食堂打来的猪肉扒谈笑风生，那时候北大食堂的饭票在校园内，以及北大周围的“泛北大地区”可是硬通货，其坚挺程度堪比美元。但是渐渐的，李骐的饭票也所剩无几了。

记得有一天午饭时间，我们俩路过南门外的一个刀削面馆，看到碗里的刀削面很是诱人，于是坐下来要了两碗。坐了一会儿，却发现兜里的钱包括饭票都不足以付账，而这时伙计已经把面端上来了，在这个紧急时刻，只见李骐向我使了个眼色，一声：“跑!”我们俩立马撒丫子就跑，一直跑回28号楼的宿舍还心有余悸，不停地往楼下看有没有人追过来……面对这种窘迫，我开始留意三角地的广告，以期在其中发现改善生计的机会。那时候，三角地的广告无外乎培训、招聘、寻物等等，新东方英语那时还停留在整天派好多人拎无数桶浆糊，沿海淀大街铺天盖地乱刷的阶段。与他们抗衡的是满眼皆是的GRE培训班的广告，两种广告在三角地的广告牌上轮番上阵，互不相让，虽印刷粗陋，但出现的频率足以使脑白金庆幸生对了时代。

终于，我在三角地发现了一个招聘推销员的广告，以往我也看到过类似广告，但大都需要押金。而这个只需要把学生证押在那里就能领出产品，公司会给你定个底价，超过底价的部分卖多卖少都是你的。于是，我用李骐的学生证领出了我即将推销的产品：衣领净和电视保护液。刚开始的时候，是在学生宿舍推销，李骐、衙内（高成海外号）、卞（卞智洪简称）他们也一起帮我推销，但是北大的女生楼男的不让进，而男生们大多不爱洗衣服，衣领净这种产品对他们来说没什么用处。我就记得有一次，卞智洪在他的脏衣服堆里挑出一双相对干净的袜子，拿起来闻了闻，似乎味儿已散尽，接着又穿。最绝的还要数李骐，有一次我盯着他的裤子说："你这条灰色牛仔裤挺少见的，颜色很特别。"没想到李骐看了我半天说了一句："其实……它本来是白色的……"面对这样的男生群体，我的衣领净显然无人问津，而电视保护液这种据说能防止电视辐射的产品，就更没人理睬了，因为当时没几个宿舍有电视，而且晚上十一点一刻准时熄灯。

这样，我的推销范围不得不从学生宿舍转向教工宿舍，继而向北大以外的"泛北大地区"延伸。我的推销方法很简单，就是挨家挨户地敲门，这种方法前有古人，后有来者，实在没什么新鲜，很容易打扰别人，招人烦。但也有例外，有一回我在北大东门对面的宿舍区推销，刚一敲门，就有人过来开门，我一看，是个五十多岁知识分子模样的阿姨，她看见我马上很热情地请我进屋："快进来快进来，外面挺冷的吧？快坐快坐。"她一边让我坐在沙发上一边又忙着为我倒茶，我当了这些天推销员，但如此欢迎推销员的人还是第一回见到，于是坐在那里一头雾水，心想她该不是认错人了吧？果然，她给我端了一杯茶接着说："你们老师刚出去，他总是向我夸你们……"

听了这话，我不敢说出我是推销员的真相，实在不忍心看到如此不可多得的欢迎场面，走向一个截然相反的结局，于是就说："是这样的，我不是来找我们老师的，我现在是在勤工俭学，帮人推销一些东西。"没想到她听了对我大加表扬："这样很好，我们年轻的时候也经常勤工俭学，比你们现在累多了，干的都是重活，来让我看看，你都推销些什么。"于是在那个上午，我的这位好心的"师母"买了两瓶衣领净和一瓶电视保护液。虽然说这次业绩不凡，但毕竟是冒充人家的学生才卖出去的，唉，那就祝愿我的衣领净让"师母"洗出世界上最干净的衣领，让我的电视保护液保护我的"老师"一家人永不受电视辐射之害吧！人生就是这样，快乐常与痛苦相伴，我在北京电视台附近的一家公司推销时，碰见的一件事让我记忆犹新……

那是一个大风的日子，天气晴朗但是感觉干冷。我从苏州街一带沿街推销到北京电视台附近，寒风刮得我从一家公司出来就迫不及待地进入另一家。在一个门面开在街边的公司门口，我敲了敲门，里面传来一声："进来!"可当我推开门刚迈进一条腿还没来得及说话，就看见里面一个五十多岁头发花白的男人，突然用手指着我很大声地嚷道："滚!"我一时愣住，两腿还保持着将要跨进的姿势僵在那里，不明白他为什么发这么大火。刚想开口解释，但他似乎根本不想给我机会，又是一声分贝更大的"快滚!"我看着他，那一刻真想冲过去把旁边的暖水瓶砸在他头上，这也太污辱人了！但我忍住了，因为我突然觉得他冲一个陌生人这样肯定是有原因的，于是转身离开。

站在风中，我看见好几个跟我一样背着包，推销员模样的人在挨户敲门，于是就猜想刚才在我敲门前，肯定有一个推销员跟这位老爷子发生过冲突，老头正在有火没处发的当口，我恰好送上门来，当了一回替罪羊……这样一想，我顿感释然，但在这人生地不熟的地方被人连说几声滚，心里的滋味可想而知。我当时就想，如果妈妈看到我被人这么喝斥着，心里还不知会有多难过！当然，我虽然很少写信，但每次写信都会说我在这边一切都好，其实我们大部分中国人都是这样的，自己在外面再苦再累，也尽量不让家里人知道，我认为这是一种美德。况且我知道，忧愁这种东西，你就算把它分给全世界，自己这边也一点都不会减少。

推销了这些日子，不能说没有成绩，但实在可怜，我的梦想和李骐他们这些朋友的鼓励以及帮助，是支撑我当时在北京继续待下去的动力，多年以后，我给零点的一首歌填词时，写的就是这段生活。

越来越……

人在人海里漂泊，

被风吹雨打着，

未来有谁能够把握。

眼前无数灯火，
哪一盏属于我，
答案总让我们沉默。
城市越来越高了，
天空越来越小了，
我为生活奔波着。
笑容越来越少了，
我是繁华世界里，
平凡的角色。
总被幸福这场戏冷落，
全靠梦想支撑着一步步走过，
这是冷暖自知的生活。

（发表于2003年零点乐队《越来越……》专辑　杨海潮词　零点乐队曲）

来北京快一个月了，我和薇娜好像只通过一两次电话。那时的长话很贵，还有就是我们必须在信中约好时间。我记得李骐带着我，到离未名湖不远的北大长话楼给薇娜打电话，用的还是饭票。我一边打一边看着计时器上不断变换的时间，说不了几分钟就不得不匆匆挂断。在咱们国家，只有在这种时候，你才会感觉到一个平民百姓的话有多值钱。薇娜总是相信我一定会成功，她也知道，我所从事的事情别人几乎帮不上什么忙，但是既然选择了这条路，就不管多艰难，也不要放弃。是啊，跑了这么多唱片公司，到目前还没有一家有回音，我多少有些灰心，现在听她这么一说，我想起来杨晓东给我的名单上，还有两个人我没有找，那就是谷建芬和付林。

这两个人都是我所尊敬的作曲家，也是体制内创作人中比较有自己想法的人，他们合作的《妈妈的吻》风靡全国，感人至深，而且他们当时都在办培训班，发掘新人。于是在一个早晨，我来到位于鼓楼大街，一个歌舞团的地下室，找到了谷建芬老师的培训班，但是被告知她不在。一个老师模样的女人给了我谷建芬家的住址，可以看出，当时的社会治安还不错，很容易就能得到名人的住址，要放在现在，能轻易做到这点的，非狗仔队莫属了。

于是我顶着大风（那个月好像天天刮风），赶到位于紫竹桥附近的昌运宫住宅区，找到了谷老师的家。走廊里黑漆漆的，很难想象作品等身的谷老师就住在这种地方，当然，那是十几年前了。我一敲门，门开了，一个五十多岁的男人，看样子像是谷老师的丈夫，他探出头：“谷老师不在家，她是政协委员，现在是两会，她在‘驻会’。”看来他大概见多了我这种角色，一眼就能看出来意，停了一下他又说：“谷老师都快六十岁了，你们能不能让她安静安静……”我这个毛遂虽然急于自荐，但也很能理解他的感受，于是就把我的小样和歌词留给他，拜托他转交谷老师，说声谢谢匆匆离开。

本来我打算找完谷建芬就回，可那天一看时间还早，就给付林老师打了个电话，他说我可以去家里找他，并告诉了我怎么走。付林是海政文工团的作曲家，他住在公主坟的海军大院，我赶到他家，在一个不大的房间见到了他，那个房子堆满了各种书籍，还有一架钢琴。他看了看我的歌词，指着《楼兰新娘》说，这首还挺不错的。于是我给他唱了一遍。他挺和蔼的，还指着我的一首词说：“我觉得你这首歌的名字不太好，为什么叫《判若两人》呢?”其实我当初写这首歌时也觉得这名字很不理想，看来他的确是行家。我本想给他留一盘小样，却想起当天只带了一份，于是就留下了歌词，谢过付林老师，离开了那里。

至此，我已把北京当时能找的地方都已找遍，现在所能做的就是日复一日的等待，这种等待虽然有时让人难以忍受，但毕竟有一份希望存在。快四月了，冰雪在我眼中渐渐消融，春天已把未名湖岸边的柳枝染成嫩绿，在这个充满希望的季节里，我老是幻想自己长出可以飞翔的羽翼。我喜欢这个季节，一直到现在。有一天，衔内对我说：“朋友给介绍了一个打工的活，可能会辛苦点，但挣钱还算容易，你干吗?”我说：“这还用说吗!”

19

原来，衙内的一个朋友告诉他，一家纯净水公司需要短期业务员，纯净水在当时还算是稀罕物，我们要做的就是把海淀地区的公司企业挨个儿跑一遍，摸清人家对此种产品的需求程度及购买意愿，只要有公司在我们的统计表上填一条简单的回馈意见，就可以得到一块钱。这一块钱听起来很少，其实不然，要知道，那时候北大到海淀黄庄一带有数不清的电子公司，什么科海、中科、希望、四通、联想等等大小公司，遍地都是。我们算了一下，一天往少里说，就算跑五十家，一个人也会有五十块钱的收入，而在当时，一个公司的部门经理可能也就挣这么多。

就这样，我和衙内还有另外两个学生，来到位于安外小关的这家纯净水公司。公司的经理是一个二十来岁，满脸疙瘩的青年，他从一个我当时第一次见到的饮水机中，给我们一人接了一纸杯纯净水，看我们喝了一口后问："味道怎么样？"大家集体回答："没有任何味道。"他接着说："这就对了，你们正在喝的水叫纯净水，它去除了水中的一切杂质，是最纯最净的水，在以后的时间，你们要一边统计一边给客户介绍喝纯净水的三大好处：一、醒脑提神，二、有益健康，三、它还有美容的功效，我喝了一段时间，很有体会。"对于前两条，我没有异议，但是看着他一脸的疙瘩，我对纯净水能美化出这样的容貌深感惊讶。

给这家公司做统计的学生很多，我们只是其中的几个。这位经理很有鼓动才能，在一个朝鲜饭馆，他请我们吃朝鲜冷面，边吃边向我们宣扬他的远大理想，他说他们正在进行一场饮用水的革命，让所有的人将来都改喝纯净水。我和别的人不同，一个一无所有的人总盼着参加一场革命，好重新洗牌，让命运从头再来。所以面对他所说的"革命"，虽然仅限于饮水领域，却也使我燃起一些热情。现在看来，这场革命显然已经成功，这位经理的眼光让人佩服。看来任何事情，只要方向正确，坚持下去，就能成功，虽然我们几个在这场"革命"中，干了不到十天，就当了逃兵。

我们从北大南门开始，只要没课，衙内他们就会和我一起干，你去这家公司，我就去另一家公司，但速度并没有我们预期的那样快，在一个公司平均耗时十分钟左右。遇到男的接待，我们就大讲纯净水有益健康，遇到女的，我们就鼓吹纯净水能够美容。我记得在一个叫“大恒”公司的办公室，有一个女的听了我的介绍，很感兴趣，不但很爽快地填了回馈意见，还马上就打算购买。这让我很是欣喜，要知道，卖出一台机器的提成顶五十条回馈信息所挣的钱。总之，在刚开始的三四天里，我们进展较为顺利，虽然也有极不配合的情况出现，比如在颐宾楼的一家公司，我磨了半天嘴皮子，大讲纯净水的好处以及它将成为未来的主流，可是我的革命对象，一个三十多岁的北京人，捧着一个茶壶，滋溜一口，毫无表情地对我说：“哥们儿，你甭说了，你就算说它能让人返老还童，我还喝我的自来水儿，我就好这一口儿……”对此我很无奈，不得不把革命目标降到最低：“那您就给我签个字吧。”没想到这位北京大爷很是爽快，拿起笔唰唰唰几下，写了如下几个大字：本公司谢绝推销！

好在这样的情况只是极少数，几天下来，我们算了算每人都能有两百条左右的反馈。可是接下来就比较困难了，因为当时干这个的人很多，我们去一些公司刚一介绍，人家就说：“来过了来过了，我们填过这个东西。”于是我们不得不在更远的地方开辟战场，但情况依然不太乐观，看来投身这场革命的人不在少数啊，我们为此很是发愁。当时也不知道是谁看到一本北京黄页，那上面有大量的公司地址及联系人和电话。当时太想挣钱了，于是我们开始了造假，把北京黄页上凡是我们没去过的公司都填在登记表上，编造了大量的回馈信息。坐在屋里用手写当然比在大街上用腿跑快了，但我们为了看上去比较真实，每天只填二百个。这样，几天后我们每个人都带着七八百条的业务量去那家公司领钱去了，一路上我很担心被那个经理识破，心里忐忑不安。

没想到那个经理大概看了看我们的统计表，很爽快地吩咐财务按业务量给我们发了钱，我领到了七百多，衙内也差不多这个数。出了门之后，我们没有一点挣到钱的兴奋，反倒是一言不发，这时候，衙内突然对我说："不行，我得把钱退回去。"

其实大家出来后的一言不发，已经说明了我们心中有愧，那个经理信守了自己的承诺，按约定给我们付了钱且一分不少，而我们却欺骗了他，这使得每个人在领到钱之后却无法高兴起来。现在听高成海这么一说，大家也纷纷表示赞同，于是我们一起返回去，每个人只留下自己应得的二百块钱，其余的都退了回去，然后匆匆离开。我没敢看那位经理的眼睛，我也不知道他当时是一种什么表情，想到我们造假的那部分工作他还得再请人补回来，心里真是说不出的内疚。

这件事虽然已过去很久了，但高成海当时的这个举动对我的影响，显然会远不止这十几年。在传统美德被摧毁殆尽的当今社会，你遇到的人有没有正义感，有没有是非观念或者善良与否，往往成为一种碰运气的事情。而我在这方面显然运气极佳，遇到的朋友大都正直善良，他们每个人身上的闪光点，使我在日后的岁月中获益匪浅，这比很多空洞的说教更有说服力，也更为自然。

转眼已到四月中旬，天气已经很暖和了，我的歌依然没有任何消息，但春天的到来也带给了我们新的乐趣：钓鱼。那时候，我们几个老在未名湖边聊天，看到北岸总是有人拿着鱼竿钓鱼，每当有鱼被钓出水面，拼命摇头摆尾，就会引来一片惊呼："哇，这里面还有这么大的鱼!"临渊羡鱼不如退而买钩，于是在一个晴朗的中午，我和李骐、卞智洪、高成海四个人带着买好的鱼钩鱼线，兴冲冲地来到未名湖中心的石舫上。鱼竿我们没敢买，因为未名湖禁止钓鱼，那些钓鱼的人大多是北大的教职工家属，校卫队管不了他们，但如果抓到学生钓鱼，处罚就很严厉。

大家都没怎么钓过鱼，高成海自告奋勇："我来吧。"只见他挂好鱼饵，"嗖"的一声将鱼钩抛入湖内，我们几个屏住呼吸，一边兴奋地看着湖面上的浮子，一边低声商量着鱼是该红烧还是清蒸，李骐甚至都要回宿舍去准备锅灶……可是我们等了半天，水面上一点动静都没有。大家觉得可能是扔得太近了，于是高成海再次挂好鱼饵，往后退了几米，然后手拿鱼线在石舫上猛地开始助跑……"扑通"一声巨响，我们再看他时，人已经在未名湖里了，手里还举着鱼钩在水里扑腾。大家赶紧七手八脚地把他往上拉，好在未名湖的水并不是很深，但高成海显然被吓着了，嘴里“噢，噢……”的叫个不停，随后，他可能也觉得刚才的一幕过于滑稽，跟大家一起哈哈大笑起来。

我第一次看到一个人栽进水里竟然会激起那么大的水花，这一幕显然被很多人看在眼里，几个校卫队员急匆匆地冲了过来。看样子，他们本来是想勇救落水学生的，但看到我们手里的钓鱼工具，马上换了一副模样，其中一个甚至很夸张地伸出右手，呈“八”字对着我们：“不许动。”看来这位也是周润发的警匪片看多了，把自己想像成香港皇家警察了，只恨自己没有枪。

高成海因为一副落汤鸡的形象被特赦回去换衣服，我们仨被带到校卫队的办公室，李骐他们俩因是北大学生，仅被口头警告，我就惨了，被罚款六十元，后来经我们好说歹说，几番讨价还价降为四十元。经此教训，我们对未名湖的鱼虽然垂涎三尺，但始终没敢再轻举妄动。

4月下旬的时候，我预感到这种等待可能会是遥遥无期的，而且我觉得之所以这么长时间没有消息，是因为自己的作品还不够出色，所以这样等下去没有什么意义，还会影响李骐他们的学习，于是打算回家。1993年4月底的一天，我和李骐他们一一告别，相处了这么多天，大家已成为志趣相投的朋友，真有些恋恋不舍，李骐对我说：“以后再来北京，一定来找我。”

在回陕西的火车上，我已经想好了，就去爸爸他们单位上班吧，从信上得知，他们的那个化工厂正在招工，本厂子弟优先，纵然我有天大的理想，但此时也只有这一条路可走了。我是在西安下的车，薇娜当时在家过五一，我走的时候虽然一无所有，但毕竟还怀揣着希望，现在依然是一无所有，希望却已变得渺茫。薇娜告诉我，没有一下子就能成的事情，我这才是第一次遇到挫折，算不了什么。我们一起去看我的朋友程光进，此时他已在西安上大学，显然他已经把我吹嘘成一个用一把硬币独闯天涯的英雄，他们宿舍的人围着我，让我讲述已被程光进演绎得近乎于传奇的那些经历。人就是这样，在校园里的他们，向往我这种听上去自由自在的生活，而我，对于他们能够在大学校园里度过青春时代，心里充满羡慕。我知道，虽然自己的化学比数学还要羞于见人，但马上就要成为一个为祖国化工事业添砖加瓦的工人。

第四章　化工厂工人、小商贩、推销员……

20

当我穿一身灰色的工作服，戴着黄色的长筒橡胶手套，以一个标准的化工工人形象出现时，爸爸显然心情不错。他干了一辈子政工和保卫工作，即将退休，在退休前，他终于不是在秦腔戏里，而是在眼前，看到了活生生的浪子回头金不换，对此他相当满意。当时政工人员已不吃香，他是我将要上班的这个车间的支部书记，这是个闲职，但对于管理我，却拥有绝对的权力。

这个车间生产过硫酸铵和过硫酸钾，这种产品因为高能耗和高污染，在西方发达国家已停止生产，其产地大都在发展中国家，中国也有不少的生产厂家，我们就是其中之一。我所在的这个班组共有六个人，班长姓张，朴实能干，他也是我的师傅，其他几个人，有参加过对印反击战的老退伍兵老邓，有身强力壮总默默干活的李德生李师傅，还有两个女工，这些人在日后的工作中和我愉快相处，对我照顾有加。

我们每天三班倒，分为白班，中班和夜班。一上班，我们要做的就是把成吨的原料，用小车推到几个大锅炉状的搅拌器旁，再用升降机升上去，然后一袋一袋抱着倒进搅拌器。这种袋子每个都有五十公斤，我抱着都很吃力，但是我师傅他们往往一个胳膊夹一袋，很是让人佩服。干完这道工序，就会有两个小时的空闲时间等待原料搅拌充分与冷凝，这时候大家就会在一起喝茶聊天，迎接下一道也是最繁重的工序：挖料。这个工作是把搅拌器里的原料水通到高速转动的离心机里，在离心机的高速运转下就会慢慢凝结成跟雪一样的晶状物，然后我们站在离心机前用大塑料勺，一勺一勺地把它们挖出来，装入编织袋，运到烘干机跟前，工作就算完成。

我这个人有一点还不错，那就是这个工作虽然跟我的理想相去甚远，但我既然干这个，就决不偷懒，至少我从爸爸的眼里还没发现什么不满，但有一次，我的行为，有些让他老人家脸上无光。那天我们组上白班，我去给配料池通氨气，不知怎么搞的，那个氨气瓶突然“哧哧哧”的大喷起来，白色的氨气瞬间弥漫开来，情景甚为恐怖。我关了几下阀门但不顶用，周围又没别的人，我紧张得要命，因为平常在我眼里，这个氨气瓶的样子就很像一个巨型炸弹，此时它又这样大发神威，我化学虽然学得差，但想象力比较丰富，觉得如果再不跑的话，可能一会儿就会跟这个车间甚至整个工厂一起飞上天了，于是撒腿就跑，边跑边对我碰见的每个人大喊：“快跑！要爆炸啦！”有几个人不知道发生了什么，也跟我一起跑……

我们一口气跑出好远，几乎都要跑出厂外了，但是想象中的爆炸并没出现，于是我又等了等，还没什么动静，只得返回车间。我看见师傅和爸爸等几个人围在氨气瓶旁边，氨气瓶也不喷了，看我过来，师傅对我说：“小杨，这只是氨气泄漏，不会爆炸，你是新手，可能把阀门拧错方向了。”看到我很不好意思，他跟我开起了玩笑：“你这娃人还不错，跑的时候还不忘把大家都喊上，鞋没跑丢吧？”我偷偷看了看爸爸，却发现他一脸严肃，看着别的地方。从那以后，总有人拿这件事跟我开玩笑：“小杨，真人不露相啊，下次宝鸡市开运动会，一定得推荐你参加，就凭你那天的百米速度，拿个第一还不是跟玩儿一样……”

这种工作没什么技术含量，不到一个月，我就成为熟练工人了。我们组的人都知道我曾闯荡北京，想在创作方面发展，但平时我们很少谈论这方面的事。的确，在这种四处都是化工设备，空气中弥漫着各种化工原料味道的环境中，我那本来就很遥远的梦想，似乎更加遥不可及了。

有时候上夜班，在工作的间隙，我也会一个人走到空荡荡的配料车间，那里没有人，我常常会亮开嗓子唱唱自己的歌或是当时的流行歌曲，听着自己的声音回荡在这里，而听众只有配料池和旁边堆着的一袋袋化学原料，我真的感觉到，也许我一辈子的听众也就是它们了。

那时候已是6月，天气很热，有天我们上白班，我正在离心机边挥汗如雨地挖料，有人叫我："小杨，有人找。"我一看，是薇娜，她拎着一个饭盒给我送饭来了。那段日子，她经常来我们家，但这是她第一次来到我工作的车间，她站在门口，笑吟吟地看着我，但她显然没有想到我们的工作会是这样，因为在她想象中，工厂里的很多工序应该是机械化的，她跟我开玩笑："这样也好，把身体锻炼好了，你看你现在白胖白胖的。"还真是这样，这种重体力劳动让我的饭量大增，而且倒头就能睡着。有时候我也会觉得理想和现实的差距太大，但工友们对我都不错，还有一个这样的好姑娘在我身旁，那段时间，我没觉得悲伤。

到第二个月的时候，我有时会时不时地咳嗽，刚开始我没留意，觉得可能是感冒了而已，但是后来这种咳嗽变得越来越频繁，也越来越厉害。在家休息了几天，吃了一些药之后有所好转，但是只要一上班咳嗽就会加重。刚开始爸爸觉得是我可能不想干这个工作了，故意找借口，但后来到第三个月的时候，我咳嗽得已经到了一边咳一边吐的地步（很奇怪，今天写这一段时，正值我这两天咳嗽不止）。这下家里人害怕了，到医院一检查：对化工原料过敏！直到现在，我想起这件事还觉得不可思议，难道真有一只看不见的手在掌握我的命运？因为全厂那么多人从来没有这种情况发生，我是第一个（当然现在我也知道了，在我离开的很多年后，这个厂陆续有人因过敏离开，我属于敏感体质，症状出现得早）。面对这种情况，爸爸虽然很想继续领导我这个化工工人，但显然儿子的身体更重要，于是我不得不辞了工作再次成为一个无业游民，距此，我在这家化工厂干了整整三个月。

再有一年，薇娜就要大学毕业了，我的朋友们要么在上大学，要么在上班，我的处境颇为尴尬，老大不小了，却在家里闲着。那个时候是1993年8月，有一天我去蔡家坡的陕棉九厂，找我的老朋友王斌，他在那里当消防队员，他和他的女朋友都是那种善良又热情的人，他们总是叫我“热血青年”。这次我来，王斌那个消防班的班长建学，老听王斌说我想唱歌，还在写歌，于是跟我说，他认识一个外地歌舞团的团长，现在正在岐山县演出，如果我感兴趣，他当天就可以带我去见见。我听了很高兴，当时那种处境，哪里还有什么选择？况且这件事和我“专业对口”，于是满口答应。当天下午，我和王斌还有他们班长，坐着一辆比手扶拖拉机好不了多少的班车，满怀希望向着岐山县城进发……

车驶出蔡家坡，沿着一段盘山公路缓缓而上，眼前突然满眼翠绿，广阔无垠，这就是周文化的发祥地周原。想当初，周人在这片沃土上繁衍生息，逐渐强大，最终走出关中，一统华夏。我从初中开始就比较迷恋课外书，尤其是历史方面的，历史人物的传记尤为喜欢，现在看来，这个习惯带给我很多好处。每当自己遇到挫折或者前路迷茫之时，我总会不自觉地想起很多自己喜欢的历史人物，看看他们在类似的境遇中如何渡过难关。

这样，我就发现，一个人的痛苦在家那么大个地方还算是个痛苦，但如果你把它放在一个大的时空背景或广阔的自然天地中，就真的微不足道了，我很早就感觉到这一点并因此受益无穷。所以当我看到眼前这广袤的周原故土时，心情不由得豁然开朗，想象中也仿佛出现周天子巡游天下，车驾如龙，旌旗如海的壮观景象……我并不是一个一味沉迷于故纸堆中的人，但是在当时，如果我的精神世界也如同我的口袋一般总是空空如也，那真不能想象，作为一个人，我怎么应付每天都在排着队等我的失败、失望、绝望……

言归正传，车开几个小时，到了一个喧闹非常的集镇。我一看不像是岐山县城，王斌的班长建学说这个地方正在“过会”（陕西把赶集叫过会），那个歌舞团没准就在这儿。于是我们下了车，走了不多远，就看到了一个打着“红绿蓝歌舞团”横幅的巨型帐篷，这样的帐篷，旁边好像还有两个。说真的我有些失望，这种歌舞团我摆摊的时候见过不少，往往收一块钱门票，什么人都可以进，什么节目都敢演，我虽然已近于穷途末路，但面对这种歌舞团也不免犹豫起来。王斌和建学看出了我的心思，对我说："咱们去看看，你要不喜欢，咱们就当来这儿玩一圈。"

面对他们的好意，我岂能不懂事，就跟他们来到这个"红绿蓝歌舞团"的帐篷门口。问了一下守门的人，得知团长不在，一个团里的小伙子，又带着我们来到离这儿不远的一个村子，在一间打满地铺的民房里，我们见到了团长。初一见，我们都有些吃惊，只见这位团长头上和胳膊上都缠着绷带，一副沮丧的样子。建学给我们互相介绍了一下，又问他这是怎么搞的。他摇了摇头："唉，别提了，竞争激烈啊，你没看见干这个的有多少？靠嘴拉不来人只能动手了。"说完他似乎又很得意："对方也没沾上便宜，你看我还能走，那狗日的现在只能躺着了。"

我们聊了一会儿，建学指着我对团长说："我这位朋友唱歌非常好，自己还写歌呢，不如让他试试，说不定还能拉不少生意呢。"还没容我说什么，团长热情地说："好，咱们这就走，那几个团人家都有新歌手，能唱能跳的，你给咱也好好来两段，把他们给压下去。"我听了心里直叫苦，唱我还行，要跳的话纯属赶鸭子上架，但事已至此也不好推辞，只好硬着头皮跟他们来到那个帐篷。帐篷里瓜子皮烟头满地，遍地的马扎上坐着形形色色的观众，有头顶瓜皮帽，眼戴石头镜，叼着旱烟袋的老大爷，也有头顶着方格手帕嗑着瓜子却看不见几颗牙的老太太，更多的是穿着鲜艳的农村姑娘，和留着当时已不太时兴的爆炸头的小伙子，七八个孩子就趴在不高的铁架子搭的舞台边缘。我们所在的"后台"只拉着一个大布帘，团长安排了一个键盘手还有一个吉他手跟我大概地和了几遍，节目就开始了。先是五六个姑娘穿着泳衣伴着"荷东"迪斯科的音乐，在跳着可能是她们自创的霹雳舞。当然，她们的穿着在当时已属大胆，但放在现在，已算很保守了。据我所知，现在这种歌舞团，女孩子在舞台上跳舞，往往只穿三点或者一点甚至什么也不穿。

团长走到一个看样子是报幕的姑娘跟前，耳语了一番，等那个霹雳舞刚一停，报幕的姑娘手拿麦克风走上台，用一口故意带点广东腔的普通话开始了介绍："现在，我们有请今天的特邀嘉宾，来自广东深圳的红歌星杨海潮先生为大家演唱，他将为大家演唱他自己写的歌……"说到这儿，她才想起来还不知道歌名，好在观众并不计较，只是伸着脖子四处寻找这位来自广东的"红歌星"。团长赶紧在底下问我："你写的歌叫啥名字？干脆你上去自己说吧。"随即递给我一件黑色的西装，我匆匆换上。于是一个礼拜前还在车间挥汗如雨的化工厂工人，转眼之间成了眼下这个没人知道名字的"红歌星"。他们这么介绍我也理解，这也是在竞争中抬高自己身价的一种办法，那些"红歌星"往往没几个人知道，而此刻的我，是其中最名不副实的一个。

我上了台，面对台下这群老老少少，竟然有些紧张，看来假的真不了啊。刚报完歌名，密集的鼓点就打起来了，那时候流行劲歌劲舞，都是类似《站台》的那种伴奏风格，我听到这种鼓点，再加上吉他手进行曲般的弹法，当下就没有唱下去的欲望，但人已在台上，无奈只好跟着强烈的节奏勉强地往下唱。《楼兰新娘》在我和乐手们的共同演绎下，变成了一种类似《王老虎抢亲》般不伦不类的东西，本来就是一首没人知道的歌，现在又弄成这个样子，所以当我面对台下稀稀拉拉的掌声时，已是面红耳赤，汗流浃背，觉得自己真是有愧于"广东红歌星"这一光荣称号，于是赶紧下台，却被团长拦住："还不错，你再给咱来一首《十不该》。"我说："什么叫《十不该》？"

团长一听，随口来了两句："一不该呀二不该，你不该偷偷摸摸把我来爱……"这歌我当然知道了，那是迟志强唱的《囚歌》中的一首，前两年满大街都是，你不想听都没处躲。但此时我哪里还有心情再唱，更何况是这样的歌，于是赶紧和王斌他们向团长告别。离开的时候，一个年轻的小伙子正在台上唱《十不该》，他只要唱一句，底下就有很多人跟着一起唱，里面还夹杂着稚嫩的童音："一不该呀二不该，你不该偷偷摸摸把我来爱，偷偷摸摸爱我也没有关系呀，你不该跑到我的家中来……"坐在回去的车上，王斌还有些不好意思："我也没想到会是这样，那种地方真不适合你。"是呀，我也知道这不适合我，可是适合我的地方到底在哪里呢？

21

9月的一天，妈妈告诉我，西安我大姨父弟弟家开了个工厂，我表哥在那里干，现在缺人，问我愿不愿意去？我当时就如一个闲着的楔子，补缺是我的专业，焉有不去之理？我把这事跟薇娜说了，她也支持，其实在那种情况下，我只要有个事做，大家都不会反对。于是，在一个晴朗的日子，我独自来到西安，找到了位于小雁塔东侧，西安文物古建公司大院内的“利强卷闸门厂”。我表哥张谦是这里的业务主管，他的叔叔是厂长，这是一家典型的家族式私营企业，“利强”其实就是“利润强大”的缩写。

表哥张谦和我从小就很要好，他虽是少见的那种少年老成之人，但身上有种与生俱来的正直，待人诚恳、谦和，正如他的名字。我来到这里，表哥热情地接待了我，并带我见了他的四叔，也就是我今后的最高领导张厂长，这是一个四十多岁满脸络腮胡子的人，属于那个年代先富起来的那一小部分人。表哥随后带我看了看我将要效力的这家工厂。说是个工厂，其实更像一个私人作坊，雇佣的十多个工人都是西安咸阳一带郊县的农村孩子，其实就是民工。这里生产并负责安装大街上随处可见的那种铝合金卷帘门，生产基本上都依靠手工。在这里，尤其是安装的时候，谁的力气大，谁的技术好，谁就会很吃香，不会因为你是谁的亲戚而有所偏向，况且，我跟厂长这种亲戚关系其实是名义上的。我知道，在这里，你必须凭自己的本事吃饭。表哥带我来到一间类似于工房的屋子里，里面有四张架子床，光线暗淡。他指着靠窗户的一个上铺对我说：“条件比较差，没办法，我也睡办公室，你就将就一下吧。”对于此时的我来说，有个住的地方就不错了，还能有什么挑剔，于是对表哥说自己很满意，随后打量了一下屋里的陌生面孔，几个一脸朴实，年龄都不大的孩子，也在好奇地看着我这个新来的工友。我知道，明天太阳一升起，我将开始一种新的生活……

刚开始的时候，因为是新手，我被派到一个工地上跟大家一起刷防锈漆，这活很简单，只要有手就行。一个礼拜之后，从选料、下料、切割、压轧成型再到安装，我都跟着别人边学边干。卷闸门的安装比较关键，初学时，几十斤重的冲击钻我拿着都费劲，但没多久，我就可以单手持钻爬上梯子，用肩膀一顶，"突突突"地打起眼来。我对这种工作没什么兴趣，只是混口饭吃，但毕竟不能让表哥为难，所以我虽然不偷懒但也谈不上卖力，况且表哥是这里的主管，他对我很是照顾。一般像装门这样的重活基本不用我干，而且我和这里的大部分工友相处得也不错，遇到重活他们都会主动出手，基本轮不到我，除非是实在没人了，才让我上手。我是这个小工厂唯一戴眼镜的人。前面说过，这里的工人大多是郊县的农村孩子，大都十七八、十八九的年龄，还有几个才十五六岁。这些人基本来自两个地方，长武和商洛，都是一个来了再介绍另一个来，长武的以体力著称，商洛的以技术见长，表哥戏称他们为"长武帮"、"商洛帮"。

我所在的宿舍还算是条件好的，"长武帮"的帮主和"商洛帮"的帮主也和他们的几个帮众住在这里。相比之下，我更喜欢"商洛帮"的几个人，他们真像他们的乡党贾平凹所写的那样，纯朴却不失聪明，能干却不显彪悍。而"长武帮"中的副帮主，却明显带有和他年龄很不相符的俗气，几乎每天晚上睡觉之前，此君总会躺在床上，一脸神往地炫耀他的姐夫，一个给他们县某局长开车的司机。那种炫耀往往是这样的："上次我回去，坐我姐夫的车给局长他爸爸拜寿，niania（陕西话，类似娘娘），光是酒，别人就给送了一屋子，人都没地方站。"或者："局长说我姐夫车开得好，开得稳，给我姐夫换了一辆切诺基，这车简直太快了，上次姐夫送我回来，在长武倒了杯开水，开到西安水还烫手，你们说有多快？"（注：长武到西安足有200公里。）

每次大讲"我姐夫"时，他往往一脸艳羡，似乎恨不得取而代之。时间久了，大家对他这种每天祥林嫂般的絮絮叨叨，都有些忍无可忍。终于有一天，在"我姐夫"又来骚扰大家的时候，"商洛帮"的赵海龙，一个很机灵的孩子说话了："现在全国人都知道你姐夫开车开得好了，连国家主席都知道了，国家主席一坐你姐夫的车，马上就把你姐夫给招了驸马啦，你姐就成了秦香莲啦……”他边说还边表演，把大家逗得哈哈大笑……从此以后，“我姐夫”得以安安静静地在长武开车，再也没来这间宿舍骚扰大家。一个年龄不大的人却满身俗气，是一件可怕的事情，因为在我们年轻的时候往往不会知道，你将会有太多的时间在世故中度过。

那个时候，薇娜的父母已知道我们的关系并极力反对，这很容易理解，以我当时的那种境况，他们要支持的话倒显得不正常了。不光是她的父母，包括她的所有亲戚知道这件事后也站在同一立场。薇娜曾向她的父母解释说我是一个与众不同的人，是一个在追逐自己理想的人，可当她父亲得知我的理想是要成为一名歌手时，就更加反对了。因为薇娜的父亲认为那个行业污七八糟，他理想中女儿男友的人选，应该是受过正规大学教育的学者型的人。任何父母都是为自己的子女着想的，对于他们的态度，我无可指责但也无能为力。薇娜虽然很喜欢跟我在一起，但和父母感情很深的，她显然不愿让他们伤心，所以她每次来看我都像是一个地下工作者，要知道，她的亲朋好友散居在这个城市的各个角落。

我记得薇娜第一次来这里看我，心理虽然有所准备，但还是惊讶于眼前的简陋景象："你就住这儿?”她虽然这么说，但很快就和我的工友们互相认识了，工友们都很惊讶我还有一个上大学的女朋友，对此他们有些迷惑。因为在他们看来，我和他们没什么两样，大家都是民工。薇娜把自己在学校弹的一把吉他也给我带来了，从此，只要下班没事，我就会坐在院子里对着小雁塔练练吉他，但水平仅限于一两个和弦，我当时写的很多歌都是用这一两个和弦写出来的。那时候，薇娜只要周末有时间，就会偷偷地跑出来看我，有时也帮我洗洗衣服什么的，表哥也多次说薇娜是个很好的姑娘，但我们俩能成的希望太渺茫了。其实我嘴上不说，心里比谁都清楚，如果我一直这样下去，我和薇娜真的没什么希望，这不是决心的问题，而是现实就是这样的，它不会因为你是个有理想的人就为你出现理想化的结局。

这个厂虽不大，业务却很繁忙，记忆中总是表哥开一辆卡车拉着大家去工地，他自己也是靠当初一步一步辛苦干出来的，工人们都很信服他。有一次在钟楼旁边的一家店装卷帘门，我拎着冲击钻登上梯子给墙上打眼，却隔着一扇玻璃窗，看见当时还很少见的肯德基快餐店里，很多情侣亲密地在一起吃东西。我一边打眼一边看着人家，那里面的情景真让我羡慕，想想自己跟薇娜在一起，很少请她吃一顿像样的饭，什么时候也能请薇娜在这里吃顿饭呢？可是当时，第一个月扣除伙食费外领了不到五十块钱，一想到这些，更是为自己的未来感到担忧。

那时候，电台里的音乐栏目热起来了，每晚收音机里传出的原创歌曲让我有了在西安本地试试的想法。于是我准备了几份小样，给几家西安当地的音像出版社寄去，但都是石沉大海。有一天，我带着一份小样，来到位于北大街 119 号的陕西省电台，但看门的一个老大爷死活不让我进去，这我也能理解，毕竟这里是电台重地，门口还站着武警。但随后我让他替我转交一下我的小样，他又拒绝了，而且没有理由，我当时很激动地跟他吵了起来，他干脆把门一关，不再理我。那天下午，我独自坐在这家电台的门口落寞神伤，在那里我坐了很久。事隔不久的一天，薇娜告诉我，那天她和她妈妈正好坐公车从电台门口过，看见我一个人坐在那里，那么的无奈、无助，那一刻，她的眼泪都要流出来了……

22

转眼已是深秋，我和工友们给这座城市装了一个又一个的卷闸门，可我的梦想之门却始终连个影子都没有。一个星期天，我们在听收音机，一则紧急求援通告引起大家的注意，原来是北大街的一家银行卷闸门打不开，把员工锁在里面已经很长时间了。表哥让我带两个人去帮助他们，同时给对方打了电话，说人马上就到。我和“长武帮”的帮主宏昌还有另外一个工友，带了简单的工具火速赶往现场。到了那里一看，门口围了不少人，甚至还有两个年龄不大的电台女记者。看着他们一脸紧张的样子，我心想真是隔行如隔山，这种门在他们眼里可谓是固若金汤，可在我们这些“专业人士”面前简直是小菜一碟。果不其然，宏昌真不愧为“长武帮”帮主，用了不到十分钟就把门打开了，其实我在旁边看得很清楚，他开此门只用了一两分钟，后面的几分钟，纯粹是在给不懂行的旁观者表演这种门是如何坚固，而自己身为专业人员竟也如此费力。这样做也不难理解，如果此门如儿戏般被轻易打开，那这个行业也就真没存在的必要了。其实很多事情远没有它们看上去那么高深莫测，这句话放在各个领域都一样适用，明白了这一点，面对这个世界，你将无所畏惧。

虽然我们觉得这是小事一桩，但门打开之后，现场竟有人激动地鼓起掌来，看来现代社会让人感动的事情越来越少了，因为这点事对于我们天天干这个的人来说，真不算什么。我们正打算回去，两位女记者却拦住我们说要请我们吃饭，我们推辞不过，就跟她们来到北大街的一家灌汤包子店。吃饭的时候，她们对我们牺牲休息时间赶来支援大加赞扬，我得知她们是电台的记者，其中一个还是主持人，就随口说了句：“其实我一直在写歌，写了不少的歌。”可当我看到她们满脸诧异的表情时，就立即打住了这个话题。我意识到，如果把我放在她们的位置，面对一个满身油渍的民工，却说自己写了很多歌，我可能也会是这样的表情。

很多事情，结果的耀眼程度远远超出过程，以至于很多人都忽略了一点：一百四十六米高的金字塔，不是一块石头悬空在一百四十六米的那个高度，而是一块块石头共同垒积而成。联想到现在的“超女”“快男”们，看起来，他们都想立即就成为最顶上的那一块石头，我觉得这是一件疯狂而不可思议的事情。扯远了，还是回到那个灌汤包子铺吧，我看到两位女记者将信将疑的样子，也打消了日后给她们送小样的念头，于是我们谢过两位好心的女记者就离开了。那个时候，只有薇娜和我的几个朋友相信我一定会实现自己的目标，这一点，对于我这个总在生存之海中艰难沉浮的人来说，比什么都重要。

初冬的时候，厂里的生意也如同它的名字“利强”一样，利润越来越强大，但这跟我们没什么关系。我的工资扣除伙食费外，也就六七十块钱，但我已很满足，在这里，我毕竟可以捱过马上就要来临的严冬。

这里的伙食虽然缺乏油水，但表哥总是隔三差五地带我去南稍门的夜市，每次去的时候，总会有“长武帮”或“商洛帮”的人一同前往，表哥也是来者不拒。西安的夜市吃烤肉从来不按一串两串算，而是一拿一大把，当然，那种串比较小，一毛钱一串。这两帮人马平时在工作中就是一种暗地里的竞争关系，在饭桌上也是你追我赶互不相让，你吃一百串，他就能消灭一百五十串，这样一顿饭吃下来，我们面前的桌子上往往铁签如山，外加几个空空如也的羊肉泡馍大瓷碗。这一切，总是表哥买单，但我发现他总是手握一扎啤酒，微笑地看着大家。其实我知道，这都是花他自己的钱，而他虽为主管，工资其实并不是很高，没办法，他就是一个这样的人。有时候想想，我实在是一个很幸运的人，在生命中艰难的时刻，总有一些朋友给我温暖，有的事情简直可以用不可思议来形容，比如下面这个即将出场的人。

12月的一天，我正在车间里干活，表哥说有人找我，我出去一看，竟然是我在斗鸡中学时的同窗好友林涛。他也是我们那个学校的“四大歌王”之一，跟我关系很好，我听崔健的歌就是他给介绍的，此时他在苏州迅达电梯公司西安分公司任职。三年没见面了，重逢让我们很是高兴，但我很奇怪他是怎么找到这儿的？随后我得知，他去宝鸡我的家里看我，但我妈只知道我在小雁塔附近，并不知道具体地址，于是林涛回西安后就骑着摩托车在小雁塔周围四处打听，还真把我找到了。林涛随我来到院里，一看我住的地方马上就说：“你怎么能待在这种地方？跟我走，去我们公司干。”说完就要替我收拾铺盖，我说我得给表哥打个招呼，于是我们三个聊了一会儿，其实表哥也早就觉得这地方有些委屈我，但当时没有更好的去处，现在林涛那里显然比这儿要好，后来他们俩也成了很好的朋友。于是在那天下午，我离开了这个工作了不到三个月的卷闸厂，很快，就要成为苏州迅达电梯西安分公司的一名员工，未知的生活究竟会怎样？我只能说，我不知道……

我随林涛来到雁塔路附近的祭台村，林涛公司的宿舍，这里虽然是租住的民房，但干净、温暖。和林涛同住的江冰也是宝鸡人，他在中国迅达西安公司上班，一副文绉绉的样子，我们以后也成了要好的朋友。

当晚，我们三个围坐在一个远红外取暖器旁边，就着几样朝鲜小菜，一包花生米，喝着汉斯啤酒聊着天，那种感觉让我这个处于生命中寒冬的人倍感温馨。林涛是一个发烧级的音乐爱好者，上高三的时候他就收藏各种音乐磁带，而且以品种齐全、品质上乘在班里闻名，这使得他对流行音乐有着很不一般的鉴赏力，我最初接触的一些养分极大的音乐作品，有很多来自他的推荐。但林涛跟我不一样的地方，是他天生就有敏感的商业头脑。

记得上学那会儿，他总是能从一些神秘渠道搞到一些当时比较稀罕的商品，比如他总是能弄到宝鸡烟厂内部职工享用的，还没切割过的大包“金丝猴”。他的书包比别人大几号，但基本上是一个可以背来背去的迷你商店，颇受同学们青睐，同时也赢得校门口小卖部老板的大量白眼。基于这种商业天分，那年他高考落榜后就来西安闯荡，先是在中迅西安公司任职，很受老板赏识，现在又被苏迅西安公司老板看重，已经在新公司总揽业务。那天晚上我们聊得很晚，林涛会弹吉他，他听了我的几首歌之后，很快就能配上和弦弹唱出来，我还记得他初听我的歌时的欣喜：“我有一种预感，你走这条路肯定会成功!”这样的话对于当时的我来说无疑有着强心针般的作用。

按照林涛的安排，我将在一个礼拜后上班，所以在上班前的这段空闲时间，我每天游走在西安的大街小巷。我以前数次在这座城市奔走，但忙于生计，无暇他顾，很少能像现在这样静静地感受她的厚重与从容。如果有人问我在中国最喜欢的城市是哪里？我会毫不犹豫地回答：西安，准确地说是长安。这并不是我作为一个陕西人对家乡毫无原则的偏爱，也不代表我喜欢躺在逝去的辉煌中不思未来，而是在这片土地上，曾经那种对文化的崇尚让我神往。我在大雁塔的一个旧书摊上买过一本书，上面写到，在盛唐时期，即使在酒肆伎馆里，歌女们唱的也往往是：“黄河远上白云间，一片孤城万仞山，羌笛何须怨杨柳，春风不度玉门关”之类的歌曲。这是何等的意境？这是何等的风气？我知道，我也许一辈子也写不出那样的诗句，但我也知道，我绝不会写出《十不该》或者我爱你你却爱着他之类的东西。

有一天我在大雁塔十字路口，看见一个白发苍苍的老奶奶在马路边摆摊卖手套，叫卖的声音都打着颤。我想到自己也曾站在街头这么叫卖，看到她那个样子，我想到了妈妈。那时候为了家里能多一些收入，妈妈买了一架毛衣编织机，有时候已经是深夜了，我起夜时却看见她还在机器旁“沙沙沙”地劳作着。那一刻，我就在街头写下了一首歌：“妈妈，在冬夜微亮的灯光下，还在无言无语的操劳啊，妈妈，现在已是凌晨两点啦，请你放下手中的活，去睡吧。妈妈，生活的压力和金钱的贫乏，让你除了叹息没有别的话，妈妈，我真想在今夜就一下长大，替你扛起这看不见的重担，换回你那头黑发……”这首歌很快就有了曲子，林涛听了以后对我说：“没有谁比你更适合走这条路，我真的很感动。”

23

很快，我就在这家公司上班了，月薪200元。在那个时候，这已经不少了。每天，林涛骑摩托车带着我往来于公司和宿舍之间，我们俩在学校时就是著名的“午夜歌星”，现在更是把这一想唱就唱的传统发扬到了西安的马路上。我们最喜欢在路上一起高唱崔健的歌，尤其是《像一把刀子》和《让我在雪地上撒点野》，因为这样的歌唱起来如疾风骤雨一般，痛快淋漓。这种时候，往往引得路边行人纷纷侧目，间或也有西安的闲人甩过来这样的评语：瓜皮！直到今天，崔健也是我最为尊敬的一位中国音乐人，他的作品中充满了对这个国家人的关怀和公正的呐喊，可惜时至今日，他为之呐喊的对象，尤其是很多年轻人，却用“老崔老了，不合时宜，早该滚了”等等言论回敬他的良苦用心，我为这种无知感到悲哀。

我在这家电梯公司的经历实在是乏善可陈，因为相对卷闸门来说，当时那种变频调速的电梯已超出我的知识范围，当然，我的心思也确实不在这里。那时候，不光是北京，广州歌坛也一派热闹景象，我想在这里干几个月，等春天一到，就南下广州，林涛很明白我的想法，所以在工作中对我很是照顾。

1994年3月，我们搬到了离公司比较近的一个地方，薇娜也时常过来看我，她和我的朋友们也成了不错的朋友。薇娜是一个很单纯没有什么心计的女孩，有一次她来看我，看到我们屋里有一部电话机，其实这是以前的房主留下的，早就没用了，根本就不通。她看到后说："不错呀，还装上电话了。"我跟林涛听了就想跟她开开玩笑，林涛装模作样地拨了几个号："喂，徐总，我是小林……"他表演得很逼真，像极了一个正在打电话的人。他挂了"电话"后，给我使了个眼色，于是我就对薇娜说："我觉得我今天得跟你爸爸谈谈咱们俩的事，争取能说服他。"说着我就抓起电话。薇娜一看紧张坏了，赶紧来阻止我："不行，没用的，真的没用的，我太了解他了……"

我和林涛看着她一脸着急的样子，想笑又只好忍住。我装作下了很大决心的样子，果断地"拨通"了电话："喂，叔叔您好，我是……"然后就在"电话"里一会儿语重心长，一会慷慨陈词，比林涛表演得还要到位。过了会儿，我装作一脸兴奋，把电话递给她并悄悄地说："好像很有希望啊。"薇娜本来躲得远远的，听我这么一说，小心地接过电话，有些高兴又有些害怕，对着听筒就说："爸，是我……"她都说了好几句了，才发现电话线竟然是断着的，于是恍然大悟，指着我们俩一个劲地说："你们这些家伙，你们这些家伙……"而我们已经笑得直不起腰了，那一刻，我真的希望刚才这一幕不是在开玩笑。

春天的到来，让我的梦想从冬眠中苏醒，1994年4月中旬的一天，我告别了薇娜和林涛他们，再次背上行囊，来到西安火车站，坐上西安到广州的一趟列车，向南方驶去。我不知道自己这种闯荡天涯的结果会是怎样，但眼前这未知的旅程，总是给我很多想象，也让我充满希望。这是我第一次去南方，一路上我贪婪地看着窗外的风景，一切都是那么新鲜，从那时候起，我就喜欢上了坐火车旅行。西安到广州要开近四十个小时，我就那么坐着，却不觉得累，比起第一次到北京，这的确可以用旅行来形容了。

好像是车到湖南的时候，我正趴在茶几上小憩，却听见坐在我对面的一个人，像是在自言自语又像是对周围的人说："看呀，牛淹死啦，牛淹死啦……"我一听，赶紧起来向窗外望去，虽然也是第一次到南方，但也一眼就看出那是池塘里的水牛，于是心里觉得好笑，就对他说："老哥，那是水牛。"那人听了以后若有所思："噢，还有水牛啊。"我觉得他挺有意思，就跟他聊了起来，得知他是甘肃甘谷人，我心想怪不得呢，那是西北地区有名的贫困之地，水在那里是很珍贵的东西。后来他还跟我聊起他当麦客的一些经历。对于麦客我很熟悉，每年麦熟的时候，总有大批的甘肃人来到陕西靠给人收麦子挣点钱。那是这个世界上最辛苦的工作之一，每天顶着毒辣的太阳，在地里连续弯腰收割十几个小时，换来的却是不多的几个钱。他们晚上往往就睡在大街上，下雨的时候就只能睡在别人的屋檐下，而自从收割机出现以后，这些麦客们连这点辛苦钱也没得赚了，只好四处去打工。

这个甘肃人此行就是要去广东打工，当我问他要去广东哪里打工时，他却一脸茫然："唉，我也不知道，反正人家说那地方不冷，冬天冻不着，村里有几个人在东莞，不知道能不能找到。"听了他的话，我真觉得自己是个很幸运的人，甚至是个幸福的人。因为此次去广州，我住的地方不用发愁，薇娜已经给我联系好了他们家的一个朋友，在中山大学教书的廖博士。我望着对面的这个比我大不了多少的甘肃人，年纪轻轻的他，黝黑的额头上竟有着刀刻般的三道皱纹，而他那句"反正那地方不冷，冬天冻不着"的话让我很有感触，如果这个世界上有的人的梦想还跟自己的祖先刚直立行走时差不多，那你还有什么不满足的呢？

车过韶关以后，车厢里就越来越热了，车到广州站可能是凌晨三四点。迎着扑面而来的热带特有的气息，我随着拥挤的人流来到站前广场。广州站给我的感觉既陌生又复杂，按说这里离台湾也不近，但却竖立着很大的"祖国统一"等宣传口号，而且这里虽是凌晨，但到处都是人。警察也跟别的地方不太一样，都是腰间配着手枪，骑着摩托车来往巡逻，给人一种很紧张的感觉。我来的时候穿得有些多，这时已是汗流浃背，很想找个地方把单衣换上，找了半天但没有找到，却在一个停了好多吉普车的地方被人强行推上了其中一辆。我赶紧跳下来解释："你都不知道我要去哪里就让我上车?”那些人说的还是北方话：“兄弟，你上了车，想去哪儿都行。”我一听这话，心里有些害怕，再次跟他们解释：“马上就会有人接我，谢谢你们了，我住得离这儿不远。”说完他们还拉住我不放，我等了会儿，趁他们拉别人的时候，瞅准机会就跑，看见几个警察站在那里，就赶紧站在离他们不远的地方，心想，这地方难道不是中国吗?

我在几个警察旁边站了会儿，然后问他们哪里可以换衣服。其中一个给我指了指出站口左手，我一看是个公共厕所，他看我有些迟疑就说：“去了你就知道啦……”他的那个“啦”字拖得很长，我当时还奇怪，但后来发现广州人说普通话大都是这样，一句话的最后一个字给人感觉不是说出来，而是唱出来的，很有意思。我按照他所指来到公厕门口，却发现这里一边是厕所，另一边可以“冲凉”但要交两块钱。我第一次听到“冲凉”这个词，但是冲过凉之后，感觉这个词在这里比“洗澡”要贴切得多，真是一身清爽。我换上单衣坐在广场边的台阶上等天亮，眼前出现的一幕却让我惊讶不已：一个坐在我对面不远处的旅客，可能是太困了，就趴在自己的膝盖上睡觉，而两个穿白衬衣的年轻人一左一右坐在他旁边，开始偷他的东西。因为旅客是抱着包睡觉，他们掏了几次都没能得手，反倒把旅客惊醒了。那两个贼一看他醒了赶紧趴在膝盖上装作睡觉，动作整齐划一。于是就出现了这样的场面，要么是这位旅客扛不住困意趴在膝头真睡，要么是他被惊醒，那俩贼趴在膝头假睡，但三个人一起睡的场景却从未出现，毕竟这俩人的目的不是来这儿睡觉的。我在对面看着着急，这样下去贼迟早会得手，同时也奇怪，这个旅客既然觉察到有人要偷他，竟然还能睡得着?正在这时，广场上的喇叭响起：“起来了起来了，大家排好队去那边集合!”

我一看，好些警察还有貌似保安的人，有的手持喇叭，有的手持电警棍，警棍上还“啪啪啪”的打着蓝火花向这边走来。那俩贼一看赶紧就走，很快就看不见影了。我不知道发生了什么，跟广场上众多睡眼惺忪、一脸茫然的人一起，被警察集合起来排成很长的几条纵队，向流花宾馆旁边行进。我一边跟着队伍走一边纳闷这是要到哪里去?走到流花宾馆旁边时，我意识到自己不能这样不明不白地跟着走了，不管这支队伍的目的地会是哪里，但我想肯定不是收容就是遣返。这样想着，我走出队伍，逆着他们的方向往回走。队伍两边每隔几米就会有一个警察，可能是我的样子像个学生吧，他们看我往回走也没人管我，我真害怕背后传来一声“站住!”因为我这次出来身份证还在补办中，如果再被他们叫回去，我真不敢想象会是怎样的一个结果，要知道，那时候可没有互联网。

24

好不容易等到早晨，我坐了一辆站前的公车前往中山大学，广州的公交车都是用粤语和普通话报站，这让我感到很放心。因为粤语对我来说太难懂了，同一种文字经过千山万水的传递，到了这里几乎已经变成了另一种语言，让人不得不感慨我们国家幅员辽阔。中山大学满目青翠，一派南国景象，学生们也都短衣短裤，很轻松的样子，在这样的环境中学习，真是令我羡慕。我很容易就找到了生物系的廖老师家，他和夫人以及小女儿嘟嘟都在家里，他们很热情地接待了我，忙着为我做饭。廖老师的小女儿嘟嘟实在很可爱，很漂亮的大眼睛透着机灵，我很喜欢听她说带有广东味的普通话，她跟我一会儿就熟了起来，教我用粤语说“中山大学”四个字，可就是这简单的四个字，嘟嘟说出来那么的好听，从我嘴里出来却变成了“总塞大海”之类不伦不类的东西。廖老师夫妻俩是那种典型的知识分子，文雅而又善良，在饭桌上不断替我夹菜。廖老师说薇娜已经告诉了他我的情况，他说他对我从事的事情不是很了解，但我在广州住的地方不用担心，他今天就去安排。我对此表示非常感谢，我知道，这解决了我的大问题，只要有了根据地，那从明天开始，广州的各个唱片公司将出现一个来自北方的青年人。

廖老师把我安排在中山大学的一个博士生宿舍，这个房间很宽敞，就我一个人住。晚上我同住在隔壁的一个医学博士聊天，得知他研究的课题是“种植牙”，心里顿时很好奇，心想这牙难道也和土豆之类的东西一样，是可以种植的吗？博士看到我一脸疑惑，就不厌其烦地给我讲解医学发展的现状以及牙科的一些知识，他那种很认真的样子让我很是感慨。

第二天，我按照事先打听好的地址，来到位于沙河顶水荫四横路的中唱广州分公司。那时候李春波凭借《小芳》《一封家书》火遍中国大江南北，他就是这家公司的歌手。接待我的是一位叫王奕的企宣，她待人很是和善，给我泡了杯茶之后就静静地听我的介绍。听完我的歌曲和介绍之后，她问我如果别人来唱我的作品行吗？我想了想还是拒绝了，之后她留下了我的小样和联系地址，并说有了消息会尽快通知我。经过北京闯荡唱片公司得出的经验，我早已不再奢求当场能得到什么回复，于是向她告别离开。离开那里已是中午，我在街边的一家餐馆吃饭，陕西人爱吃面，我就要了一碗云吞面，吃了一口才发现味道很淡，于是就问老板要辣椒。老板端了一个小碟子过来，上面放了六七个绿色的小辣椒，我说：“老板你太小气了吧？我们陕西人是很能吃辣的，你再拿一些过来。”老板笑着说：“这个是很辣的啦，我怕你受不了，就没多拿。”我心想开玩笑，我这么能吃辣椒的人，害怕了这几个小东西不成？于是就端起碟子，一股脑倒入嘴中大嚼起来，其实我在嚼第一口的时候就已经后悔了，这可能是我吃过的最辣的辣椒！但当着老板的面，处在爱逞强年纪的我还是把这一大口辣椒给咽了下去，虽然我勉强着吃完了这碗云吞面，但脸上的汗很不给人留面子，刷刷如雨下，于是在付账的时候我很多余地加了句：“广州可真热呀。”

逞能的后果在两小时后就得以显现，我在寻找一个叫银碟唱片公司的路上，就感觉肚子有些疼，等到了这家公司的门口，肚子已经很疼了。于是当一位五十多岁的人接待我时，我的第一句话是“您好……我是一个来自陕西……的歌手……”（肚子实在太疼），而下一句竟是：“请问厕所在哪里？”我估计我可能是这位先生见过的最让人瞠目结舌的自荐者。因为我看到他把本来向我伸出的手，又收了回去，告诉了我厕所在哪里后，他一脸狐疑地看着我，那样子好像在说：“就算你要借用厕所，也没必要冒充歌手吧?”我当时也没心思在乎他的看法，冲进厕所一身清爽地出来，面带愧色，接着进行我刚才未完成的介绍。他听完我的介绍，告诉我他叫王今中，是这家公司的老板。哦，这个人我在《音像世界》杂志上看过，他们公司的女歌手王蕴是他的女儿。他听了我的歌之后问我有没有给女歌手唱的歌，我一听这话就明白在这里也没什么希望，因为我当时真的不知道女歌手应该唱什么样的歌，而男歌手又应该唱什么样的歌，于是就留下小样向他告别。

在以后的几天里，我游走在广州的街头，有时候骑着廖老师家的自行车，先后又去了新时代影音公司，太平洋影音公司等等，但结果同在北京没什么两样，连唱片公司的企宣说的话都大同小异。于是我就明白了一点，人们在一个行业呆久了，说的话都会差不多，那就叫“行话”。这样我的心情渐渐变得沮丧，因为如果广州再不接纳我的作品的话，我即使再有心闯荡，也真不知道能去哪里了。记得有一天，从一家唱片公司出来，路过黄花岗烈士墓那个地方，天上突然乌云翻滚，我赶紧找地方准备躲雨，但广州的雨说下就下，而且是那种瓢泼大雨，刚才还是一身大汗，现在被雨这么一浇，顿时浑身湿透，等找到一个屋檐跟很多人挤在一起躲雨时，全身开始不住地哆嗦。来广州我每天得冲四五次凉，都没有这次这种透心的凉，我看着眼前的大雨，无意中摸到兜里的一包烟，因为有塑料盒还没湿，于是拿出一根哆哆嗦嗦地点上，那一刻，我真的觉得自己就像赵传歌里唱的那只小小鸟，想要飞却怎么样也飞不高……

25

晚上我去了廖老师家，廖老师夫妇看到我奔波了这些天，却没什么收获，就不断用鼓励的话宽慰我，嘟嘟在一旁快乐地唱着她的儿歌，玩着她的游戏。看着她天真可爱的样子，我想起自己小的时候，每天就是无忧无虑地疯跑。我最喜欢从学校到家的那一大片麦田，春天的时候，透过教室的窗户，蓝天白云下，春风搅动绿色麦浪，教室里充满一种清新的麦苗的味道，偶尔有只蝴蝶飞进来，等我们争着去捉时却又翩翩飞走……世界就是这样，当我们还不懂事的时候，它呈现出乐园一般的面孔哄着你长大，而当你终于成人之后，它觉得也没必要再装下去了，就露出本来的面目与你相对。你知道自己不喜欢它这个样子，可你再也回不去了。那天晚上我就在想，在广州再待两天，如果实在没什么希望就回去吧，本来我还想，要么就在广州找一个工作打打工什么的，但这个地方对我来说真的很陌生，虽然已经在这个城市游走了好几天了，但这种陌生感反而越来越强烈，我很害怕这种感觉。

1994年4月25日，这天中午，廖老师叫我在他家吃饭。我们一边吃饭一边看中央电视台的第六届“通业杯”全国电视歌手大赛。看着看着《楼兰姑娘》几个字突然映入我眼帘，我心里一惊：怎么这歌名和我的《楼兰新娘》就差一个字啊？赶紧看字幕，上面写着：“杨海潮原词 付林改词作曲”，我当时就激动地指给廖老师他们看：“廖老师快看，这是我写的歌！”廖老师他们也看到了，也很激动地说：“是呀是呀，是你的名字，是你写的那首歌。”我们接着往下看，唱这首歌的女歌手叫俞静，歌词确实改自我的《楼兰新娘》，但曲子已经完全不一样了，是一种很欢快的风格。

但这足以让当时的我激动不已了，毕竟这是我的名字第一次出现在电视上，起点还不低，是中国最高级别的流行歌手大赛。太多的等待，太多的坎坷已使我无心顾及作品是否完整，当时的我沉浸在第一次被认可的兴奋当中，廖老师一家见证了我的喜悦并给我衷心的祝福。尤其让我们高兴的是，俞静唱着《楼兰姑娘》夺得那次比赛的决赛第二名，那一刻，我感觉自己好像比她还要自豪，似乎身上那种越来越远的狂傲又回来了：是我，那个化工厂的工人，那个卷闸厂的民工，那个电梯公司的安装工，至少在1994年那个时候，让更多的普通中国人知道了楼兰。

两天以后，我告别了善良的廖老师夫妇和可爱的嘟嘟，踏上北去的列车。一路上我真恨不得火车开快些，好让我早些到家，把这个好消息告诉家人和薇娜。虽然我的名字只在电视上停了几秒，但就这几秒，却让我等待了多少个日夜！望着车窗外向后退去的风景，我想我未来的路也许不会像脚下的铁路那般笔直，但应该会像旁边的公路那样平坦了吧？回到宝鸡家里，家里人早知道了这个消息，他们虽然没有看到那天的比赛，但厂里很多人都看到了，而且《中国青年报》上的作者栏里也出现了我的名字。据说当时厂里人告诉我爸爸："你儿子写的歌都上了中央台了。"爸爸听后平静地说了句："不可能，那是重名重姓。"后来他终于确定这件事是真的时，还和我妈探讨我的遗传里他们俩谁的优点多一些。

总之这件事情改变了很多人对我的看法，尤其是家里人，他们认为我走这条路看来还是很有希望的。那几天，我得到众人的夸奖比几年加起来的都要多，以前老在半山腰的引渭渠旁碰见我的那个大妈，也给我妈妈做了如下表述："噢，以前以为人家娃是没考上大学想不开，没想到人家是在那里想歌呢。"我记得薇娜得知这个消息后，很高兴地告诉我："我早就知道你行。"我知道，对于这件事，如果有人比我更高兴的话，那肯定是薇娜了，从我开始写歌到现在有了这个成绩，她始终在我身边给我鼓励和支持。薇娜和我都认为通往成功的路已经铺到我脚底下了，我的朋友们也都这么认为，可是这件事过去好多天了，我还没有得到任何的通知。

《楼兰姑娘》带给我的高兴劲儿没多久就过去了。那时候这首歌总是在电视上出现，我仔细听了听，感觉她虽然取材于我的《楼兰新娘》，但在曲调以及意境上已经相去甚远。我想要表达的的是：如果心灵的家园已成荒漠，那么任何美好都只能存在于想象之中。可是《楼兰姑娘》却是一首比较写实的歌，似乎在歌唱一位现实中急于把自己嫁出去的姑娘，她，来自楼兰。但付林先生在改编这首歌的时候，可能忘了一点：楼兰早已空无一人。我甚至觉得这是一首源于我的创作，却跟我没太多关系的作品，而且那个时候，我对于版权保护，还没有什么概念，基于以上原因，我没有跟中央台或付林联系。只是在当时，《楼兰姑娘》的出现的确使我更加自信起来，我想只要坚持下去，那么，总有一天我会以自己的方式，完整地演绎属于我的《楼兰新娘》。

虽然《楼兰姑娘》在当时还没有给我带来任何实际的利益，但在我们那个小地方，我突然成了一个“名人”。既然是“名人”，那肯定就有“名人效应”了，这种效应有很多种，我不久就碰上了令人啼笑皆非的一种。有一天我在宝鸡街头碰见了我的同窗好友小C，毕业后我们见面不多，只是听大家不断传闻他在做“大生意”。小C人很聪明，就是爱说大话，他碰见我之后递给我一支烟，把我从头到脚看了一遍，做出一种刮目相看的表情：“你小子现在可是名人了，厉害呀!”我还没来得及说话，他又凑近我，神秘地说了句：“那首歌挣了不少钱吧?”说着还用几个手指搓来搓去，像是在数钱的样子。我赶紧在第一时间矢口否认：“你这不是壤人（宝鸡话，讽刺人之意）呢嘛，我算个什么名人呀……”

他打断我：“你也别装了，咱俩谁跟谁?我就直说了吧，最近我资金周转遇到点问题，能不能借我八万块钱?”我一听这话，惊得差点把烟掉到地上，心想我这自诩为理想主义者的人，今天可算见识到正宗的理想主义者了，半天才做出反应：“你开什么玩笑?八万块?你就算砍掉三个零我现在也没有啊……”他看到他想象中的黄世仁却说出杨白劳的话，就笑了笑：“呵呵，你还真以为我要找你借呀?你不知道我刚接了一个多大的订单?现在得赶紧盖厂房买机床……”他这么一说我立即明白了，看来我的这个朋友还是没改爱说大话的老毛病，借钱是假，向我炫耀他的“大生意”是真。看到他如此慷慨地“泄露”自己的商业机密，我也很坦诚地向他交了底：“你想不到吧?那首歌，我到现在一分钱都没有拿到。”

那个时候我已感觉到，陕西这个地方给了我创作的能力和灵感，但却没有使这种能力进一步发展的空间和氛围，要想在这条路上有所发展，必须去北京。6月的一天，我和薇娜在街头被音像店里传来的一首“姐姐，我想回家……”的歌深深地吸引，那个声音毫无修饰但却独一无二，那种声嘶力竭的呐喊就像来自我的心底。我们赶紧进到音像店里打听这是谁的歌。店员递给我们一盘叫《中国火1》的专辑：“唱《姐姐》的叫张楚，是咱陕西的歌手。”我一听这个人叫张楚，马上想起去年这个时候，在北京还和他打过一个照面，才一年时间，他的歌就已经唱响大街小巷，这无疑使我坚定了去北京发展的决心。我想这次如果再去的话，在取得成绩之前，我是不会回来了，事实上，我真的没有后路可以退。我打算 7 月再走，因为薇娜 7 月就大学毕业了，在她毕业之前，我想多点时间跟她待在一起。

我和薇娜曾以为，《楼兰姑娘》这件事可能会改变她父亲对我的看法，可是薇娜的爸爸根本不是那种我有了一点成绩，就会改变初衷的人。他讨厌的是我正在努力进入的那个行业，认为那是一个很不踏实且乌七八糟的行当，在这一点上，我想除了那个行业中的人集体洗心革面外，恐怕没有更好的办法。离我决定去北京的日子越来越近了，我也越来越多地去找薇娜，总想在走之前，更多的享受和她在一起的日子。有一天我们俩看完一场法国电影，出了电影院，发现天已很晚，没有公交车了，还下着小雨，于是我就骑自行车送她回学校。可是没走多远，自行车的前胎就扎了，晚上又没有打气的地方，我只好冒雨拼命地蹬，没多久前轮就变形了，我每蹬一下，车子就“咯噔”一声，我们俩坐在上面，就好像骑在一匹不听话的马上，一跳一跳的很滑稽，我和薇娜被逗得哈哈大笑。她笑起来像个孩子一样，这张灿烂的笑脸曾陪着我在街头摆摊，曾陪着我在烈日下推销电话，曾在无数个我看不见明天的日子里，给我以温暖。可是在不久之后，我就要像齐秦的歌中所唱的那样，去远方遨游，我不知道那条路会有多远。我也不知道那条路上，会不会有薇娜的笑脸与我相伴。

26

转眼间薇娜就毕业了，她将分回西安的一家单位，此时她已回到西安的家里，我也将去与她会合，然后从那里坐火车去北京。离开宝鸡的那天，妈妈给我做了我最爱吃的臊子面，吃饭的时候，妈妈给了我一些钱，然后又在抽屉里翻来翻去找出一个红本。我一看，是我的高中毕业证，于是就笑着对她说：“妈，拿这个干什么？北京那边用不着这个。”

妈妈看着手里的红本："这好坏也是个文凭，有总比没有强。"我知道这个东西对我没什么用处，但马上要走了，我不想违背她的意愿，于是就说："妈，你看我只有这么一个证书，要是在外面弄丢了，可就什么文凭都没了。"她一听似乎觉得在理，于是就放下毕业证又接着翻腾，过了会儿，她拿出一张已经发旧的奖状，我一看，竟然是我上初二时，获得的那张全校文艺会演一等奖的奖状，那也是我在斗鸡中学得到的唯一的奖状，这么多年过去了，没想到妈妈还把它保存着。

妈妈把它折起来，一边往我包里塞一边对我说："这个奖状你一定得拿着，要让人家知道，你小时候就得过唱歌的奖。"我本想说拿这个东西会让人笑话的，但想了想还是把它带上了，在这个时候，顺着妈妈的意思让她高兴，就是我这个当儿子的此时能做到的最大的孝顺。虽然那时候我就已经明白，走我这条路，全看作品有没有实力，够不够真诚，没有这些的话，就算国家主席给你发一个大奖状，老百姓也是不会买账的。本来妈妈她们要送我到火车站，但我拒绝了，这些年的来往奔波，使我很不喜欢在火车站送人或者被送，那种场景老是让我倍觉伤感，于是在我们家门口，妈妈、姐姐和妹妹她们帮我拎着行李，等着十五路车的到来。那时候妹妹已经结婚并有了女儿娇娇，我抱着这还不到一岁的小外甥女，看着她甜甜的睡相，额头上还点着一个漂亮的红痣，心想自己这个当舅舅的还没有听到她开口叫一声舅舅，就又要远走他乡了。爸爸那时候虽然已经开始和我说话，但我们之间还是有比较深的隔阂，他虽然没下来送我，但我知道，他此刻肯定站在阳台上或者在他的房间里，透过窗户默默地目送我离去。

在西安我还是住在林涛那里，薇娜为了庆祝她的毕业，同时也想感谢一下给予我帮助的那些朋友，就在她父亲的公司里摆了一桌酒席。我本来不想去，主要是怕见到她的父亲，但是那天去的人不少，于是我也就仗着人多势众欣然前往。那天的气氛非常好，席间大家觥筹交错，薇娜也忙得不亦乐乎，我在西安的几个好朋友都到场了，大家说说笑笑，很是热闹，喝了不少的酒。醉意之中，我看着薇娜忙来忙去地为大家添水倒茶，想着再有几天我就要离开她，离开身边这些曾经朝夕相处的朋友，不免黯然神伤，一杯接一杯地与大家干杯，直至最后我们都醉了。只记得回去的时候一大帮人站在街边没命地唱歌，歌声飘荡在这座古城的上空，故意挑战这夜晚的宁静，这是青春的力量，每个人都曾拥有，但谁也无法挽留。离开的日子越来越近，我也顾不得林涛他们开玩笑说我重色轻友，总是和薇娜在一起，在西安东游西逛，我真的很喜欢这座城市，可是却不得不离开。

有一天我们俩看到南门那里有卖一种用绳子编的吊床，觉得不错，就买了一个，我们把它绑在树上，薇娜坐了上去，我在一旁摇着，看着她一脸的惬意，我就想要是一直能这样该有多好。后来薇娜对我说："你也坐上来，咱们俩一起荡秋千。"于是我就坐了上去，没想到这个吊床只能坐一个人，我刚一上去，就听见"啪"的一声，吊床断了，我们重重地坐在了地上。我赶紧爬起来扶薇娜，可是她坐在那里就是不起来，过了好一会儿，她还是坐在那里，把头埋在膝盖上，我想糟了，会不会真的把她摔坏了。于是就问她哪里疼，可她只是摇头，这时我看见有几颗泪珠落在她跟前的地上摔碎了，我知道她不是那种娇气的女孩，我想她其实也和我一样，都不想和对方分开，刚才这么一摔，身上的疼痛触动了心事。看着薇娜默默地流泪，我不知道如何安慰，只能静静地坐在她身边，看着眼前这座我即将告别的城市，眼里一片茫然。

7月16日，我和薇娜来到西安火车站，在这之前，我已和西安的朋友们一一告别，因为我有种预感，我可能要彻底地离开陕西了，虽然我是如此地留恋这里。我和薇娜说好，只要开始检票，她就离开，我真的无法面对在月台上的她变得越来越小，最终消失在我的视野……

快检票的时候，薇娜把一包吃的东西交到我手上，就转身匆匆离去。我随着人流来到火车上，找到座位坐下，听着广播里的女中音在不断地重复："旅客朋友们，您就要离开古城西安了……"这句话，每天不知道要机械地重复多少次，但此情此景，听着却如此煽情。列车缓缓地驶出西安站，随后广播里传出苏芮演唱的："是否，这次我将真的离开你，是否，泪水已干不再流……"这首歌我听过无数次，但此刻听到它，就像突然睁开眼，眼前却炸开了一颗催泪弹，我的眼眶顿时湿润。我不想让别人看到自己这个样子，于是用左手托着腮帮，把头扭向车窗，贪婪地望着窗外向后不断远去的灞桥、浐河、白鹿原、骊山，这些我爱的地方，和我所爱的人一样，从此将天各一方，梦中相望。

我被离别的伤感包围，只想一直这么坐着，似乎这种情绪中还有故乡和薇娜刚刚离开的余温。可这时候对面一个三十多岁的男子递给我一支烟："朋友，来抽支烟。"我赶紧用手背抹了一下眼睛并谢谢他的好意："谢谢了，我不想抽。"可是他又接着问我："哎，你的眼睛怎么了？"我听后赶紧故意地揉揉眼睛，想了想说："唉，风泪眼，风一吹就爱流眼泪。"那时候都是绿皮火车，夏天车窗都是大开的，我刚好坐在迎风的窗口，这个借口还算合理。他一听又接着说："风泪眼最好用中药治，西药不管用。"我顺着他的话点头称是，但我此时真的不想说话，虽然他也是一番好意。那个男子并没有因为我简单的回应而降低自己谈话的兴趣，反而捧着一杯茶滔滔不绝起来："你是陕西人吧？"我又点了点头，他喝了口茶接着说："陕西人实在，就是不太有生意头脑，你看你们的秦岭，里面有多少药材？有很多很值钱的，可是基本上都让外地人把钱赚了……"

对于药材，我没有太多兴趣，再加上此时也没有心情，但不出声又显得没礼貌，于是只要他说什么我就点头或者简单地来声"噢"、"是吗"、"对对对"之类的回答。但此人似乎并不在乎我回答什么，而只是需要我这样一个倾听者。听着听着我也听出个一二三来，他是安徽亳州的药材商人，这次来西安跟人谈合作的事，谈得相当成功。这一点我当然看得出，人一般在两种情况下喜欢向别人倾诉，一种是成功之后，一种是痛苦之时。车快到华山的时候，他还在不停地说他的生意，当然句句不离药材，真是商人不知离别苦，对面大谈生意经。我几次借故去厕所或去车厢结合部抽烟，以期让自己的耳朵消停一下，可我在抽烟时，他竟然也来到这里，以一种老相识的口气对我说："哎？你这不是会抽烟吗？刚才我给你烟你还不要，来，抽我的。"于是我不得不在接过他的烟的同时，继续接受他锲而不舍的药材知识培训，我很少见过像他这样执著的人，这么多年印象还是那么深刻。

车到华山的时候，我把头探出窗外并招呼他也一起看。虽然从这个角度看去，夕阳下的西峰只是一闪而过，但那种壁立千尺的挺拔，还是让车厢里的人发出阵阵赞叹。可这位药材商人对药材的痴迷也令我叹为观止，他看了一眼就把头收回来，对我来了句："那么高的地方应该是有灵芝的，野生灵芝还是很值钱的，现在市场上大都是人工养……"天哪，我无语了，他怎么把任何事情都能跟他的药材联系起来？好几次我都想把话题岔开，说点药材以外的事情，可都被他成功地拽了回来。比如我问他去没去过新疆的沙漠？他回答说像他这种搞药材的人西北地区都去遍了，可沙漠还真没去过。他的原话好像是："我们做药材生意的，去那种地方干什么？什么也不长，只有一种红柳的叶子好像能治麻疹，但不值几个钱……"

至此，我彻底绝望，看来想同他谈一些药材以外的事情，几乎是不可能的，于是就干脆做一个标本式的倾听者，这样做有一个好处，那就是使我从离乡背井的伤感中解脱，心情也渐渐地轻松起来。毕竟他讲的某些话题虽然万变不离药材，但对当时阅历尚浅的我还是很有吸引力的，比如他说他去甘南藏区收虫草，遇到一些淘金的人，把他随身带的生活用品抢掠一空，为了一管牙膏几个人争抢差点动手，但他随身带的现金人家连动都没动。这些传奇故事我很喜欢听，我的话也渐渐多了起来，以至于他到郑州站下车时，我们俨然已成朋友，他还给我留了电话，在以后的岁月中，我们还时不时地互相打个电话。我有时在想，自己真是个幸运的人，即使在火车上因为离开故土而陷入悲伤之时，也会有一个这么有意思的人出现，用他执著的讲述化解我离家的孤单。

第五章　在北大的日子

27

我这次到北京，因为李骐他们在敦煌实习，所以我先是住在我中学时的朋友朱路宏那里。他在北京上大学，因为宿舍还没固定下来，所以我们那个月搬了不少地方，从东单到西山，又到空军指挥学院住了一些日子，那个月北京总是在下雨，几乎没有停的时候。我给中央电视台打了个电话，询问“楼兰姑娘”的事，他们说获奖证书和稿费已经由付林老师代领了，于是在一个好不容易出现的晴天，我去了付林那里。当时他已经有了自己的“蓝月明星经纪公司”，他的女儿王雪宁任总经理。在付林老师家里，他给我解释了当时没有跟我联系，是因为不知道我的联系方式。我一想都过去几个月了，就没说什么，因为证书只有一个，而我只是词作者之一，也就没好意思要证书。在领了词作者的一半稿费五百块钱之后，王雪宁带我去参观她们位于什刹院的蓝月公司。我们上了楼，在一个房间里，我看见一个穿着短裤的女孩在跟着录音机跳舞，似乎在做形体训练。王雪宁给我们介绍了一下：“这是俞静，这是杨海潮。”俞静停下来打量我一番：“你就是杨海潮呀？我以为你应该长得很高大的。”她的这句话让我一时语塞，一个人的身高和创作力有什么联系吗？照这种逻辑，那穆铁柱应该是中国最好的创作人吧？我看着眼前这位正在冉冉升起的新星，点了点头就出去了。我跟王雪宁聊了会天之后就离开了那里。

我是在8月下旬到北大的，那时候卞智洪已经返校了，一年多不见，我们相见很是亲切。当时李骐还在敦煌，于是我每天和卞智洪一起，在空荡荡的北大校园里享受即将过去的夏天。卞是一个很有文人气质的白面书生，他写了大量的诗，我曾经想把他的一首诗《悲伤是一面旗》写成歌，但终因诗和歌词还是有一定的区别，最终也没写出来。通过卞，我得知《楼兰新娘》这首歌已经在北大开始流传，并引起唱片公司的注意，但他说具体情况刘蜀秋知道，可蜀秋当时也在实习还没回来。几天之后，我再次去敲蜀秋宿舍的门，终于看到蜀秋刚从门头沟实习回来。只见他穿着在信阳陆军学院军训时的，没有领章帽徽的军装，一副疲倦的样子，很像香港电影里的那种解放军。我们见面很是高兴，他出去洗漱回来告诉我："告诉你一个好消息，但还没有完全确定，黄燎原的汉唐文化公司看上了你的《楼兰新娘》。"

我听刘蜀秋这么说心里一阵激动，因为黄燎原和他所倡导的"城市民谣"运动当时正是如火如荼。其领军人物黄群、黄众兄弟更是以一张《江湖行》的专辑风靡全国，我在陕西早有耳闻，现在听刘蜀秋说我的作品得到黄燎原的青睐，心里自然惊喜不已。刘蜀秋是一个外表不羁却行事严谨的人，他看我如此兴奋，就对我说："来来来，坐下听我给你仔细讲。"然后点着一支烟，喝了一口茶，烟是"高乐"，茶是浓茶，这两样几乎是他的招牌嗜好。我坐在刘蜀秋对面，迫不及待地听他讲起了我去年离开北大后，所发生的一些事情。原来，自我离开以后，他和申军、张宇、王一平等人成立了一支松散的学生乐队，蜀秋在这一年也创作了不少的歌曲，他们平时没事的时候就在一起排练，也常常在图书馆前的草坪上弹琴唱歌。

1994年春天北大在大讲堂举行学生歌手大赛，他们也报了名，演唱的曲目包括我的《楼兰新娘》。蜀秋说这样的比赛他以前也参加过，北大的学生素以挑剔著称，唱得不好且承受力比较脆弱的歌手，往往以被哄下台告终，但蜀秋显然不在此列。因为据他说，有一次他抱着吉他很投入地演唱一首比较激烈的歌，台下"嘘"声大作，面对此景，他依然坚持歌唱不为所动，终于招致矿泉水瓶以及果皮之类的东西争相登场，他这才突然停了下来，以一种我自岿然不动的态势，对底下黑压压的观众来了句："我在下面起哄的时候，北大还没你们呢！"随后继续他激昂而又投入的演出。面对如此执著的人，任何起哄的企图都会显得无理且无趣，于是"嘘"声渐渐转为零落的掌声，继而成为演唱结束时的满堂彩。看来一个人执著起来，会感动一群人。

鉴于北大学子是如此的挑剔，蜀秋他们这次在比赛前，先在后台用几瓶啤酒，把自己灌到一种睥睨众生的境界，然后几个人拎着吉他就上了场。在酒精促成的忘我状态下，这次的演出反响热烈，《楼兰新娘》也得到学生们的欢迎。当时大地唱片推出的校园民谣正是很火热的时候，《同桌的你》火透校园，于是很多唱片公司都来高校发掘人才，此时恰逢汉唐文化的黄燎原几个人也在场观看，这也是他们此行的目的。于是在演出结束后他们找到蜀秋，询问此歌的来处，得知作者当时还在陕西，就告诉蜀秋，如果作者来北京，请和他们联系。蜀秋作为北大的文艺积极分子，加上自己也是创作歌手，自然就和他们成为朋友，交往也多了起来。

我听完蜀秋传奇般的讲述，心情如同窗外的阳光一般灿烂。蜀秋接下来告诉我，过几天他将带我去汉唐公司见见黄燎原。我在心里盼望着那一天的到来。

蜀秋对自己所学的专业没什么兴趣，却对流行歌曲创作抱有极大的热情，我们聊天的时候，他就已经抱起吉他，让我听他创作的歌曲。一年不见，他竟然创作了如此多的歌，其中有一首《温莎公爵》，旋律优美，歌词也很有意境，还有一首《丁香姑娘》曲风也很清新。但他更多的歌曲是对现实的疑问和批判，他一唱这些歌，就会很投入也很有激情，加上他的长相和打扮，颇有罗大佑的风格。蜀秋那天还给我唱了一首我以前从未听过的，陈升的《细汉仔》，在以后的日子里，我们也曾无数次地唱起这首歌，但所有人中，只有蜀秋可以一字不落地把它唱完，那首歌的字数可能只有《爱情症候群》才可与之匹敌，而且有几句竟然常常要五六十个字一口气唱完，中间不可以换气。每当蜀秋扯着嗓子唱到这里，我估计大家都会忍不住想提醒他赶紧吸口气，以免背过气去，这首挑战人类肺活量极限的歌曲没多少人知道，但是却很独特，很耐人寻味。

几天之后，蜀秋和我来到位于中央民族学院伙食科二楼的汉唐文化公司，穿过一个不长的走廊，两边贴着黄群、黄众《江湖行》的海报，还有一个女歌手曹葳的《情歌唱晚》的海报，我当时心里还纳闷儿，曹葳是谁？进去一看，里面的一个挺漂亮的女子就是海报上的那个歌手，还有其他几个工作人员。蜀秋给我做了介绍：歌手也是总经理曹葳，黄燎原的弟弟黄招，企宣魏风和张咏歌。正在我们互相介绍的时候，一个剃着很短的头发，瘦瘦小小眼睛却很大的男子，穿着一身中国式对襟褂走了进来，他背了一个黄军挎包，手里拎了一个奖杯，一进来就坐在地毯上——此人就是汉唐公司的制作人黄燎原。

那天天气很热，黄燎原坐在地毯上，一边撩起衣襟扇着风一边说着："累死我了!"旁边的黄招拿起他带回来的奖杯开玩笑："这玩意腌泡菜挺不错!"他们兄弟俩是印尼华侨的后代，长得很像广东人，却都是一口地道的北京话。黄招的话逗得大家哈哈大笑，那个奖杯说坛子不像坛子，说罐子不像罐子，但腌泡菜确实比较合适。这时候蜀秋向黄燎原介绍我："这是杨海潮。"黄燎原跟我握了握手："噢，你的歌很不错!"并询问了我的一些情况，随后他向汉唐的人介绍了此行的成绩："咱们得了十大金曲奖，领奖的单位就咱们公司最小。"他们这次得奖的歌曲是曹葳唱的，名字很长，叫《出门人请打电话给爱你的女孩》，词是黄燎原自己写的，张广天作的曲。这首歌选自曹葳的专辑《情歌唱晚》。那天我在那里听了这张专辑中的几首作品，其中黄群、黄众作词作曲的标题曲《情歌唱晚》即使放到现在，也是非常优秀的原创作品。在音乐技术越来越发达，诚意却越来越难得的今天，这样的作品尤为珍贵。我在写这段文字的时候，就一直在反复地听着这首歌，岁月的流逝已使它稍显粗糙，但创作者和演唱者在其中表现出来的自然、真情以及才华，依然能给人一种热爱生活的温情和对理想日薄西山的眷恋。

黄燎原这个人直到现在，也没人能给他一个准确的界定，但我认为用理想主义者来形容当时的他，应该是比较恰当的。因为那天我在汉唐公司呆了不到两个小时，他就至少冒出了三个创意，而其中一个跟我有着直接的关系，那就是他准备在年底推出他所倡导的"新民谣运动"合辑，我的《楼兰新娘》将是其中的重要作品。他的这一决定让我激动不已，就像一个在迷雾中摸索了很长时间的人突然一步踏入晴空。那天我和蜀秋回到北大，当即去28号楼下面一个叫“绿洲”的小卖部买了几瓶啤酒和一包花生米，坐在28号楼旁边的花架下痛饮起来。才短短一年时间，北京啤酒就被卧薪尝胆后的燕京啤酒逐出了正面战场，不得不沦为游击队员，我看着手中这清爽的燕京啤酒，心想，自己的前途会不会也像它一样，从此豁然开朗。

那时候北大的学生已经陆续返校，高成海、周世一等人还有早已回来的卞智洪，都为我的转机感到由衷地喜悦。有了一年前相处的愉快时光，他们也早已不把我当外人，整天玩在一起。北大的学生很喜欢玩一种叫拖拉机的纸牌游戏，他们几个更是如此。每次玩牌我都踊跃参加，但是谁要和我一拨，必须得有视失败为家常便饭的胸怀，因为我的牌打得实在太差了。这常常使我的搭档感觉像是在对付三个人，而我们的对手又往往觉得胜利来得过于容易。以至于后来他们这样跟我开玩笑：每当大家想玩牌，却只能找到包括我在内的四个人时，他们三个就会以石头剪子布的方式决出谁做我的搭档，而被选中的那个人，往往以一种夸张的痛不欲生状坐在我的对面，还不忘对我再三嘱咐：“你一定得算牌啊！”而我总会以一种胸有成竹的表情以期给我的搭档士别三日的印象：“放心吧！这回让他们都搞不懂是怎么输的。”可惜我的牌技却始终如我的数学一般，那些豪言壮语非但没能使它有丝毫长进，反倒成为对手的笑柄：“你说的对，我们确实搞不懂是怎么输的，因为跟你打牌，我们连输的机会都没有，哈哈……”尽管如此，我依然乐此不疲，那时侯，我感觉生命中的冬天即将离我远去，我很喜欢享受这种久违的轻松和快乐。

8月底的一天，我们几个把桌子搬到楼道里打牌，正玩着却听见急促的脚步声，我一回头，却发现晒得黑黑的李骐已大步走到我的跟前，他满面笑容猛地捶了我一拳：“哈哈，鸟人，刚进校门就听说你来了。”他一直爱把自己喜欢的朋友叫做“鸟人”，就像他仗义疏财的秉性一般，到现在也未曾改变。那天李骐刚从敦煌实习回来，我们几个朋友晚上在宿舍里一边喝着啤酒，一边听他讲在敦煌实习的见闻。通过李骐的讲述，我第一次知道了发现藏经洞的是一个叫王圆禄的道士，我也是第一次知道了那里有个月牙泉。月牙泉这三个字给了我无穷的想象空间，本来我就对西域充满渴望，现在知道那里竟然还有一汪足以洗去尘世烦恼的清澈之水。

那天晚上，我躺在床上，月牙泉这个名字带着我的想象飞向西边遥远的地方。我似乎看到神秘的荒漠之上，有一弯新月般的美眸默默地望着上苍，而天上的星星也被她诱惑，在夜深人静世界睡去之时纷纷跃入其中，我甚至能想象到它们互相碰撞所发出的清脆的“叮咚”声。那个夜晚我对月牙泉的想象，成为我日后写出《月牙泉》这首歌的最初灵感。我至今也没有去过月牙泉，2004 年秋天，我已经到了嘉峪关了，却最终放弃了去月牙泉的打算。我们生存的这个世界，每天都有无数美好的事物逝去，我真的不愿面对一个早已面目全非的她，既然她曾经在我的想象中来到我的世界，那就让她继续美丽于我的想象之中吧。

李骐他们已经是大四了，开学之后，家在北京的王敦每天都回家住，这样我就在 359 宿舍有了一个床铺，现在想起来，王敦这样做，或多或少都有帮助我的意思，因为他的家离北大很远……

28

黄燎原要做的合辑年底才开始，我很希望这件事能够提前，可这是不可能的，所幸有了希望的日子不管怎么过，心情总还是不错的。这就像一个人在黑暗的隧道中前行，但他并不为此沮丧，因为他知道隧道的尽头就是湛蓝的天空，而且已经不远了。我写信把这件事告诉了薇娜。她在回信中也认为这可能会是我的一个大的转折，毕竟在那个时候，流行歌曲还配得上承载类似“理想”这样的词汇。现在的人们已经很少写信了，至少我就有七八年没写过一封信。可在那时候，写信成了我和薇娜，家人以及朋友之间传递思念，了解彼此境况的主要途径。我总是想起李骐手里高高举着一封信的样子，信封上的落款虽然不尽相同，但收信人永远都是："359宿舍　李骐收转"。不用说，那肯定是写给我的。之所以不写我的名字，原因很简单，我虽住在北大，但毕竟是个地下党，如果被那个转业前是师长的白发楼长看出破绽，我随时可能被驱逐。

有一天，我去高成海的宿舍，看见他捧着一本书在看。他看得如此入迷，以至于我进去他都没有发现，我刚在他对面坐下，却听见他"哈哈哈哈"一阵暴笑，将书高高抛起，整个人向后仰去，像个摇椅一样在床上上下晃荡。高成海此时才看到面前的我，于是左手捂着肚子右手指着地上的书："哈……写的……太好玩了……笑死我了……"我拿起来一看，是一本叫《十二把椅子》的俄国小说。高成海刚才的表现显然为此书做了最生动的广告，于是我在心里想着"真能把人笑成这样"的同时，向他借这本书。高成海说他看完就给我看，说完又补了一句："哎呀，马上到期了，我去图书馆还了你再去续借。"

于是从那天起，我就用李骐或其他人的借书证出入于北大图书馆。在那里，我读到了很多以前连听都没听过的书，比如那本《十二把椅子》。看过之后，我才明白高成海那天笑得一点都不夸张。因为当我有一天捧着这本书，坐在未名湖边的长椅上看的时候，其中的一段让我实在忍不住了，放声大笑起来。笑了一会儿，我发现背后不少人用怪异的眼光看着我，这也难怪，从他们那个角度看过来，我所坐的长椅的靠背使他们看不到我手里还有书。而一个人面对空无一物的湖面，不是沉思默想却是放声大笑，那按照常理，这人八成是个疯子，或者，是个傻子。北大图书馆的藏书可用浩如烟海形容，我读过瑞典探险家斯文·赫定写的《我的探险生涯》系列。其中《亚洲腹地探险》尤其引我入胜，他的文笔是那么生动，常常使我几乎忘记周围的一切，置身于那种平凡人生不可能拥有的辉煌历程。我在北大图书馆看到的一些书，使我的世界得以延伸，也使我的心灵得到置身于生活之外的快乐。

虽然我的路已看到转折的希望，但毕竟只是希望。我住在北大，日常生活有李骐和众位朋友的照顾，虽无近忧，却有远虑，这毕竟不是长久之计。那时候北大规定，学生不允许做生意，所谓生意，也就是在宿舍卖卖方便面之类的东西。但规定却挡不住学生的需求，每当夜里外面的小卖部关门后，方便面就成了紧俏货。李骐和卞智洪看出了其中的商机，就去外面批发了两箱三鲜伊面，摆在宿舍里我们一起试销，可是一连几天都没卖出去几包，自己倒吃了不少。大家想了想，觉得应该做做广告。于是有一天我们就写了好几张最原始的“广告”：359有优质方便面，物美价廉！为了更加引人注目，还在“物美价廉”后面画上了一张大嘴，嘴角有几滴口水，所谓垂涎欲滴是也。我们在晚饭后把这几张“广告”偷偷地贴到了28号楼的每一个水房，赶紧回到宿舍打扫了一番，满心期待着“络绎不绝”“供不应求”等等场面的出现。可奇怪的是，销量并没随着广告的发布大幅增长，当晚仅仅比平时多卖了两三包，这可与我们的期望值差远了，可是为什么呢？

我们的广告虽无惊人之语，但信息足够明确呀……第二天早上去水房洗脸，才发现了令人啼笑皆非的答案：我们写的那张广告，除了我们自己的那句“359有方便面，物美价廉！”以外，已被人用各种笔写满了诸如“221也有！”“337品种更多！”“226不光有方便面……”怎么平时就没发现，卖个方便面也有如此之多的竞争对手？而且竞争如此不择手段，在我们的广告上做起了广告，怪不得昨晚销量惨淡。痛定思痛，我们决定以价格战予以反击，可是方便面本来就不值几个钱，再一降价，我们的利润几乎为零，这样做的结果，只能是28号楼多了三个雷锋式的人物，这显然不是我们想要的，也不符合我们三个的境界。于是改变策略：以服务取胜，争取回头客。这种策略对熟人就算了，只要有陌生的学生来买方便面，我们三个无论谁在宿舍，都会对顾客笑脸相迎，好语相送。有天他们上课去了，我一个人在宿舍，有人来买方便面，而且是六包。我顿时心花怒放，给来客以最高礼遇：“请坐请坐，我给你泡杯茶。”这种过了头的殷勤使得对方很不自然，甚至对我们的方便面产生了怀疑，他出门的时候根本没理会我“欢迎下次再来”的真诚企盼，而是低着头挨个翻看方便面包装袋上的生产日期……

9月的一天傍晚，我和李骐还有高成海在一起聊天，忘了是谁提议了，总之我们决定去海边，而且是走着去。他们俩都是古典文献专业的，在一个班，那时课比较松，我们有了这个想法之后，决定说走就走，立即行动。我从来没有到过海边，上次去广州也没能看看大海，他们俩当时好像也是如此，一想到即将以徒步的方式，面对从未见过的那片蔚蓝，我们都有一种掩饰不住的兴奋。于是不顾当时天色已晚，各自收拾了简单的行囊，李骐还跑到三角地的商店买了一大包散装巧克力，往包里装的时候他还有些嘀咕地说："那么远的路，也不知道够不够？"

本来我们还想多拉几个人入伙，但凡是听了我们计划的人无不觉得此事过于异想天开："你们要走到海边？什么海？什刹海？哈哈……"但这种善意的嘲讽丝毫没有影响我们的热情，八点多，天刚一擦黑，我们就出发了，在楼门口碰见了卞智洪，刚才一直没找到他。他看见我们一副远行的样子很是惊讶："三位好汉这是要去哪里呀？"高成海拍了拍自己的包，模仿崔健的声音边唱边表演："你问我要去向何方？我指着大海的方向……怎么样？同去？"面对我们三个绘声绘色的拉拢，卞似乎有些心动，但他第二天有很重要的事，不得不表示遗憾并祝我们一路顺风。我们与他告别："一个礼拜后见，没准儿还能给你带个鹦鹉螺回来！哈哈！"随即我们走出北大南门，向着此行的目的地——北戴河大踏步地进发。

我们一路有说有笑，走过海淀黄庄、人大，沿着三环辅路很快就走过北太平庄、马甸，到安贞桥的时候休息补充能量。每个人两小块巧克力，之所以每人两小块，是因为我们觉得可能得走一个星期，除了吃饭，巧克力得省着点吃。北大商店卖的这种巧克力质量很好，我们担心沿途不一定能买到。刚才走得太猛，好像不到两小时就走到这里，现在起身再走，腿明显有些沉。于是我们开始唱起了歌，唱得基本上是一些进行曲，从"雄赳赳气昂昂"到《三大纪律八项注意》等等。虽然三个人常常不在一个调上，但这种进行曲很适合走路唱，踩着那种节奏走路人不容易觉得累。在夜里十二点左右，我们到达京广中心，然后往东走去，一路上人越来越少，路灯也渐渐稀疏，最后干脆没有了路灯。

此时已是凌晨一两点，困意频频来犯，我们虽然努力用唱歌予以抵挡，但歌声渐渐不再嘹亮。刚才的三人小合唱也逐渐变成二人重唱继而变成一人独唱，最后发展为没人再唱。我几次打起精神为大家起歌：“革命军人个个要牢记，预备起……”却只能听见自己的声音在黑暗中孤独地飘荡。没办法，此时已是凌晨两三点，远方大海的诱惑，已无法降伏近在咫尺的睡魔，对面来车的灯光使我惊讶地发现，高成海竟然在闭着眼睛走路。他的睡功在中文系都很有名，李骐跟我说过，他们刚进北大时，有一次大家去市里玩，下了公共汽车却不见了高成海。再一看，此君还在车上靠着座椅，半个脸贴在车玻璃上呼呼大睡，此时车已驶离车站，喊也没用，大家只能看着公车拉着自己的朋友远去。

那时也没手机，于是大家就在车站等，以为高成海会在下一站醒来再坐车来找他们，可等了半天也不见他的影子，于是只好作罢。最后高成海孤独地回到学校后大家才知道，那天他一直睡到那路车的总站，要不是售票员叫醒他，他可能还会接着睡到下一个总站。我对高成海走着路就能睡着的本领惊叹不已，但觉得这样比较危险，因为他几次都有迈进路边排水沟的危险。我此时也困得几乎走不成直线了，于是就和李骐商量，要不就在路边睡一会儿，这样我们就在路边一人靠着一棵树休息。我和李骐决定我们俩换着睡，反正必须得保证有一个人醒着，高成海显然已不适合担当此任，因为此时不管我们跟他说什么，他均以呼噜声作答。

其实我们此刻犯了一个错误，那就是疾走六七个小时之后，不能立刻停下来，那样没有一个缓冲，腿肯定受不了。果然，我们大概休息了一个多小时后，决定再走时，几乎站不起来。李骐还稍微好点，我和高成海腿疼得要命，脚也起了泡，只能往前一步步地挪。此时已是凌晨四点左右，是最困的时候，还有些冷，我们每个人吃了不少巧克力补充热量，远远超出一人一小块的定量，已顾不上给后面的行程再留什么了，可能是我们都觉得后面也没什么行程了。歌声自从几个小时前消失后就再也没有响起，我能感觉到我们三个的心里，此时已是鼓声隆隆，当然，那个鼓叫做退堂鼓，只是没人愿意首先做那个动摇军心的人。这样，在凌晨四点的黑夜里，在北京到通县的公路上，出现了几乎可以用恐怖来形容的三个人：他们默不作声，他们的腿几乎不打弯，直直地向前缓慢迈步……此时如果有一个无神论者恰巧出现在我们对面，那这三个姿势怪异的黑影，足以动摇他的信仰。

清晨六七点钟，天已大亮，我们也已艰难地行进到通县县城边。在看到一个车站停着的一辆公共汽车时，记不得是谁说了声："回吧。"此话是如此深得民心，也没人再去追究让此次"大海之梦"泡汤的始作俑者了，反正这个倡议立即让我们仨来了精神，腿似乎也不那么疼了，赶紧向着公车跑去："等一下，等一下……"从通县到北大倒了三四趟车，我们几乎每次都是被售票员叫醒，一回到宿舍，倒头就睡。下午醒来，有几个朋友来到宿舍，他们一边吃着桌上我们本来为漫漫长路准备的，但还剩下一大半的巧克力，一边故作吃惊状拿这件事开玩笑："这北京离海还真近，你们一晚上就走了个来回，厉害!"

29

大概是那年9月底，卞智洪和郭挥师找到了一份给外国留学生教口语的活。考虑到我当时的处境，他们很热心地介绍我也干这个，我听了很高兴，但又担心自己不能胜任，因为我觉得自己不是北大学生，可能没那个水平。卞智洪鼓励我："没事的，只要普通话标准就行，到时候你就用李骐的学生证，反正没人仔细看。"说完他又指着郭挥师，悄悄地跟我开玩笑："你的普通话总比他标准吧？呵呵。"我明白他是在鼓励我，因为郭挥师是沈阳人，说话东北口音极重，有一次我们一起打牌，我们俩搭档，在我第N次出错牌导致我们被剃光头之后，郭挥师终于忍无可忍，把牌往桌上一摞，对我来了句："怎凑!"

我明白他是想说："真臭!"可是他那极重的口音，使得这仅有两个字的愤怒没一个音是准的，反倒把大家逗得大笑。想到这儿，我顿时打消顾虑，决心努力干好这个工作。说起来这个事的确诱人：每小时收费25元，一个礼拜两次。我唯一担心的是我的英语对话水平，基本上跟我国大多数学生一样，属于哑巴英语。我了解到我要教的是两个日本女学生，她们高中毕业想来北京留学，但是上不了北大，只能上北外。她们住在北外的留学生公寓，是一帮人一起来中国的，卞智洪和郭挥师也一人教两个。

第一次上课时，我们三个骑着自行车，赶到位于北京电视台附近的北外留学生公寓。登记之后上楼，联系人把我们介绍给七八个学生，她们自由组合，俩人一组，我教的这两个女孩一个叫石川莱穗，一个叫长谷川什么。互相介绍之后，我觉得自己比较幸运，因为我教的这两个日本女孩，英语水平比我也高不了多少。这从我们互相介绍时就看得出来，我用卞智洪给我突击补习的，已被我背得滚瓜烂熟的一句“I'm a student of Peking University，my name is Yang Hai Chao”介绍自己，可能是我把这句话背了好几天，说得过于流利显得很快的缘故，她们似乎没听懂，先是一起给我鞠了一躬，用生硬的普通话说：“老西好！”然后用不太熟练的英语介绍自己。

她们的英语说得磕磕巴巴，使我的心彻底放松下来：看来之前对自己英语水平的担心是多余的了。接下来她们拿出自己的汉语口语教材，看得出都比较用功，因为每句话下面都用笔很认真地注上了日语音标，我想她们在日本时可能已经在学习汉语了，应该有点基础。在接下来进行的口语教学中，遇到需要解释的句子，我往往是用简单的英语以及汉语再加上我自创的手语，甚至是一些人类共有表情来交流。我如此费力也如此认真地教她们，她们看上去显得比较内疚，因为她们理所当然地认为我作为一个北大学生，英语肯定比她们好得多，只可惜自己听不懂。

第一次上课就这样在我嘴说之，手舞之，足蹈之中结束，效果可想而知，毕竟我不懂日语，她们也几乎不懂汉语和英语。但是话说回来，她们要是英语好的话，我这个冒牌先生也就没法再混下去了。任何事情都有个磨合的过程，第二次上课就明显有了进步，因为我发现她们虽然听不懂普通话，但是她们有时候遇到一句话听不懂，就要求我写给她们看，而往往我写了以后，她们就一副恍然大悟状“扫有待斯奈”，而且令我惭愧的是，她们的汉字写得明显要比我好。在以后的日子里，她们的口语有了显著进步后，我曾经问过她们为什么汉字写得这么好。石川莱穗告诉我，她上小学的时候就开始练毛笔字，她说在日本很多学生都要写毛笔字，她练的是唐朝欧阳询的《九成宫醴泉铭》，她怕我听不懂，又在纸上工工整整地写了一遍。

我看了很是惊讶，因为我小时候在陕西麟游生活了七年，那个“九成宫”遗址就在麟游县城。九成宫为唐代离宫之冠，太宗、高宗及武则天曾长期在这里避暑，而《九成宫醴泉铭》是李世民敕命魏征文，欧阳询书的中国书法名碑，是欧阳询的代表作，国宝级的文物，就在县城的西边。小时候我不懂事，还和伙伴们比赛，从门缝里往碑身上撒尿，看谁尿得高……现在听石川菜穗这么一说，我心里颇有感慨。在中国，除了书法爱好者之外，已经很少有学校要求学生再练毛笔字了，反倒是石川菜穗这样的日本孩子，从小就开始练习我们祖先发明的汉字。写到这里说点题外话，2003年我回到麟游旅游，恭敬地站在那座小时候被我撒过尿的《九成宫醴泉铭》碑旁，听着麟游县文化馆馆长的讲解。他说来这地方参观的主要是书法爱好者，还有就是日本人，那年一下子来了近百个日本人，他们走进院子，面对石碑，集体跪下顶礼膜拜。据馆长介绍，这些人从小写毛笔字临的帖子就是这个《九成宫醴泉铭》，在他们眼里，此碑无比神圣，所以才有了如穆斯林朝拜麦加时的虔诚……

给石川菜穗她们教口语期间，我不断地变换着各种教学方法，她们的口语进步明显，日常会话已基本能够应付。但某些单字的发音，怎么纠正也无济于事，比如“船”和“床”这两个字，就曾令我大伤脑筋。在教那节课时，为了形象地区别这两个字的读音，我举例说你们日本的阿倍仲麻吕，在唐朝的时候到长安留学，是坐着“船”来的。可轮到她们念时，阿倍仲麻吕他老人家却是坐着“床”飘洋而来。

我一遍遍地纠正：“是船不是床，吃乌安——船”并夸张地咧开嘴。可她们俩依然睁着求知的大眼睛，异口同声：“吃乌昂——床！”最后我实在无计可施，只好对她们说：“他是坐船来的，不是坐床，如果坐床，出不了东京湾，就淹死了！”同时模仿人淹死前的挣扎状，并指着她们身边的床问：“这是什么？”这次她们的回答让我大为惊喜，因为她们很清晰地同声回答：“床！”于是我趁热打铁：“那阿倍仲麻吕是坐什么来中国的?”她们似乎因老师的欣喜而受到鼓舞，大声回答：“床!”

我张了张嘴，但一个字也说不出来……心想，可能是自己的讲课技巧有问题。直到后来才发现，卞智洪和郭挥师的几个学生也是“船”“床”不分，其中一个学生用中文叫石川菜穗时，总是念做“石窗菜穗”。每次我听他这么叫，脑子里总闪出一幅奇怪的画面：一扇石头窗户上，几枝油菜花晃来晃去。看来非我族类，其音必异，这也不是我们几个短时间能解决的。反正她们现在都是乘飞机来往中国，不存在“船”“床”之选，绝无溺毙之虞。

大约1994年12月的一天，我异想天开地尝试了一次自创的“看电视教学法”。因为我觉得电视里的情景就是现实生活的再现，寓口语教学于电视情景之中，不愁她们的口语水平不突飞猛进，何况她们的求知欲还那么强烈。那天，我冒着严寒，蹬着自行车在晚上7点前准时赶到她们公寓。菜穗照例很有礼貌地递上一杯热茶：“老西好!”这个“老西”我纠正过她多次，但效果始终不理想。有时她练习很多遍，也能冷不丁地冒出一次比较准的：“老师好!”但由于注意力过于集中在“师”字上，导致她的表情变得怪异：本来挺好看的一张脸，却不得不咧着嘴，门牙外呲，那样子就像是识破了我这个冒牌货，正在嘲笑面前这个杨老师。所以我也就不再计较“师”“西”之差，老西就老西吧，至少这样还自然一些。

喝了口茶，我对菜穗和长谷川说：“今天，我们开始一种新的学习方法，就是看着电视里的事情，学习中国人的日常生活口语对话。”她们俩明白了我的意思后，不住地点头：“哈伊，哈伊!”菜穗随即打开电视。那个时候，留学生的居住条件，远远好于包括北大清华在内的中国大学生宿舍，室内宽敞明亮，电视、冰箱、空调等电器一应俱全。我们中国人严于律己，宽以待人的传统美德在这里体现得相当完美。

菜穗打开电视，《新闻联播》刚刚开始。我当时还不知道收视率这个词，于是向她们介绍：“这是我们中国观众最多的一个电视节目，叫《新闻联播》，现在至少有五六亿中国人正在看。”她们在明白了我的意思后，吃惊得张大了嘴，两人还用日语交流，那样子似乎为自己能看到这样的节目感到荣幸。这是我的第一节“看电视教学法”，当然踌躇满志，但那天的第一条新闻就让我犯了难。这是一个当时我们中国人司空见惯的隆重大会，对于主角总书记兼主席兼军委主席的身份，以我当时的水平，还真不知道该如何向她们讲解。于是在纸上写了：“老年男人，中国元首，人们在开一个大会。”并开始教她们念，同时用蹩脚的英语作为辅助：“an old man ，china chairman ，they are having a big meeting”。至于会议中主角频频强调的“中国特色的社会主义”，我总是绕过去对她们不做任何解释，因为这句话的含义，连她们杨老师自己，也还在苦苦探索之中。

看着菜穗她们似懂非懂但努力想弄懂的样子，我有些着急，并为自己的“看电视教学法”感到后悔。毕竟她们是跟我学日常口语对话的，而这样的内容即使学会了，在她们的生活中也用处不大。我们都知道，那种会议时间往往比较长，于是我站在电视机前，手指屏幕，尽可能找一些与生活贴近的元素讲解。比如我指着参会人员一个个向她们介绍：“这是一个……高级官员！这是一个——军队官员！这是一个——企业官员！这是一个武警官员！……”讲着讲着，我发现她们似乎越来越强打精神……也难怪，这些名词对于女孩子来说，如同我对化妆品名词一样不感兴趣。针对这种情况，我拿过遥控器，想找找别的更生活化的节目，结果发现，当时的频道还不多，但所有频道，都在转播《新闻联播》。看来我有太长时间没有看过电视了，连这个国人共知的规则都给忘了。菜穗她们在旁边用日语窃窃私语，那表情分明就是在说：扫有待斯奈，怪不得这个节目竟然有五六亿观众了。

我开始后悔自己的异想天开了，这种“看电视教学法”看来不适合她们这种口语程度的学习者，尤其是现在这个节目，对她们来说，过于艰涩难懂了。我的“看电视学习法”最终因愿望虽好，但与实际严重脱节，在一节课后就夭折了。后面给菜穗她们上的几次课，还是采用了传统教学法，她们有所收获，我也有所收入。直到 1995 年元月中旬的一天，这种相对稳定的收入随着一次突发的大事件，化为泡影。

30

1995年1月18日傍晚，我准时来到菜穗她们公寓，刚一进屋就感觉到气氛有些异样。这两个以往如蝴蝶般快乐的女孩子今天明显面带忧伤，菜穗的眼睛红红的，似乎刚刚哭过。看到我有些诧异，菜穗开了口："老西，我们要回日本了……以后不可以上课了。"听了这话，我当时的第一个念头就是完了，自己冒充北大学生给她们教口语的事，终于露馅了。而且此事看来把她们伤害得不轻，以至于人家都要回日本了，还是哭着回去的……

基于这种想法，我一时愣在那里，不知道该说什么。但另一个女孩长谷川接下来的话，让我觉得自己的担心纯属做贼心虚。长谷川看到我一声不吭，就拿过纸笔，用汉字配合着她的讲述——我们已经习惯于这种交流方式了。她告诉我，昨天日本发生了大地震，她们刚刚得知菜穗的叔叔不幸遇难。前一天的日本阪神大地震我是看报纸知道的，可能是当时资讯还不发达，所以并没觉得有多严重，后来才知道有6000多人遇难，但我没想到菜穗的叔叔也惨遭不幸，因为我记得她们都是东京人。长谷川说她们这些学生本来就不是正式的留学生，大家普遍感觉功课比较吃力，现在又遇到这样的变故，很多人都打算回国了，她们也在其中。面对这突如其来的变故，我不禁悲从中来。当然我得承认，在当时视生存为第一的自己，之所以伤感，不是为了那些异国的震殁者，而是因为教汉语口语这个工作，也在这次地震中遇难了。一个中国人在中国，能挣到日本人的钱，并为此高兴。一场发生在日本的地震，在夺去许多日本生命的同时，也顺带震碎了这个中国人的饭碗，这就是我们现在常说的全球化吧，环球同此凉热，机遇风险并存。

这时已临近春节，北大的学生也已放假，校园里到处都是身背行囊，准备回家过年或外出旅行的学生。人人兴致盎然，个个喜形于色，对于他们来说，寒假意味着轻松、快乐、过年、团圆等等美好的字眼，排着队等候被变成画面。我望着身边这些对假期计划津津乐道，充满期待的北大学子，想起几年前自己还是学生时，也是对假期如此向往。可是现在，当我过着每天都在放假的日子，却发现时间如此难熬。我的这个假期，从三年前的 7 月 9 日高考结束那天开始，到现在也没有一点要结束的意思，长得让人发愁……

359 寝室此时只剩下李骐和我，我们本来准备回宝鸡过年，但我这个阪神大地震的间接灾民，却直接将灾情波及到他，别说回家的路费了，我们现在连吃饭都成了问题。要放在平时，有朋友们互相照应，还不至于吃不上饭，可现在放假了，大家都各回各家，只剩下一人捧一个馒头，隔着桌子面面相觑的我们俩。面对这种困境，我们也进行过积极的自救，在宿舍里翻箱倒柜，四处踅摸，企图在床底下、桌子缝儿、褥子下面找出点零钱、剩饭票什么的，哪怕是一包方便面也行。可除了找到几个钢镚，我们一无所获，倒是在这些犄角旮旯里发现不少的蟑螂，它们拖家带口地被我们突然置于光明之中，却既不惊慌也不逃跑，看来也没少为粮食问题发愁，显然饿得不轻。

仿佛天上有专管慈善的神仙，时刻明察人间疾苦一般，离春节仅有不到十天的一个傍晚，他派出一位使者来到 359 寝室。那是李骐在历史系的一位朋友，微胖的脸上戴一副眼镜，很和善的样子。他看上去很着急，问李骐能不能找几个同学，有一批抄写的工作，很急，要在春节前完成。具体的工作就是去北京图书馆，给出版社抄信封及论文标题，抄一份一毛钱，中午管一顿饭。

中午管一顿饭，这几个普通汉字一经如此组合，魅力大增。几分钟后，李骐和我就随这位朋友来到 43 号楼一层的一间屋子，领取要抄的信封。同去的，还有几个寒假不打算回家的学生，但他们做这件事，更多的是持一种勤工俭学的态度。这种计件制的工作，就是干得多挣得多，多劳多得。所以大家都尽可能地多领信封，我抱了高高的两摞，李骐人高臂长，本来已抱了很高的两摞，临出门时右胳膊又夹了一摞。

我们回到寝室，同时带回的，还有兴奋的情绪以及大跃进式的野心，这从对话中就可以听得出：“要是一天抄五百份，五十块就到手了！”“五十块？你要相信自己的潜力，我觉得一天最少也能抄出一百块。”“老李，咱们挣了钱，一定得先大吃一顿！”“这还用说？就去玛嘉丽，来十盘牛肉！”玛嘉丽是北大南门外胡同里的一家餐厅，李骐对那里的酱牛肉一直青睐有加。

31

第二天早上八点，我们准时来到北京图书馆，那个朋友已在门口等候。昨天晚上领信封的时候，他已讲明工作程序：我们一人拿一本类似花名册的本子，将北图最近三年所有的农业期刊，每篇论文的作者姓名、论文标题、出版刊物还有通讯地址一一登记在册，一条一毛钱，这是第一步工作。第二步工作，是下午北图下班后，我们回到宿舍，把白天抄的这些信息，再抄到信封和里面一张印有统一内容的纸上，也是一条一毛钱。我们当时觉得奇怪，这不是重复工作吗？何不把信封带来直接抄写？可是那位朋友说不行，至于为什么不行，他却没说。

办过手续之后，我们来到期刊阅览室。我国真是农业大国，农业期刊的种类丰富多彩，五花八门，关于农业方面的论文更是品类繁多，浩如烟海。我们要做的，就是把这些论文的标题和作者信息逐个登记在册，以备后用。很快，好几摞各种各样的农业期刊，堆在了我们几个人面前，一场社会主义的抄写竞赛，在我们的圆珠笔下，刷刷刷地展开，这是我第一次体验“时间就是生命，效率就是金钱”这句话的含义。

这份工作的获利宗旨是：写得越快越好，作者名字、论文标题、通讯地址越简单越好。按照这个标准，我们心目中最优秀、最受欢迎的论文应该是这样的：一、作者的姓名很短、很简单，丁一、王二之类的就不奢求了，但也最好别超过王小丫或石国红这种名字的笔划。二、论文的标题也要短且简单，最好三四个字就能点明主题，直抒胸臆，比如《论农业》或《我的农业观》这种标题就很理想。三、通讯地址更要短，更要简单，比如：兰州一马路二号　李建国收。我们掐着表算过，如果所有论文都接近这个标准的话，那脱贫的速度会大为提高，一小时能抄出至少十块钱，一天就能挣一百多块。

但实际抄起来才发现，一小时想要抄出十多块钱，纯属我们一厢情愿的理想状态，类似于现在汽车业的理论油耗。按说我们虽然初入抄写领域，可也都是快手。记得以前老师罚我把写错的字抄一百遍，他的命令刚颁布完，我已写出好几个，等他背着手在教室里还没转几圈，我已写完。李骐也是如此，他的字虽是公认的乱如天书，但速度绝对为人称道。可是从早上八点半抄到中午十二点，我才抄出大约十八块钱，也就是一百八十条，李骐比我快点，也没超过两百条，另外几个人，差不多也是这个量。

究其原因，还是三点：一、作者的姓名。鉴于我国人口第一，所以我有足够的心理准备，迎接比王小丫、石国红笔画多一倍，甚至两倍的名字到来。可是当"阿不都克尤木阿不都热合曼"这样的超级名字出现时，我除了在心底感叹祖国幅员之辽阔、农业区域覆盖之广外，只能一边默念着这个名字，一边一个字一个字地小心抄写，唯恐顺序出现差错。好在这样的超级名字并不是经常出现，但是很多作者的姓名笔画之多，依然超出预期，以至于抄到后来，碰见"王军""李凡"这样的作者，竟会莫名地对他的论文也产生好感。

再者就是标题，抄着抄着，我们就发现，《论农业》这种理想中的论文，根本就不可能出现在这些期刊中，除非农业部长本人也加入到这支浩浩荡荡、人人踊跃写论文的农业科技队伍中。我不明白为什么最基层的农业科技执行者，怎么有如此多的人写这种明显具有理论研究性质的论文？比如有一篇论文标题是《对全球荒漠化威胁下的干旱地区农业发展之浅见》，这种本应属于联合国粮农组织操心的事，作者却是我国江南某省一个基层农技站的农艺师。身处水乡稻田的他，却对全球荒漠化威胁下的干旱地区农业发表自谦式的"浅见"。这种标题空洞倒也罢了，但往往冗长拖沓，对我们俩尽快解决肚子问题的威胁，要大于全球荒漠化。

至于通讯地址，仅举一例说明我们曾经希望的那种简短，是一种怎样的痴心妄想。比如：内蒙古自治区　巴彦淖尔盟　阿拉善左旗　农技

站　土布辛加勒格勒　收。这不是特例，而是在抄写中经常遇见的普通地址。

中午在北图餐厅吃饭的时候，才发现经过三个多小时的奋笔疾书，筷子在手中竟然有些抖。看着旁边捧着并不可口的快餐，大嚼大咽的李骐，想到此刻本该与家人欢聚的他，受我所累做这种文字苦力却毫无怨言，我心里有说不出的愧疚。但感谢的话我已经很少再说了，因为我知道，有的恩情是言语所无法支撑的。

我们以极快的速度吃完午饭，效率就是金钱，一刻不能耽搁，多坐二十分钟，可能一盒“都宝”就没了。下午的进程有很大提高，因为午饭的时候，大家开了个简短的效率改革会议，将繁琐的通讯地址缩写简化，晚上抄信封时再恢复完整，如：黑、鸡农、虎林分。对于地理基础差的人来说，很可能搞不清这是什么意思。但抄写的几个人都是北大学生，还有我这个地理底子不错的前高五学生，所以这不是问题，此地址一经恢复，完整版本就是：黑龙江省鸡西市农业技术推广站虎林分站。经过改革，光这一个地址就省了一多半的字，劳动强度大大降低，效率空前提高，人人埋头疾书，个个下笔有神。

32

我正抄着，却感觉旁边的李骐用胳膊碰了碰我，我看他用笔指着一篇论文，示意让我看。那是一篇标题类似《对农业科技管理现状及未来发展趋势之管见》的论文，这种论文标题在我的笔下至少已抄过几百条，大都是“对××××××之管见”“对××××××之浅见”“对××××××之我见”。所以我对李骐指给我的这篇，没觉得有什么特别，于是一脸不解。李骐翻开左手旁他已经抄过的另一本期刊，指着其中一篇，又指了指刚才那篇，神秘的对我说：“给你介绍一对双胞胎。”我一看，这一篇的标题竟然也是《对农业科技管理现状及未来发展趋势之浅见》，除了“之管见”变成“之浅见”以外，其余的一字不差。接着看正文，竟然也是一模一样，再看作者，却是来自两个不同的省份，而这两个省的距离，八万杆子都打不着。

很明显，这是赤裸裸的剽窃，但却只能判断出谁是剽窃者，很难找出真正的原创者。因为我们原以为通过发表日期，就可以断定谁剽、谁被剽，但后面的事实让我们大长见识。发现剽窃现象后，即使我们再讲效率，再爱金钱，但已经很难做到对此视而不见，我们在你追我赶的抄写竞赛同时，心照不宣地玩起了“捉剽客”的游戏，看谁捉得多。我捉住过“三胞胎”，本以为这兄弟仨中的老大，也就是论文发表日期最早的那个肯定是原创者，而剩下的老二和老三必定是“剽客”无疑，谁想还没到下午收工，这位本来被我判为原创者的“三胞胎”中的老大，却不幸也沦为“剽客”，排在新发现的“四胞胎”中，成为老二。至于这“四胞胎”中的新老大，究竟是不是真正的原创者？我也只能观察待定，因为我们中有人在仅仅一个下午，就发现同一篇论文，在不同的省份，竟然有七个长得一模一样的同胞兄弟。

想想真是滑稽，我们做这个抄写工作，只是为挣点辛苦钱。但由于面对的是几乎全国各地各类农业期刊、农业学报的总汇集，却在无意间充当了全国农业“论文总监”的角色，于逐条抄写之中，再现了当年日本鬼子的“囚笼”战术，步步推进，对各地“剽客”实施围剿，使之无处遁身。但我们真不是有意为之，纯属无心插柳。谁能想到，在那么多充满学术气质、研究氛围以及科技含量的大小农业期刊、大学学报中，竟潜伏着如此之多的“剽客”，以一本正经的姿态，做荒诞不经的事情。

下午北图闭馆，我们也收了工，每个人带着五百条左右，也就是五十块钱左右的劳动成果，回到北大。那个时候，人很容易满足，也就很容易快乐，受了一天论文熏陶的我们，在寝室里故意用一种自认为的论文味儿，互相开着玩笑，交流着挣到钱的喜悦：“杨兄，依我之浅见，若以今日之发展趋势，吾等告别馒头之日，已近在眼前!”“李兄所言极是，杨某不才，但对李兄前日所言之十盘牛肉，早已垂涎欲滴，依鄙人之管见，照此速度，馒头去日在即，牛肉指日可待!”说完我们哈哈大笑。搁餐具的铁架上，一大一小两只蟑螂闪着黑亮亮的眼睛，触须交叉着抖动，宛如鼓掌之姿，仿佛在为它们的衣食父母，即将迎来饱食之日而欢欣鼓舞。

晚饭后，历史系那位朋友来到寝室，他翻了翻我们白天的成果，不住赞叹："很厉害嘛，这么多!"并随手拿过一个信封，从里面抽出一张打印好的信，教我们把白天抄写的内容，填写在预留的空白处。那封信每个信封装一份，内容一致，大意是："尊敬的　　：鉴于您在农业科技某某方面所做出的突出贡献，我们荣幸地通知您，您已入选《中华农业名人大词典》，同时入选的还有您发表在《　　　　》第（　）期上的《　　　　》一文，请您在接到通知后一月内，把您的专业简历、获奖经历以及本书工本费：珍藏本每件二百二十元，平装本每件一百五十元，寄到《中华农业名人大辞典》编委会。"然后就是地址邮编等等，当然，空白处就是我们要一一填写，以换取一毛钱的地方。

我得承认，我们当时除了对该大辞典的定价大感惊讶外，并没有觉得还是空中楼阁的它，有什么可疑。因为它的编委及顾问名单，基本上都是响当当的大人物。而且当时的海淀图书城，类似的《××名人大全》《××精英大典》装帧精美，随处可见。多年以后，我明白那些大典不过是想牟利的出版社，和沽名钓誉的人之间的一种交易时，自己却时不时地收到这样的大全、大典们的通知。这么多年了，那些通知的格式竟然也没怎么与时俱进，还是大同小异，保持着我这个前辈当年所熟悉的老样子，竟然给人一种回到过去的亲切感。我给一个名为《中华艺术杰出人才库》的编委会，郑重其事地回了封信，信里还夹了一张崭新的一毛钱纸币。我是这样写的："兄弟，别闹了，以我的艺术才能，进入贵库还为时过早，所以这次就别考虑我了，还望海涵。但如果贵编委会要出一本《中华编书蒙人艺术大全》的话，一定得通知我，因为你们有所不知，鄙人是贵行业始创时代的奠基者之一，此一毛钱人民币可以作证。"

历史系的朋友交代完工作，就回去了，我和李骐立即又投入新的抄写。人说重赏之下必有勇夫，可当时一天不到百元的收入，就足以让我们干劲十足了。我们心情如此之好，以至于一边抄写一边吹着口哨，就像电影《虎口脱险》里那两个英军飞行员，吹着口哨走在如画的法国乡间公路上。人生各个时期的期望值是不一样的，但期望得到满足后的快乐程度，其实是差不多的。晚上的抄写速度要低于白天，因为我们先得在信封上抄好地址，然后再掏出里面的信填写空白，还得再放回信封，多了两道手续，速度明显降低。但其间乐事不断，妙趣横生。

我正在飞文走字，却见李骐停笔不动，盯着他的花名册，一脸琢磨状，然后问我："老杨，你看看我写的这是……什么呀？"我伸过头一看，那一条作者名字倒也清楚，但按位置判断应该是标题的地方，字写得太潦草了。除了后面三个字"之浅见"还可凭经验辨别出以外，我实在看不懂这个标题是什么意思。于是就跟他说："如果连作者大人您自己都不认识，那就只能是密码了。"李骐听了扑哧一笑，然后盯着那条内容喃喃自语："多好的名字，可惜当不了名人了！"并随手用笔划掉了那一条，摇着头，一脸惋惜。

看来，白天的改革，在提高我们致富效率的同时，也同时牺牲着另一部分人的利益。我刚取笑完李骐，却轮到自己犯难了，面对白天简化的一个地址：苏苏苏农技站，我一筹莫展。很明显，这肯定是白天高速抄写时漏掉了一个字，使这个简化地址成了谜语。前面的两个苏字，无疑是江苏省苏州市，那后面那个"苏"是什么意思呢？是苏州乡农技站？肯定不对，是"苏"农技站？那就更离谱了，两难之际，我求教于李骐。李骐看后也不明就里，一副百思不得其解状，突然一拍脑门："莫非是苏维埃？他们又打回来了？"这句充满中国特色的玩笑，逗得我们哈哈大笑。我也不得不划掉这位"苏苏苏农技站"的作者。看着不断有具备名人资格的作者，因为我们改革进程中的失误被划掉，痛失成为名人的良机，我们一边写一边痛心疾首：这改革的阵痛，怎么一个接一个的？

笑声中，寝室里的灯灭了几下，这是夜里十一点的熄灯警告。一刻钟后准时熄灯，我们点上蜡烛，开始挑灯夜战，这些蜡烛在以往基本上是为夜里打拖拉机准备的。烛光下，我和李骐认真地抄写着，从十一点一直到凌晨一点。困意来袭，我们也安静了许多，投射在墙上的身影，宛如两个夜读的学者。如果这一幕被恰巧路过的北大校长看到，我想他一定会为寒假中的燕园里还有这样的学生深感欣慰的。

33

我们总共抄写了四天，每个人都有了三百多块钱的收入，但没好意思去玛嘉丽实现十盘牛肉的梦想。因为我们觉得那样的话，可能会给人一种寻衅滋事的嫌疑。当然，主要是因为这些钱挣得太不容易了，如果都换成一毛钱纸币，那摞起来差不多会跟我一样高，可我们，就是这么一毛钱一毛钱的抄过来的。后来我们去了海淀图书城的美国加州牛肉面大王，在当时，这个名字给我的印象是美国的加州盛产牛肉面，而他们这家，是其中的 NO.1。但吃过之后的感觉是，中华文化的同化力实在惊人，至少美国加州人的口味，已被咱们给扭转过来了。那时候我哪里知道，美国加州根本就没有牛肉面，而那家店当时也没有像现在这样，把加州牛肉面前面的“美国”俩字换成“李先生”。我们俩在等饭的时候，握着筷子的手不停地点击桌面。旁边一位看上去保养得不错的妇女，时不时的侧目表示厌恶，看样子应该是认为我们很急躁吧。她当然不会知道，正在敲打桌面的这两只手，经过几乎连轴转的四天高频率抄写，刚停下没多久，还想保持原有的运动状态，那叫惯性。

李骐已经回家去了，但我没有一起走。我决定不回家过年，主要是觉得自己依然一事无成，我不愿意还带着这个无业游民的身份回家，如果这也算个身份的话。所谓无业游民，就是身处社会之中，游离于体制之外的人。相对于待业青年的被动等待，我更乐于接受无业游民这个称号，在游走之中寻找机会，至少更积极一些。节假日，对有工作有学业的人来说，是有期福利，但对于我来说，却是无期待遇，也就是无限期的等待机遇。在机遇到来并被我抓住之前，我不打算回去。我不回去，家人虽然担心，但同时也有希望。我现在这样回去，他们是不用担心了，但希望也就没了。在市场经济的惊涛骇浪中，我们家如同一艘在波涛中沉浮的小舟。而我，是那个努力游到岸上，去寻找避风港的人，能不能找到，希望全在我身上了。

李骐走后，359寝室就只剩下我自己了。那时候北京的冬天似乎要比现在冷，风也很大，但北大的学生宿舍寒假也是有暖气的，学生食堂也有饭菜供应。我住在这里时间已不短了，面熟得连楼长也对我睁一只眼闭一只眼。所以面对偶尔的查夜，也没遇到过什么麻烦。这一切，当然得感谢李骐他们这些北大朋友，也得感谢他们的老校长蔡元培先生，他的兼容并包思想，在近八十年之后，还能惠及到我，使我这个生存状况一塌糊涂的人，也能兼容于燕园的一塔湖图之中（北大学生把博雅塔、未名湖以及图书馆简称为“一塔湖图”）。

寒假里的北大，相对以往有些冷清。我总是一个人走过三角地，穿过已掉光叶子的柿林，路过图书馆前枯黄的草坪，再沿着长话楼旁的一条小路，来到已冻得很结实的未名湖边，坐在北岸的长椅上晒太阳。眼前总有灰喜鹊或花喜鹊飞来飞去，这是燕园里很常见的鸟类，我早已熟视无睹。想起刚来北京的时候，我还把它们的出现看作是有喜事的预兆。现在即使它们都落下来，把我围在中间，我也不会那么想了。这个冬天，有了朋友的相助和燕园的庇护，我可以得到暂时的温暖。可未来呢？李骐他们毕业后，我又将去往何处？如果今年我的状况没有什么起色的话，那么下一个冬天，我不敢想象，自己会不会像小学语文书里的那只寒号鸟？在凛冽的寒风中绕树三匝，无枝可依。

我把自己所有的希望，都寄托在汉唐文化要推出的那张《新民谣运动合辑》上了。人常说不要把所有的鸡蛋，都放在一个篮子里，可问题是，当时我只有这么一个鸡蛋，而汉唐文化，也是能装这只鸡蛋的唯一篮子。我从10月开始，就经常给他们打电话询问进展，问得多了，连自己都不好意思了。可我不问的话，又担心万一他们要开始，我又没电话，耽误了怎么办？后来我想出一个办法，就是模仿不同省份的方言，以口音不同的流浪歌手身份，刺探那张合辑的进展。我是陕西人，就从模仿北方口音开始，这样毕竟难度小点。于是有一段时间，我模仿着甘肃、山西、河南甚至新疆等地的口音，总是去28号楼南面的电话亭，给汉唐公司打电话。

那些电话往往是这样的：“老师您好，我是一个来自甘肃的歌手，听说你们公司要做一张新民谣的合辑，我想知道进展得怎么样了？我很想试试……”这样的电话我几乎隔一天就打一个，北方的口音已经明显不够用了，于是不得不赶鸭子上架，开始模仿难度很大的南方口音。终于有一天，我拿着电话，几乎是一个字一个字，挤完我想象中的广东普通话：“老西林好，我系广东的锅叟……”正如释重负地交电话费时，收电话费的阿姨用地道的北京话，带着一种揶揄的口气对我说：“你到底是南方北方的？除了台湾话我没听你说过，这东南西北话都让你给说遍了。还歌手呢，我看你挺会演戏的，你是演员吧？”

她这话臊得我扭头就走。这才意识到，每次打电话时，这个阿姨就坐在旁边，像看猴戏一样看着我表演。所幸后来我和刘蜀秋经常去汉唐公司，和黄燎原他们已经很熟，不用再去那个电话亭，给她表演独角戏了。和黄燎原他们熟悉以后，我才对汉唐渐渐有所了解。汉唐号称国内第一家民营唱片公司，实际情况也的确如此。公司名声不小，人手却很少，黄燎原的夫人曹葳，任董事长兼财务兼歌手，黄燎原自己是总经理兼制作人，他的弟弟黄招是演出总监兼歌手，张咏歌是企划总监兼歌手，严倩虹是宣传总监兼文案，魏风是企划兼外联。事务比职务多，职务又比职员多，往往是董事长曹葳一声令下，总经理黄燎原准备吩咐下去，转身却发现无兵可用，只好自己身兼士卒。当时，别的唱片公司要么有国资背景，要么有外资撑腰，只有汉唐文化只能靠自己单打独斗，不自生，就自灭。在这样的情况下，它能够坚持下来并在国内造成不小的影响，实属不易。汉唐当时倡导的新民谣运动，实际上就是从民间挖掘音乐新生力量，这对当时的我来说，真像电影里的那句话：终于找到组织了。

34

那张《新民谣运动合辑》一天天延期，我虽然心里着急，但能做的只有等待。所幸年底前，汉唐终于开始正式选歌，并和我签了《楼兰新娘》的版权合同。合同规定汉唐付给我版税1500元，正式出版后可以拿到，其实按照规定，合同签署时就应该付给我这笔钱。但我已了解到汉唐的状况：当时，黄燎原他们虽然成功举办了“辉煌九四”等演唱会，却并没有得到预期的经济收益。而汉唐推出的最有影响力的歌手黄群、黄众，凭着一张《江湖行》专辑火遍全国，但是有着杰出音乐才华的这对黄氏兄弟在成名后，对音乐圈的热情却谜一般地迅速降温，一个去了中关村进入IT行业，一个回到山东老家当了电视导演。

汉唐的黄燎原、黄招兄弟，倾力推出歌手黄群、黄众兄弟，使得黄氏民谣在黄皮肤的国人中，风靡一时。但古训说的好：月盈则亏，水满则溢，几位黄兄黄弟聚在一起，可能黄字过多，这件事后来也就黄了。此黄氏兄弟本打算携手彼黄氏兄弟，在演出市场大吸其金的黄金计划，就此搁浅。而作为唱片公司的汉唐，当时最主要的经济来源，却是做一本中关村电子商情的杂志。基于这种原因，我对于签了合同却没能拿到钱，并不觉得失望。汉唐在当时的唱片业内应该是财力最弱的一个，而我在所有的流浪歌手中，不是最落魄的也得是加个“之一”的。所幸我们还有一个共同点，就是无理由地对未来充满希望。这就是年轻的好处，再一无所有也会有满把的时间，而希望之所以存在，就是因为还有时间。没有钱，人可能被难倒，但没有希望，人肯定被毁掉。那份没拿到钱的合同，成为这个冬天，我最大的希望。

有了这份希望，再加上温暖的359寝室，还有学三食堂寒假也在供应的饭菜，如果不想未来的话，这段时间对我来说，就是后来在中国大地上，四处飘扬的那首歌——《好日子》。我从来没经历过想睡觉时，有六张床可供选择的夜晚，于是爬上爬下，换来换去，试图找出最舒服的那张。但最终发现，床再多，睡觉也只需要一个。而且睡着以后，别说床了，整个世界也都不见了。这个小孩子都知道的道理，日后给了我无尽的好处：那就是只要每顿饭有碗面，每晚上有张床，每天兜里都有十块钱，我就不会认为自己是个穷人。这个正在急速膨胀的物质世界，在给无数人带来得失之间的痛不欲生时，我却与它一直保持着一种还算相安无事的和谐关系。在人人都拼搏进取的时代，这不值得夸耀，仅仅是我的幸福燃点比较低。只要六零年代初的那种大饥馑不再发生，那至少在物质拥有方面，我一般不会自寻烦恼。

我每天都去学三食堂吃饭。平常的时候，这个紧挨着三角地的食堂，是学生最多的一个。很多学生打了饭回宿舍吃，或者捧着饭盒，边吃边看三角地信息栏上的广告、寻物启事、社团公告乃至诗歌甚至情书。这很像我们今天，一边吃饭一边浏览网页。在三角地的信息栏，给我留下深刻印象的，是一张声讨学生食堂饭菜质量的大字报。揭露饭菜不卫生，青菜还附赠菜青虫！言辞激烈，愤怒之情跃然纸上。其中有句形容食堂饭菜的话，大意是令人难以下咽，简直就是猪食。我不知道这位写大字报的是否真的尝过猪食，反正看到这句话，我望了望四周那些捧着饭盒，边看边往嘴里拨拉饭菜的北大学子，不知他们此时是在恨食堂的师傅，还是这位勇敢的揭发者？在那个年代，那张大字报无疑是比较早的爆料帖了，常常围观者甚众。用今天的话来说，就是热帖，点击率很高的那种。但我对学三食堂的饭菜，却非常地满意甚至钟情，这只是所处的位置不同罢了，拥有，才可挑剔，旁观，只能艳羡。

寒假里的学三食堂，卖饭的窗口收缩到只有一两个。校园里虽然空荡荡的，但一到饭点，食堂里还是有一些人的。因为饭点固定，我总能碰见一对留校的情侣，在餐厅里旁若无人地互相喂饭，那样子甚是亲昵。但很快我就发现，他们的旁若无人并非真正的旁若无人，因为当旁边的人少了，或是没人的时候，他们喂饭也就没那么勤了。从人多时的我喂你一勺，你喂我一勺，到人少时的我喂你一勺，你自己吃两勺，再到没人时的你吃你勺里的，我吃我勺里的。那样子很像一对正在被喂饭的幼儿，只有半顿饭的功夫，就突然长大成人。我相信他们是幸福的，但他们显然不光要自己感觉幸福，还需要自己的幸福占据别人的眼睛，那眼睛最好是满含羡慕的，这样似乎才是完整的幸福。在以后的岁月中，我见到的视自己内心幸福为真正幸福的人，少之又少，而从别人眼中判断自己幸福与否的人，比比皆是，这无疑为幸福的获得增加了疲惫与艰辛。

35

有一天傍晚我去买饭，听到窗口里几个卖饭的师傅，在用陕西话聊天。这熟悉的乡音，瞬间勾起我深埋于心底的乡情，于是用陕西话点我要的饭菜，一个师傅听后热情回应：“哎呀，这可是咱乡党呢么，过年咋不回去?”我整天一个人待着，有时一天也说不了一句话，现在有人热情地用乡音问候，心里自然暖暖的，于是就多跟他聊了几句。端着饭菜在餐桌旁坐好，却发现饭盒里的菜，明显要多于往日。那时已临近年三十，虽然北京当时禁放爆竹，但北大西门外，还是时不时传来几声二踢脚或是雷子的鸣响。这炮声和刚刚听到的乡音，让我的心里来回重复着歌曲《梦驼铃》里的一句：曾经多少个今夜，梦回秦关。

回到寝室，我躺在床上发呆。想想自己从高三毕业至今，包括复读的两年，已经有四年没在家里过年了。几天前收到姐姐的来信，说妹妹工作的那家印刷厂破产了，她和几个朋友结伴去了广州打工，在酒店当服务员。工资虽然微薄，但每个月都寄钱回家，自己过得很省。妹妹的孩子，我的外甥女娇娇，从那时起就由姥姥姥爷照看。信里说，不到两岁的她，最关注的电视节目是天气预报，每次天气预报播到广州时，还在牙牙学语的她会很激动地指着屏幕：“广兜，看广兜，妈妈在广兜!”那时候家里没有电话，这显然是孩子印象中离妈妈最近的地方。

我不知道，在中国到底有多少孩子是爷爷奶奶、姥姥姥爷抚养大的。那显然是一个极其庞大的数字，估计连善于将统计结果精确到小数点后两位的统计局，也会集体挠头。但我知道，这些终日望眼欲穿，梦想父母突现眼前的孩子，几乎都是平民家的。这个春节，妹妹离家太远，路费太贵，回不了家。我的情况自不必说，姐姐得去婆家过年，家里就只剩下一对老人，和一个刚会叫妈妈，妈妈却远在天边的孩子。一家人在本该团圆的日子，却分散在遥不可及的四个地方，我想四散分离这个词，应该产生于类似的情景吧。

每次路过楼门口，我都会看看有没有薇娜的信，其实我知道，我可能再也不会收到她的信了。那还是初冬的时候，一天中午，我们正准备去食堂打饭，薇娜却突然出现在我的眼前。她穿一件棕色的驼绒大衣，笑眯眯地看着我。因为过于意外，我的反应都有些木讷，给她一一介绍了北大的朋友后，我手忙脚乱地给她倒水，却发现暖水瓶是空的。卞智洪一看马上拿着壶下楼打水去了，李骐把我叫到门外，给我塞了二十块钱的北大饭票，并小声嘱咐："人家第一次来，就别吃食堂了，去吃点好的。"

我带薇娜来到北大邮局旁，一个被北大人称作小木屋的餐厅，要了两份桂林米粉。在当时，我认为吃这个就算改善伙食了。薇娜告诉我，她和她父亲一起来北京，是偷偷溜出来看我的，所以没多少时间，吃完饭就得回去。我奇怪她怎么突然来北京了。她告诉我，他爸爸的公司近期发展迅速，这次来北京和外商见面，谈合作的事情，把她也带来了。然后她又有些犹豫，但接着告诉我，她爸爸打算送她去美国念书，学企业管理，最迟明年五月走。薇娜还告诉我，她已经辞了那份本来就不喜欢的工作，正在准备出国的一些事情。

我曾经无数次地想象过我们的未来，但这几年颠沛流离的生活，让我明白了再美好的愿望，都得面对现实。我知道，以当时自己的处境，谈爱情过于奢侈。一个连生存都成问题的人，能给别人什么样的爱？我很羡慕那些为爱不顾一切的人，但自己显然无力做到，如果我也那么做的话，就不叫爱，叫纠缠。所以我一直有种预感，薇娜总有一天会离开我，但我没有想到，她将要离开得那么远，远到大洋的彼岸。

这很像小时候常看的印度电影，一个穷小子爱上富家女，富家女的爸爸百般阻挠，穷小子百折不挠，最终富家女远渡重洋，被送到英国念书，连结局都一样，以至于薇娜说完后，我还有些不相信。我说去美国要考托福、GRE之类的，但我没听你说过你考过这些呀？薇娜看了看我，欲言又止，她想了想后，对我说："其实我一直在准备托福考试，只是没给你说罢了。"以后的人生阅历让我知道，薇娜那天想了想才跟我说的那些话，其实是考虑到我当时的处境，在维护我的面子。以我当时一个无业游民的见识，理所当然地认为出国必须考试。我所认识或知道的人，如果要去美国，似乎也只有这么一条路可走。可见，阶级决定阶级意识。我那时还意识不到，我所认为的难题，在另一部分被称为先富起来的人眼里，根本就不是问题。

薇娜显然明白这一点，用一个善意的谎言，使我的自尊免受伤害。看着薇娜，这个在我生命最黯淡的时刻，陪在我身边的女孩，用她善良的心一路温暖着我。可在我觉得自己的天空初现曙光之际，她却要走了，还将走得那么远。我心里有种说不出的难过，为她的离开，也为自己明知不舍，却无力改变的现实。薇娜一直看着我，现在想起来，那应该是一种怜爱的眼神吧。她不停地鼓励我，这让我很惭愧，因为以往她在信中，也总是这样，让我多努力。汉语里的鼓励、勉励加激励的词语就那么多，薇娜在信中都不知用过多少轮了，后来写信，鼓励的话都用英语了。可我的状况，依然没什么大的改变。

此时的餐厅里，不断地有人吃完饭离去，我猛然意识到，我跟薇娜刚见面没多久，但在一起的时间却已进入倒计时。我的穷困，曾使我被距离阻隔，连最起码的陪伴她都做不到。而现在，我依然没有办法让这个短暂的相聚变得更长一些。于是我只好听从命运的安排，可命运却要把她安排在地球的另一边。离开小木屋，我们踩着满地金黄的银杏树叶，经过 28 楼，朝南门走去。我本来要送她到车站，但薇娜却不要我送，她笑着对我说："我送过你，知道那种滋味。"我能看出来，那是很勉强的笑容。她随后转过身，快步向北大南门走去。快到南门时，却又停下来，向我使劲地挥了挥手，然后向南门外跑去，直至跑出我的视线……我和薇娜的分手，看起来是最不符合常规的分手，因为我们始终，都没听到对方说到这个词。但我们的分手，却是真正意义上的，因为当我再次见到薇娜时，已是十年之后。

送走薇娜的那个下午，我一个人坐在未名湖边，想起我和她一起走过的日子，往事历历在目，浮现眼前。我拿出笔，写了下面这首歌：

你的目光温暖了我

太阳在天上很远的地方，暖暖地照着我。
暖暖的阳光，却很难融化人们眼中的冷漠。
我的目光像忧伤的歌，飘向天边的云朵。
一只小鸟从那里飞过，拍着翅膀挺快乐。

太阳在天上很远的地方，暖暖地照着我。
暖暖的阳光下你笑着出现，眼里是炽热的火。
就在这一刹那，我不再难过，
只想在这目光里站着。
这真是一个温暖的空间，
你的热情燃烧了我。
西山红霞落，
月上东山坡，
月亮照着你，
月亮照着我。
夜幕在天边悄悄落下，天地间只有你我。
满天的星光在你眼中闪耀，世界寂静而广阔。
在这个时刻我深深地醉了，可我依然清楚地记得。
这世界曾使我不知所措，是你的目光温暖了我。
西山红霞落，
月上东山坡，
月亮照着你，
月亮照着我。

（发表于1998年田震《顺其自然》专辑　杨海潮词曲）

第六章 她离去之后……

36

1995年的大年三十，在冷风中，冷冷清清的到来。那是北京禁放爆竹的第三个春节，本来就越来越淡的年味儿，随着禁放令的颁布，就更没什么感觉了。如果再不看电视的话，其实跟平常的日子也没什么区别。那时候北大宿舍是没有电视的，我也早已习惯了不看电视的日子，如果大家谈论春节晚会的小品什么的，我基本插不上嘴。我一个人坐在359寝室里，面对一饭盒菜、一饭盒米饭，还有为了过年，特意加的一瓶啤酒，开始了即将到来的，我的本命年的年夜饭。

这种情景，让我想到孤家寡人这个词，用在此时的自己身上，要比用在皇帝身上合适。古代帝王个个坐拥三宫六院，却人人自称孤家寡人，而此刻的我，面对三样酒菜，身傍六张空床，孤家寡人，舍我其谁？我虽然没有电视，但富于想象，此时脑子里上演的节目，其内容的丰富和热闹程度，绝不输于电视。那尽是一些天马行空、不着边际的胡思乱想。如果这些内容也能通过脑电波向全国人民直播的话，那同时间播出的春节晚会，无疑将面对空前的竞争压力。

我一边吃着我的年夜饭，一边在脑子里大杂烩着我的想象，居然觉得自己也没什么可孤单的。我想到了本命年，还有几小时它就要到了。人说本命年是个坎儿，运气要么很好，要么很糟。对于这个说法，我觉得我不用担心，因为坏运气这些年没少跟我打交道，它也该喜新厌旧，另觅新欢了。那么，剩下的不就是好运气了？我为自己能想到这一点感到高兴，拿起酒瓶，对着空中我想象中的好运气："干，好运兄弟!"

我又翻出家人和薇娜以往的来信，但读了几封之后就放回去了。在这个时候，读这些信很让人酸楚，我一想到爸爸妈妈带着娇娇，两老一幼三个人坐在一起吃年夜饭，心里就很不是滋味。几天前我给他们写了信，告诉我一切都好，北大的学生不回家的很多，过年会很热闹，让他们放心。我这样写，只是不想让他们知道我一个人过年，否则的话，这个年他们更不好过了。我尽量不去想远方的亲人，我觉得过年应该高兴才对，可我越是压制自己的思念，思念越是顽强地膨胀。王维那句"每逢佳节倍思亲"应该是经历了刻骨思念的，否则，再妙的手也不可能偶得之。就这样，在胡思乱想与思念煎熬之中，我迎来了我人生的第二个本命年。

本命年一开始，就以友善的面目出现。新年的第一天，我是被楼道里一阵"今天吃饺子，还是免费的，快去……"的吵闹声叫醒。于是，在猪年的第一个清晨，我这个属猪的人，吃上了学三食堂免费的猪肉饺子，这被我当作是新年好运的开始。站在寝室窗口望去，窗外的银杏树，叶子早已落光，和同样一身光杆的白杨树，不尴不尬地站在一起，共同期待着已在路上的春风。我对春季有着异乎寻常的敏感，在隆冬季节，我能从一股不经意拂面而过的东风中嗅出春天的味道。在这个清晨，当我打开窗户，扑面而来的风中，竟也有那种淡淡的，春天的味道。我想，我的春天真的要来了。

3月中旬，随着寒假的结束，北大学子们像鸟儿一般，从各地陆续飞回燕园这座空了近一个月的巢穴。再有三个多月的时间，李骐他们所在的九零级学生，就将结束包括一年军训在内的，总共五年的北大生涯，又将像鸟儿一样，飞向未知的四面八方。只是这次，他们将不再有共同的归期。新学期一开始，每个人都在做着毕业后的打算。留京指标、考研、出国、外企等等成了热门话题。李骐比较早地解决了这个问题。在寒假回家的火车上，他与邻座的人一见如故，聊得很是投机。那人是深圳一家报社的，报社刚成立没多久，正需要人。于是，在别人还在为毕业后的去向忙碌时，李骐却已经以一个准深圳市民的身份，继续他优哉游哉的日子。乐于助人的人，脚下的路总是宽广的。

看到身边的鸿鹄们尚且为未来忙碌，我这个暂栖于此的燕雀，岂能安然若泰。于是在了解到汉唐的合辑，还没有要正式录音的迹象后，我又把北京的唱片公司名单，重新捋了一边。看看过去扫荡它们的时候，有没有遗漏的，或是这两年有没有新成立的，后来发现字母唱片和北京影音出版社我还没去过。字母唱片当时推出的马格和逯学军，已逐步走出校园民谣的局部情怀，他们的《女孩与四重奏》和《爬山》，是那种你听过之后，就无法在记忆中删除的歌曲。尤其是马格的《女孩与四重奏》，如同隔壁的女孩来家里聊天，自然真诚，毫不做作。编曲就像把油画里的都市街景，用音符立体化，简洁之中却品质感十足。这首歌把一个女孩约会前的心理片段，唱成了我记忆中的永远。好的艺术作品往往视角客观，创作者用心感应世界，而不是心存诱导，刻意煽情。

字母唱片是刘卓辉离开大地后成立的，位于赛特大厦，校园民谣的代表人物之一沈庆，也在这里任职。三月中旬的一天，我坐地铁去字母唱片，就是他接待我的。沈庆的一曲《青春》，是我在北大校园里的广播中听到的，我还记得初听这首歌时的感动：夕阳中，我打完开水，往二十八楼走，这时一段旋律随着落叶飘拂而来："青春的花开花谢，让我疲惫却不后悔，四季的雨飞雪飞，让我心醉却不堪憔悴……"歌者青涩的声音配着简单的吉他，在纯净的女声烘托下，瞬间凝固了我的脚步。我拎着暖水瓶站在那里，周围是来来往往的青春的笑脸，边走边拍着篮球的青春的身影；不断掠过我身旁的，铃声清脆的青春的自行车；站在银杏树下，双手搂着男友脖子的青春的白衣少女，夕阳为他们爱的剪影镶上金边。这就是青春，我们拥有它的时候，它所呈现的面目，就是如此平淡。可一旦失去，再平常的一个画面，在记忆中都弥足珍贵。当时校园民谣很多，但真正在心底里给我触电般感动的，《青春》绝对算一首。

感动这种心情，不可能是等价交换式的。不是说沈庆的作品感动了我，那他也会被我的作品感动一回。感动只可能来自内心，世上没有强迫出来的感动。当然，那些常年在电视台、电台被安排轮番轰炸人们视听神经的不在此列。按照日久生情的原理，那样的作品也往往拥者甚众，但那叫感动吗？那只是被动。所以，当沈庆听完我的几首歌后，我很平静地接受了他礼貌但很职业的婉拒。其实根据以往的经验，我知道这种毛遂式的行动，除了对北京地名越来越熟以外，不会有什么收获。我只是觉得自己不能闲着，这就仿佛火车，注定要在铁轨上没完没了地行进，而流浪歌手，就应该在唱片公司之间不断穿梭。

37

那时候，在北京经常可以看见身背吉他，长发飘飘或被束成马尾的流浪歌手，要么在大街上迎风踽踽独行，要么在小巷中结伴而过，或是在公交站台低头沉思。在无数人经历过无数次的碰壁撞墙终至绝望之后，一个关于流浪歌手的段子，开始在北京流行，并逐渐衍生出各个行业的各个版本。那个段子的原始情景是这样的：两位北京市民，在公交站台上，悄声议论着旁边一位长发黑衣，有着标准流浪歌手装束的青年："嘿，瞧见了吗？这就是歌手！啧啧。"他们议论的对象，可能刚刚从唱片公司出来，正经历着第N次"生存，还是死去"的心灵抉择。于是这两位市民，有幸聆听了日后成为经典的、这位歌手的愤怒回答："歌手？谁是歌手？你们才是歌手呢！你们全家都是歌手！你们祖宗八代全是歌手!!"

那天中午从字母唱片出来，在建国门地下通道，我见到了一个卖唱的流浪歌手，但他的状态，显然已经不能用愤怒来形容。我看见他时，他正抱着吉他，紧闭双眼，一头长发甩来甩去，声嘶力竭地说着他写的歌。我之所以用"说"这个字，是因为他的歌确实没什么曲调，手中的吉他，看样子也仅仅是发泄愤怒的道具，本该被弹拨的乐器，此时却正在被捶打。他的歌词也只是含混地重复着：我×你妈！唱到结尾处也仅仅加了两个字：我永远×你妈！我第一次知道，这句国骂还可以加上时间。他显然是个幸运的人，因为晚些时候，才诞生了城管。其实，在这片土地上的人，很难做到不愤怒，我理解这种愤怒，也明白他愤怒的目标。但我很反感他借用音乐的形式，当然，那如果也算音乐的话。我知道两个吉他手如果飙琴，飙到最后，往往将音乐演变为竞技运动，但像眼前的这个人，把音乐搞成行为艺术的，我还是第一次见到。

那时候国内的大众艺术远未成熟，但文艺界的前卫人士却力求与世界同步，纷纷搞起了先锋艺术、实验艺术。其实欧美先锋艺术的兴起，也是基于人家自己长期培养的、稳定且普遍的大众艺术受众群，也就是说，他们的先锋艺术，是有雄厚的群众及市场基础的。可我们倒好，由于众所周知的历史原因，我们被称为老百姓的群众们，好听好看的文艺作品还没见着几个呢，这边已经先锋起来了。这很像你去云南旅行，好客的接待者，给你端上汽锅鸡之类的美味。你吃得正香呢，主人却为了更加地表示好客，撤走这些，换上一桌他们认为更美味的炸竹虫、炸蜻蜓、炸蝎子，于是，你举箸四顾心茫然……由于先天营养不良，先锋艺术到了中国，基本上是以“先疯”的姿态呈现的，我想我眼前的这位音乐行为艺术家，可能就是“先疯艺术”的一个基层代表。

我看到周围过往的行人，基本上是绕着他走的，带孩子的，也是捂着孩子的耳朵匆匆而过。我之所以心存厌恶，却还是坚持看他表演，做他唯一的观众。我想起自己当初在化工厂的时候，对着一堆原料袋唱歌，深知没有观众，无人喝彩的悲哀。何况他是如此卖力，当他开始第二遍表演这首《我×你妈之歌》时，已经不是站着捶打吉它，而是蹦着捶打它了。最终我确认他不是卖唱的，而是一位音乐行为艺术家。因为他的表演，无法让除了我之外的行人驻足，人们看上去似乎觉得这不像是表演，更像是一种威胁。所以他面前的纸盒子里，几乎没有纸币，只有不多的几枚硬币，看来钱不是他表演的目的。但我临走时，还是在那个盒子里放了一块钱，这是当时从西直门坐地铁到建国门的往返票价。

那天下午，我又去了位于西直门内的北京影音出版社，完成了我的最后一次毛遂行动，也得到了最后一个程序化答案：“请您留下电话，哦，没有电话？那您留一下通信地址，我们会尽快给您答复的。”回来的时候路过西直门，我看到地铁旁边有人卖磁带，于是就蹲下来看，发现都是英文的，而且每盘磁带的边上，都或深或浅有个锯开的口，或是被扎了一个洞。我以前从来没见过这种磁带，于是就问戴着耳环装扮前卫的卖主："这是什么磁带？怎么都被打上口了？"那个看着跟我年龄差不多的卖主，听了这话看着我，满口京腔地说："没错，您的判断非常准确，这个就叫打口带，怎么，你不知道啊？"我这个小地方人的见识，在这个问题面前暴露无遗，于是很谦虚地又问："这个，我还真没见过，那为什么要打口呀？"这个前卫青年的生意，看起来比较惨淡，可能也半天没开口说话了，这个问题就像一把钥匙，他的话匣子应声打开，我的知识立即得到补充，看来社会的确是个大学。

在他的讲述中，我知道了所谓打口带是怎么回事。那都是美国的正版磁带，在美国销毁后被当成塑料废品出口到我国，销毁时被人做了手脚，几乎不影响音质。我又问他好好的磁带为什么要销毁？既然销毁为什么不彻底销毁，而是打个口？但我的问题看来超出了他的知识范围，他想了想，很认真地说："我也是刚卖这个，还真不知道他们为什么要销毁，但我想美国那边，肯定有同情咱们的人，你想想，咱们一天听的那都叫什么呀？那叫音乐吗？呕哑嘲哳难为听的。估计美国那边的哥们儿都看不下去了，销毁的时候留了一些，还都做上记号。"说着他拿起一盒磁带，指着那个口："你看，这就是一种记号，凡是留给中国的，都给打上记号，还不影响咱们听，全世界也就咱中国有这个。"我本来就没见过打口带，再加上他自成体系的理论，于是对此深信不疑。

看他对国内音乐不屑的样子，再加上他前卫的装束，我猜他可能是做乐队的，于是问他："我看你不像是干这个的，你是做乐队的吧？"他一听，明显有些得意："嘿，瞧瞧，我刚说什么来着，你的判断力真是没得说啊，哥们儿还真是玩儿乐队的，玩儿麦头（metal）的，嗨味麦头（重金属）。"说完他递给我一支烟，自己也点上一支，接着说"我卖这个也就是玩玩，挣个烟钱，顺便给咱国人民普及下牛×音乐，别一天傻×兮兮地听那些垃圾玩意儿，弄得我们都快没饭吃了。"说着，他打开旁边的双肩包，里面全是打口的磁带，很大方地对我说："哥们儿，随便挑，我进价儿给你！"

我一看，里面那些乐队我几乎都不认识，于是对他说："我对国外的不怎么了解，你给介绍几个。”他一听这话，在包里拿出两盘递给我：“我看你这程度，还是来点儿轻的，重的你肯定受不了，这个，枪花儿，怎么样?”我一看，这个我听过的，枪炮与玫瑰乐队，卞智洪那儿就有引进版，但第一次听人把他们叫枪花，感觉很新鲜。得知我听过后，他又拿出两盘：“这个，平克的，《迷墙》，绝对牛×，旋律也好听，适合你这样的。五块一盘，总共两盘，你给我十块就成。”我拿出十块钱买下这两盘磁带，向他告别离开。后来我在别的地方，看到一模一样的磁带，却至少十块钱一盘。现在看来，我当时遇到的，是一个绝对实在的音乐普及者。而且他介绍给我的平克·弗洛伊德，让我知道了流行音乐也可以做到那么伟大，可以成为那么厚重的载体，远超出音乐本身。我现在看到那些在街头卖盘的，还总想起他，想起他形容国内某些流行音乐的那句“垃圾玩意儿”，这样说肯定有些过，但如果用假模假式、无病呻吟来形容，又显然是在夸奖。

38

告别了那个音乐普及者后，我在动物园坐332路回到北大。当时我不知道的是，仅仅一个礼拜之后，我也成了跟他一样的一个欧美音乐普及者。那是3月底的一天，359寝室的张进飞，搬回来一个大包裹。他打开以后告诉我们，他寒假去广州，得知有个朋友做打口碟的生意（那时候叫激光唱片），于是他就让那个朋友帮他订一些好的，托运过来，这个包裹里全是。他说谁愿意做这个生意的话，就从他这儿拿货，不管卖多少钱，到时候跟他按五块钱一张结账就行。我自然是不用说了，虽然不会做生意，但不管什么生意总是少不了我。李骐、卞智洪他们这学期课也不多，也有此打算，挣点外快。我们每个人都拿了几十张。那些打口碟真是品种繁多，但我们知道的很少，百分之八九十都从来没见过。很遗憾的是，我们没有激光唱机，也就是CD机，于是守着一堆原版CD却没法欣赏。这也是后来我们在推销中遇到的最大问题，只是当时还没意识到。

卞智洪他们这些北大学生，主要是想把这些打口碟卖给周围的同学，或是同学的同学，类似于后来的传销。我这个时间的富翁，自然采取了推销的方式，以前我推销衣领净时的营销渠道，此时又派上了用场。通过这一点，你就不难理解，为什么招聘广告往往要强调：有工作经验者优先。可是不论他们的传销，还是我的推销，都遇到了一个短时间内无法解决的问题，那就是诺大的北大，有CD机的学生却很少。卞智洪他们的传销成绩是，那些CD传来传去，最后却几乎又原封不动地回到手里。我的挨个宿舍敲门的推销战略，虽然渠道无比畅通，但在终端却屡屡受阻。往往是好不容易碰到有CD机的，但人家对我的打口碟不感兴趣；有很喜欢这些打口碟的，但却没有CD机。喜欢时没有，拥有时厌倦，人的一生就在这个难题中纠缠。后来在一个宿舍，有个学生虽然没有CD机，但他非常喜欢其中的两张碟，问我多少钱一张。我狠了狠心，报价每张十五块，没想到他根本就没还价，掏出30块钱给我。但这只是特例，在北大推销了几天，我的最大一笔生意，竟然是卖给了刘蜀秋。

刘蜀秋虽酷爱音乐，但颇有商业头脑，他在大二时就用省下的钱，买了一套家用组合音响。那时候一盘正版磁带十块钱，对学生尤其是喜欢大量听歌的学生来说，是个负担，而一盘Sony的空白带六块钱，还可以重复录制。蜀秋看准这个商机，果断地做起了“买机生带”的生意。他买了一些当时比较热门或比较冷门的正版磁带，然后打出广告：“翻录磁带，每盘一元，量大优惠。”当时在北大提供这种服务的有北大出版社，还有静园旁边的北大广播站。但它们显然属于翻录行业的国营企业，自然有着一般国营企业常有的弊病，那就是价格僵化：一盘两元，没得商量。服务差：管你急不急，到点就下班。刘蜀秋的民营翻录企业一开张，就使得这种局面大为改观，民营企业的优势得以充分体现。价格就不说了，灵活机动，按市场杠杆调节，量大优惠，量小也就收一块钱。关键是服务，这家民营翻录企业的工作时间是这样的：只要337寝室有人，或是还有电的一切时间。仅此一点，刘蜀秋的民营企业，就使得那两家国营的，很快陷入开工率严重不足、机器常常待岗的困境。

在这种困境下，两家国企痛定思痛，通过对学生的走访，逐渐摸清了它们竞争对手的经营场所：28号楼337寝室。于是联合校卫队，对这家无照经营的民营翻录企业，实施了突击检查，但结果却无功而返。他们行动失败的原因显而易见，首先就是证据，北大规定学生不可以经商，但除了蹲守外，基本上抓不住那一块钱交易的证据。可是在人来人往的宿舍门口蹲守，除了犯急性阑尾炎的人可以有这姿势以外，谁能容忍你在那儿蹲着。也总不能因为机器有翻录功能，就把它给没收了，这显然很荒唐。再者，这种行动以什么名义呢？抓盗版吗？那么两个国营盗版商，竞争不过一个民营盗版商，就联合权力机构，把他给取缔了，这事传出去的话，也太有辱北大斯文了。于是这件事也就不了了之，蜀秋的民营翻录企业得以正常发展，在满足了广大学生精神需求之外，自己也于当年收回设备成本，并于第二年开始盈利，变成刘蜀秋左手中源源不断的燕京啤酒，还有右手上袅袅升起的高乐牌香烟。

我认识刘蜀秋那一年，他的民营翻录企业，已经开始走下坡路了。但这并非他经营不善所致，而是由于民营市场缺乏监管，恶性竞争的原因。刘蜀秋的成功，带动了磁带翻录产业在燕园的发展，也带来了好几家竞争对手。有的宿舍六个人集体凑钱，买来音响立即开张，人人即企业，企业即人人。这种人人都是主人翁的翻录企业，对刘蜀秋的威胁最大，一度使他的业务陷入停滞状态。但好在品牌的力量也逐渐显现，翻录磁带这种事情，毕竟也算是文化产业范畴，刘蜀秋的音乐素养，此时帮了他的大忙。热门的产品你有我有大家都有，可他总能弄到一些冷门却很优秀的磁带，令竞争对手望尘莫及。最终，他的这个老牌民营翻录企业，经受住了市场的考验。虽然始终没能回到过去那种一统江湖的地位，但在燕园的这个行业内，三分天下有其一还是没问题的。

39

这次我推销打口碟，有天刚好在楼道里碰到刘蜀秋，于是就有了我以推销的方式，获得了传销业绩：他买了七八张碟。按说我应该以进价，也就是每张五块钱给他，但他执意以每张十块钱付款。他的那个音响可以在放CD的同时，把内容翻录到磁带上。有了这些独门的打口碟，我相信他在燕园翻录界的地位会更加巩固。此时他们毕业已近在咫尺，我知道蜀秋也在忙着毕业后的去向，除了汉唐，他还在跟另外的几家唱片公司接洽。蜀秋作为北大地质系的学生，却对地球构造毫无兴趣。在我认识他以后，除了初次见面时，他介绍自己“我是地质系的”以外，我几乎没听他说过跟地质有关的名词。在北大的四年，当别人抱着书本的时候，他却抱着他心爱的吉他，在草坪上、女生楼下、未名湖边，处处留下他执着投入的歌声，并无师自通地掌握了乐理。他这个地质系的学生，却如此热爱音乐，而我自己当初的高考志愿，填的是西北大学考古系，这也是我当时的兴趣所在，但却没能实现，最终为生活所迫，走上音乐之路。想想也真是滑稽，我之所以能认识刘蜀秋，原因竟是想学的没考上，于是走上音乐之路，而考上的不想学，于是也走上音乐之路。看似矛盾的双方，在音乐面前走向了统一。

人生就是这样，在矛盾和解决矛盾中往前走，或是往后退。我这个没什么生意头脑的人，却总是不停地做着这样那样的小生意。这个打口碟的生意货源好、成本低，但偏偏缺少播放它的机器。为了解决这个难题，我决定将销售渠道扩展，像当初推销衣领净一样，实行走出去的战略，走出北大校园，在海淀镇的广阔天地里去有所作为。于是4月初的一天，海淀图书城的街头，多了我这个卖打口碟的外地人。我把摆摊的地方，选在那家美国加州牛肉面大王旁边，还在我的地摊上放了一张纸，上面写着：美国原版打口唱片，以显示我的打口碟的和他们的牛肉面，有共同的祖国——美国。我再次感受到工作经验的重要，这种街头练摊的销售方式，几年前我在宝鸡街头已积累了相当丰富的实战经验。所以当这次再度沦落街头时，我没有了第一次摆摊时的茫然，而是很快转换到小贩的角色之中。卖打口碟，判断谁可能成为你的买主很重要，像那些提着菜篮子的，或是提着鸟笼子的，根本就不用招呼。

我一般比较关注三十岁左右的人，但那天不是星期天，这个年龄的人白天很少在街上晃荡。所以我把注意力又集中在学生模样的人身上，可又一想，这不就跟在北大推销时，面临的问题一样吗？有几个学生有CD机呢？事实证明确实如此，有不少学生模样的人都过来看，但他们更多的是问我有没有打口带。我在街头卖出去的第一张碟，买者竟是一位老人，他至少有七十岁的样子，像一位退休的教授。当时他背着手踱着步，看到我面前地上摆的碟，就走过来，看了几张后问我："还有吗？"我一边说"有有有"一边把背着的包打开给他看，里面至少有三四十张。这位老人挑了两张上面写有"CLASSICAL"字样的古典音乐的碟，然后拿出一张碟问我："你知道这里面是什么吗？"我看了一眼，以我的英文水平，实在看不出封面上的几句英文写的是什么，但是上面印着的一面红旗，让我马上意识到，这可能是比较敏感的内容。老人随即笑着对我说："小伙子，我要告诉你这里面是什么，你就只能把它给扔了，那样你肯定舍不得，你要是留着卖，可能会给你惹麻烦的，那我这老头子就做个好事吧——这三张多少钱？"老人的好意我当然明白，于是赶紧说："一张十块钱，您给我二十块就行，那张我送给您。"但老人还是拿出三十块钱给我，并对我说："没事好好学学英语，你卖这个，不懂英语怎么行呢？"

由于我们没有CD机，那些打口碟又多，所以根本没注意到，这些光碟里竟夹着这么一颗炸弹。于是在海淀图书城的街头，我这个卖碟的小贩开始了积极的自查，让反动、色情这些敏感内容，从我这个源头上彻底杜绝。我知道，以我目前的处境，万万不能惹上这样的麻烦，否则的话，那我眼前的世界，只能叫做悲惨世界了。这些来自大洋彼岸的打口CD，此时在我的眼里，顿时每张都显得可疑。我一张一张地翻看着，很快就发现了问题。我的英语不行，但一张唱片封面上的阿拉伯数字"1989"让我大吃一惊，引起我高度的警惕。可随后我根据这个数字的位置，以及我认识的公司这个英文的缩写co. ltd，判断出这个数字仅仅是这张碟的出版年份，于是才松了口气，这张碟的嫌疑随即解除，顺利通过审查。翻着翻着，在另一张碟上，我发现了一个英文单词：SEX。这个词，英语再差的人应该也认识，于是再次引起我的警惕，我怀疑这是一张色情歌曲光碟。但除了这个SEX以外，其他的我也看不太懂。看了一会儿，我终于发现问题所在：封面上的金发女歌手是裸着肩膀的！按说这裸着肩膀也没什么大不了的，但问题是，封面上的她是站在窗户里拍的照，肩膀以下是被窗户挡住的。于是我就想，封面上是被窗户挡住的，那万一光碟里面是没被窗户挡住的图片呢？而我因为要卖这张碟，又不能打开看。所以这张碟嫌疑未能解除，只能带回北大，请英文高手重审。

我就这样站在街上，一张张仔细察看着这些打口碟，那样子不像是卖碟的，倒像是一个便衣，在检查刚被同事带走的小贩的赃物。这样子当然是卖不了几张碟的，只在中午吃饭前，卖出了一张Sheryl Crow最经典的那张同名专辑。其实我当时并不知道她，只是那个封面让我印象深刻，几年后我知道了她并非常喜欢，为了那张经典的*Sheryl Crow*，我跑了好几个音像店也没买到原版的，早知道的话，那张原版的打口碟我说什么也不会卖的。中午饭，我吃的是街边小摊上的凉皮。这种陕西特色小吃，也像当时文坛上热闹的“陕军东征”一样，走出潼关，征战华夏。北京大街上随处可见，但传播陕西凉皮文化的却几乎没几个陕西人，对此河南人倒是功不可没。虽然味道与陕西相比有猫虎之差，但在异乡的街头能尝到家乡的味道，即便吃的是凉皮，心里也是暖的。

40

下午我还是站在美国加州牛肉面大王旁边，卖着来自美国的打口碟。但显然这个国家的物质产品更受我国人民的欢迎，牛肉面大王里，顾客你来我往，络绎不绝。可同样来自美国的精神产品，我的这些打口碟们，却乏人问津。我理想中的情景，是这些享受完加州牛肉面的人们，出来的时候，顺手再买张加州或别的州的唱片，从而达到精神和物质的双丰收。但结果令人失望，从那里面出来的人，基本上对我送上门的精神产品，看都不看一眼。好不容易有个人在我的小摊前驻足，问的问题，却跟我在西直门地铁口向我的打口带老师提的问题一样："什么叫美国原版打口唱片？为什么要在唱片上打口呀？"于是我只好把打口带老师教给我的，再无私地奉献给他，他听完似懂非懂："噢，怪不得这样，原来这些口子都是记号啊，看来呀，美国那边也不全都是坏人。"但他的兴趣也就到此为止，因为我想趁热打铁，向他推销这些唱片时，他却笑着摇头："啊不了不了，我就是对这些口子比较好奇……"

那个下午，我的生意冷清无比，但耳朵里却热闹非凡。离我不远的一家音像店，一个下午，把一盘当时的流行歌曲合辑，没完没了地重复着放。刚开始，我还挺享受这种边摆摊，边听歌的感觉，而且那个合辑的第二首歌，还是我作词的《楼兰姑娘》。但整个下午都被这种没有尽头的重复包围着，就是一种折磨了。我每次听到《楼兰姑娘》的时候，心里都隐隐作痛，这首歌在当时红遍中国，但跟我这个作者好像没什么关系了。我这个在街头摆着小摊的，楼兰姑娘的爸爸，看见自己风光无比的女儿，每隔一会儿就从眼前走过，却形同路人。

自从上次在付林老师那里领到五百块钱稿费后，这姑娘显然已和我断绝了联系，从此没了往来。我把这样的结果，归结为自己的作品还是不够出色，而且，那仅仅是一首词作。我想，等我有一天真正地创作出词曲俱佳，能被人们四处传唱的作品时，那结果绝不会像现在这样。可是，以后的时间证明，我们这片土地上，盛产一种只开花不结果的树，这种树的名字叫：愿望。那个下午，我除了把那家音像店连轴转的歌曲差不多都学会了以外，总共也就卖出去两三张唱片。有一张在晚饭前还被退了回来，说是放不出声音。我想这应该是美国那边做记号的朋友太想把它送到中国来了，记号做得太深了。

第二天，我调整了销售地点，从加州牛肉面大王那边，转战到一家外文书店门口。美国的牛肉面大王，对我的生意实在是没什么帮助，反倒是它时不时飘过来的味道，打乱了我的生物钟，使肚子饿的时间明显提前。这对我兜里不多的人民币构成了威胁，我对它们的数量了然于胸，可以具体到每一毛。这点钱，实在经不起勾引，我得算计着花，细水才能长流。我转移阵地的战术看来比较英明，在外文书店门口没待一会儿，就走过来一个留学生样子的女老外。她蹲在我面前一边挑选，一边还感叹着什么，这种打着社会主义烙印的资本主义产品，显然引起她的极大兴趣。

她的汉语口语很不错，挑着我包里打口碟的同时，还不忘跟我交流："So nice，这个，我在美国，都没有见到。"她说这话时，手里拿着一张打口碟向我晃着。这让我意识到，我们这批打口碟里面肯定不乏精品，应该是一座流行音乐的大学，可惜，上这个学校的学费，也就是一台CD机的钱，我却根本出不起。现在看来，我们国家在物质的进步上的确是突飞猛进，至少在北京，现在谁还能被一台CD机难住呢？可当我们有了太多享受音乐的手段时，却面临着可听的音乐越来越少的尴尬，这绝不是喜欢时没有，拥有时厌倦那么简单。

那个美国留学生挑了五张碟，问我多少钱？按说她买了这么多，我应该优惠，但美国这个头号富裕品牌，使它的人民往往成为挨宰的目标。我这个发展中国家的小贩，体现着离公平交易尚远的，还在发展中的贸易素质，向她狮子大开口："一张三十，五张一百五十，不讲价。"说着，我做了一个到此为止，不能再低的手势。但美国的头号强国地位，显然不仅停留在纸上，这从它的这位公民的反击中，就得以充分体现。她听到我的报价，先是一个劲摇头，然后伸出五个指头，但很快又缩回大拇指，变成四个，呈砍人状："No，No，No，太贵了！一个八块，五个四十。"

本来，十块钱是我能最终接受的底价，我之所以报三十，就是觉得如果她不还价，我可以大赚一笔，即使她对半砍价，我也有每张十块的利润，就算她砍到我的底价，我也会见好就收，达到最低预期。可现在，毫无讨价还价的一般程序，她一下就喊出了比我底牌还低的八块，如果我答应的话，那每张仅有的三块钱利润，几乎使我成为一个她的祖国音乐的义务布道者，这严重违背我目前的处境。

于是我果断地摆了摆手，她见状也果断地转过身，刚要迈步离开之时，却又转过身对我说："这样好不好？我，是语言学院的学生，我们，那里有很多的留学生，他们会很喜欢这些唱片的，我可以介绍你，去那里卖这个。”她的这番话很有诱惑力，我在街头摆摊，目标过于零散，这个建议无疑会使这些零散的目标，被集中锁定。这位留学生明显地看透了我的心理，再次伸出手缩回拇指，呈砍人状：“四十块钱，五个?”想到她给我迷雾中的生意拨开了道路，我只好点了点头：“OK，好吧。”于是她拿出四十给我，并在一张纸上写了她的名字和住址，随后满意地离去。给你贸易机会，但首先要保证我的最大实惠。这是1995年，我从一个美国留学生那里，体会到的美式贸易法则。可惜的是，这种可以使自身利益最大化的生存法则，我始终没能学会。

41

在接下来的日子里，我并没有去语言学院找她。因为我算过，即使她给我介绍一些顾客，但那个已经透明的价格和它所能带来的利润，使得我在除去每日的餐费、杂费外，几乎没有盈余。那样做的结果，只能是语言学院来了个弘扬音乐的雷锋，我都能想象出他们热烈欢迎的表情。但那位美国女留学生的话，却使我茅塞顿开，从此将销售对象，转向各个学校的留学生。在我国人民的生活水平还普遍不高的时候，他们是我的打口碟最理想的目标。在这方面，我在北外留学生公寓的口语教学经历，又将助我一臂之力。那个时候，卞智洪还在给他的学生上课。有他的掩护，我不愁进不了那由两个铁面的北京大妈把门的，北外留学生公寓。

几乎就在同时，卞智洪他们那种在同学间传来传去的传销方式，也已宣告终结，他们也不约而同地，把销售目标转为留学生群体。而且郭挥师当时在北大的留学生楼勺园教一个叫朴宰弘的韩国留学生，在他没空的时候，我还替他上过几次课。这样，我们就以北外和北大的留学生为客户群，开始了新一轮的推销。不同的是，卞智洪他们只是把卖碟作为教课时的兼职，一种顺带行为。而我没有别的选择，唯有全力以赴。五年以后，当我在广告公司带领创意团队的时候，经常会面对客户提出的一个问题：市场在哪里？我不是以广告书上的答案，而是以我当年各种各样的推销经验，告诉他们：需求在哪里，市场就在哪里。

在以后的岁月中，我知道了这种打口碟的最大客户群是国内的流行音乐，尤其是摇滚乐的从业者们以及他们的拥趸。这些打口碟，无疑是那个行业的入门教材。中国的流行音乐，从内容到形式，从起步到发展，始终没有脱离开拿来主义。拿来主义在行业兴起时，会起到打基础的作用，但地基上面的房子还得自己盖。中国的流行音乐行业，自然脱离不了国情：远离不了急功近利，干脆就紧抱急功近利。拿来的东西自然省力，但也只拿到人家的外壳，内在的东西拿不来也不可能拿来。以至于到现在也没有形成有辨识度的，可持续的个人特色。

当日后中国人面对快速现代化带来的精神压迫时，人们需要流行音乐这种低门槛的文化慰藉。可我们流派众多的所谓流行音乐，却因为内容空洞无法给人们带来什么安慰。互联网的普及，使得文化传播几乎没了屏障，老师的东西大量涌入，学生自然只能甘拜下风，做一个永远的学生。当然，这是我后来在那个行业中，进进出出后得出的感受。在1995年的这个4月，我作为一个卖打口碟的小贩，奔波于几所大学的留学生公寓之间，尚在流行音乐那个行业外徘徊，眼里充满艳羡。我的这些打口碟们，自然也没机会去满足那个对它们来说最有用的市场。

我在不到一个礼拜的时间内，去了北外、北大以及清华的留学生公寓，总共卖掉了四五十张碟。经过那几天挨个敲门式的推销，我见识了形形色色的地球人，但几乎都比较友善。只不过在对待上门推销这种方式上，态度各异。印象中，这些留学生公寓男女宿舍的界限不是很严，有时候敲开一个男生宿舍，再敲旁边的门时，却是女生开门。我一般选择晚上七点左右上门，这时候他们一般都在宿舍。印象比较深的是刚开始在北外推销时，我还有些拘谨，毕竟是跟国际友人交手。记得我听到一个宿舍里面有很大的音乐声，于是赶紧准备对症下药，敲了几下门，开门的是一个很壮实的黑人，他一边随音乐扭动着身体，一边用很标准的北京话问我："吃了吗？"

这个问候，在1994年曾为何勇在香港红磡赚足了掌声，那两年很流行，但一般仅限于认识的人之间。所以听到他这样问我，我想他一定是认错人了，但还是下意识地说了声："哦，吃过了。"没想到他一边接着扭，一边又来了句更标准的北京话："牛×，拜拜了您哪!"他这两句北京话相当地道，但如此搭配却显得不伦不类，还有一种戏谑人的感觉。我心想，就算我是卖碟的，也没必要这样吧？于是脸上顿时不悦。好在人类的表情是相通的，他见状又开了口，但这次说的跟前面判若两人，就是那种我们常听到的，老外初学普通话时的怪腔怪调："我的汉语，刚学习，正在练，北京话。"说完一笑，露出雪白的牙齿。作为一个前口语老师，我在心里谴责着给这位黑人学生教口语的人，这也太没师德了，对于这种初学者，怎么一开始就教北京话那种高速汉语？这不是误人子弟吗？这样想着，我也打消了向他推销的念头，这样的口语水平，怎么推？光解释我是干什么的就得好半天，那我不就又成了口语老师了？还是免费的。

42

所幸这种情况极少出现，大多数留学生的口语对付这种初级贸易是没问题的。有个别的留学生，其语言水平以及对中国文化的了解，足以用中国通来形容，在北大留学生公寓勺园，我就见到过这么一位。在勺园推销的那个晚上，收获不错，卖掉了大概七八张碟，且利润较高。当我准备结束那天的工作离开时，来的时候敲门没人的一间宿舍，却传出了弹吉他的声音。我的卖碟经验告诉我，循声卖碟往往弹无虚发。果然，我一敲门，一个很帅气的白人学生开了门，他也没问我是干什么的，就一手拉开门，一手往里一指："欢迎光临。"

这句普通话字正腔圆，极为标准。每次遇到这种不合常规的热情，我总会认为是对方认错了人，所以我进了房间后，赶紧表明身份："噢，是这样，我是卖打口唱片的。"同时拉开包让他看，这时候才发现他屋里还有一个女留学生，看样子像他的女朋友，抽着烟打量着我。那个男生看了眼我的碟说："哦，没关系的，我很愿意和中国人交流，来，你坐吧。"我坐下后，看到墙上有一张他和崔健等人的合影，再看他屋里还有好几把吉他，于是就问他："你是做音乐的吗？"

他看着我，面带微笑，用很流利的普通话说："噢，不是这样的，我是学习中国历史的，以前在纽约的时候就开始学中文了，音乐是我的爱好，我是Pual，你就叫我保罗吧。"他又介绍了他女朋友，但那个名字我根本就没听明白。保罗指着我装碟的包说："这个我有很多，我认识好几个卖这个的。"我这才注意到，他的书架上有很多打口带和打口碟。我看到他比较友善，加上自己也对这种不同文化背景之间的交流很感兴趣，再看看时间还早，于是就跟他聊了起来，他的女朋友也加入进来，但她的口语要差一些。

我抽着他看不懂牌子的外国烟，他抽着我的都宝烟，中美两国人民之间的交流就这样在香烟而不是硝烟中，愉快地展开。在随后的聊天中，我得知保罗虽然学习中国历史，但研究的却是二十世纪上半叶对中国文化有重要影响的几个外国人，而且他在美国的时候，中国话就已经说得很好了。他研究的那几个人中我只知道司徒雷登，高中时的课文《别了，司徒雷登》，让他成为中国人很难忘记的人，但在我印象中，他之所以被我国人民牢记，是因为他是美帝侵略中国的代表人物。我不明白眼前这位留学生为什么要研究这样的一个人。但没好意思问，毕竟，这种交流一般是在求同存异的原则下进行，如果大家都存同求异的话，那香烟变成硝烟的可能性很大。

我们又聊到了音乐，保罗拿起吉他，弹的竟然是一首《瑶族舞曲》，更让我惊讶的是，他给这首曲子配上了英文词，弹唱得非常好。他的女朋友在一边听着，很陶醉的样子。这是我非常喜欢的一首民乐，没想到会在这里听到他自创的英文版本。保罗说他很喜欢崔健的音乐，因为有朋友认识崔健，在一次聚会上照了那张合影。他评价崔健的音乐："很特别，不太像美国的，也不太像中国的，那是他自己的。"我们就这样随意地聊着，我说你的汉语说得这么好，有专门的老师吗？他笑着说："你就是我的老师啊，每个跟我打交道的中国人，都是我的老师。"

可能是口语不太好的原因，保罗的女朋友在一边总想加入我们的聊天，但我看她张了几次嘴，也没说出什么。后来可能是在脑子里排练了好几遍，才脱口而出一句书面语："请问，你是北京市的人吗?"我回答："不是的，我是陕西人，陕西，知道吗?"没想到他们俩一听这话，很高兴地互相看了看，保罗说道："啊，我们寒假才去过西安，你是西安人?"我解释道："我的父母是西安人，我现在的家在宝鸡。"他们显然不知道宝鸡，但对西安津津乐道，说到西安的兵马俑、长城，我赶紧纠正："那是城墙，不是长城。把城市围起来的墙，叫城墙。把国家围起来的墙，叫长城。"

他们对这个话题充满兴趣，保罗女朋友由于口语水平的原因，只能当一个欲言又止的听众。终于，她在旁边的书架上拿出一本影集，指着上面的照片给我看，那是他们在西安旅行时照的，有火车上的，也有西安的街市及著名景点，但更多的是西安周边的农村和乡镇。我看照片上他们坐的火车，跟我第一次逃票来北京时的情景差不多，那种硬座车厢里挤满了人。照片上这两个美国青年，坐在一堆愁容或倦容满面的人们中间，显然对周围的一切充满新鲜感。

我对保罗说，以他们的生活水平，应该可以选择更为舒适的方式。但保罗告诉我，作为学习中国文化的学生，他觉得跟中国人越近越好，这样才可能有所收获。这一点，从那些照片中就看得出来，他们去的地方，更多的是西安的普通街巷，以及周边农村的集市和农民家里。保罗指着照片说，像兵马俑这种地方肯定要去，但他们对中国的普通公民是怎么生活的更感兴趣。我发现也只有他们才老说公民公民的。这个在高中政治课本里出现频率极高的词，自从我高五毕业后，就很少再用到它了。可能是我的游民身份造成的吧，我一般见到的都是市民、居民、农民、群众、老百姓这些人民，似乎大家都没有说"公民"这个词的习惯。说真的，我都不知道自己算不算一个"公民"。我唯一的证件是居民身份证，而按照课本上说的十八岁就可以行使的公民权利，我也因为忙于生计，没时间没地方也没人通知我去行使。当然，令我惭愧的是，课本上说到的公民义务，我也因为同样的原因，没时间没地方也没人通知我去履行。所以我听到保罗说到“公民”这个熟悉的陌生词，只是觉得他对中国还需要长期的，更贴近的了解。

女人和男人的关注点总是不一样的，保罗的女友翻到他们在农村的集市上吃小吃的照片时，立即来了精神。她指着一张照片摆着手：“这个，不好吃，不好吃。”我一看，那是一个卖羊肉泡馍的集市摊位，照片上保罗很香地吃着。果然，保罗看到这个照片后，连连赞叹：“这个羊肉泡，我很喜欢，你看那个釀（rang）皮子，她很喜欢。”他指着下一张照片，他的女友吃着一个小摊上的凉皮，还打着一个V字手势。我注意到保罗说的“羊肉泡”和“釀皮子”都是西安话，只有西安本地人才这么说。保罗女友吃凉皮的照片，和保罗用西安话说的“釀皮子”，让我想起小时候在西安老家流传很广的一首童谣。于是我也用西安话说给他们听：美国人，大鼻子，爱吃中国的釀皮子，辣子呛了一鼻子，跑到河边洗鼻子，虫虫钻了一鼻子……这首童谣很长，后面还有但我记不清了，最后一句好像是把美国人给淹死了，当然我说的时候没把他们淹死。

当他们明白了是什么意思后，哈哈大笑，非要我教他们，但即使像保罗这种中国通，西安话也不是那么好学的。于是我把这首童谣抄在纸上，并注上汉语拼音，他们俩像小学生一样认真地跟我念着。我念着“美国人，大鼻子”的同时，看着眼前这两个美国大鼻子，像自我描述容貌一样跟我念着“美国人，大鼻子……”，发音怪腔怪调，表情还很认真，让人忍俊不禁。

这种快乐的气氛，让我都忘了自己来这儿的目的，当我想起来时，时间已经不早了，不知不觉中，我竟然在这儿待了快两个小时。于是我起身向他们告别，我也不打算向他们卖碟了，刚才的场面让我很难再跟他们谈买卖这种事。但是保罗却说道：“谢谢你教我们说西安话，我还没买你的唱片呢，你知道我很喜欢音乐的。”于是我打开包，他挑了两张并给我五十块钱，我本来要找他二十块钱的，但被保罗拦回去了：“不用了，不用了，这两张在美国也是很难买到的。”我听了这话就问他：“美国也有打口碟吗?”他笑着说：“这个没有的，谁要是卖这个，那他会有大的麻烦。”

几年以后，当我所在的音乐行业被盗版等问题折磨得奄奄一息时，我曾在酒吧里跟一个美国人讨论过盗版问题。那个美国人告诉我，美国的知识产权保护原则是，保护一切有创造性的新事物。他说，在美国，是没有购买盗版的习惯的，因为买卖盗版的双方都会面临极严厉的处罚，使这种行为付出的代价过于巨大。但他也承认，他在中国也买盗版。可见，个人的道德自律是多么的不可靠，制度和维护制度的公平、严厉手段，才是解决问题的唯一办法。我们的知识产权保护制度，当然是有的，也在保护着太阳下面的一切新事物，比如对当时新兴的盗版及造假行业，就保护得比较得体。

43

接着去了清华的留学生公寓后，我的打口碟小贩生涯至此结束，那也是我最后一次做这种倒来卖去的小买卖。我一直觉得自己是个幸运的人，有各种各样还算得上辛苦的经历，却并没有深陷其中。我之所以觉得自己幸运，是因为在做这种小生意的过程中，我有很深的体会：即使是个小买卖，人对利益的追逐也是没有上限的。说好听点，叫追求利润的最大化，要说不好听的，就是贪婪。它的多少，将直接影响你一生的走向及幸福与否。所幸我在自己的贪婪还在胚胎期的时候，就把它移植到我对歌曲的创作中。当然，创作的直接动力，自然是期望以此改变自己的生活。但创作本身的乐趣，只有创作者本人才可体会得到，别人无从知晓。

创作中的贪婪越强烈，你收获的快乐也就越多，一个句子，一段旋律，你可能苦思数日而不得，但某日某时的一个场景却使你灵感突至，思如泉涌。这种快乐，往往会弥补现实中种种的不如意。得与失，在这种来自心海的愉悦面前，常常显得无足轻重，可惜的是，我无法用文字准确地描绘出。这么说吧，当你在街上看见一个人走着走着，却自顾自的兴奋甚至手舞足蹈起来，排除掉精神疾患因素的话，那这个人十有八九是位创作者，任何有与众不同想法的人都可归入此类。你可能会私下议论或者暗自嘲笑，其实你尽可以公开地表达你对此的真实感受。因为我知道，在那种状态下，他周围的世界是暂时不存在的。

但我并不是一个勤奋的创作者，我可以很贪婪地在一首歌上花很长的时间，却从不会强迫自己每天都要创作。在我看来，心无感触的创作毫无价值，那样的东西数量越多，对接受者就越是一种折磨。我的创作动机，来自这个世界给我的直觉，这使我注定无法成为一个以此为生的人。我从刚开始写歌起，就有了一个习惯，把每天所见、所闻、所想中认为有意义的事物，用身边能找到的一切纸质物品记录下来，这一点很像我那个写了好几千首诗的姥爷。

我有一个塑料袋，里面装满了各种各样的纸张：烟盒、名片、车票、饭票、纸币等等，上面都记录了我在各个时期，各个地方，脑子里产生的所谓灵光乍现的点滴。虽然我的记性不错，但这个塑料袋像影子般跟随着我在北京漂泊的岁月，最终越来越大，演变为一个纸箱，虽然显得破旧，但我一次也没换过。这个世界再让人眼花缭乱，我也能从这个破纸箱里清晰地看到自己的心路印记。这种心迹，使得人类个体在这个世界上的存在，有了与众不同的意义。

基于这个道理，我非常理解现在的那些以死抗争拆迁的所谓“钉子户”。在我看来，他们用生命保卫家园的目的，并不全是为了钱，一个人连命都不要了，还要钱做什么？他们以命相拼的家，就像我的那个破纸箱，充满着生命在这个世界上独一无二的心迹，虽然冷暖与否无从知晓，但不论以什么理由，想将它抹去的话，都将付出代价。漠视生命个体的意义，只能使之成为一个无解的难题。

我写歌，更像是别人写日记，但不是每天都写。我每天写在纸上的都是片言只语，只有自己能看得懂。有的后来变成了歌，有的到现在还躺在我的纸箱里，可能在等待合适的机会，生出旋律的翅膀，冲出纸箱自由飞翔。这种音乐日记式的歌曲，有的一气呵成，完成的速度非常之快。《美若天仙》就是这样的一首音乐日记，近乎白话，但每次旋律响起，我就会想起当时的场景。那还是春节的时候，我一个人在北大待着无聊，就坐车去城里看热闹。但真正到了热闹的地方，却发现其实那种热闹自己并不想要。因为那种春节式的热闹氛围，往往是和家分不开的，你会不由自主地想家。于是我在城里转了一会儿，看到天色已晚，就坐105路电车往回走。

在白石桥105路总站下了车，没走多远，就看到旁边一个长发女孩，她已经上了一辆电车，却突然又下车飞快地往车另一面跑。我第一反应是她可能被偷了钱包，去追小偷，或者她是小偷，在被人追。于是我和旁边几个路人，都好奇地走过去看。却发现那辆电车的另一边地上躺着一个人，那时候天已经黑了，但在车站的灯光下，可以看出那是个老太太，戴着围巾，白发苍苍。而那个女孩此时已蹲在老人旁边，并把老人揽在怀里，对她说着什么。那个地方应该是地上结了冰，老太太显然是摔倒了。而这里是总站，车来车往的，很是危险，那个女孩想抱她起来，但抱不动。她看见走过来的我们，就大声地说："请大家帮帮忙好吗?"于是我们赶紧过去，和她一起把老人扶到旁边的一个小卖部门口。

我刚开始以为这是一对母女，但在小卖部的灯光下，发现老太太穿的衣服上还有当时也很少见的补丁，而且脏兮兮的。她身上挎着一个包袱，包袱上拴着一个搪瓷缸子，肯定是个乞丐，那个女孩应该和她没什么关系。果然，老人在小卖部门口的台阶上坐下后，一个劲地感谢那个女孩："谢谢啦，好闺女，谢谢啦，好闺女，我遇见活菩萨啦。"听口音，像是山东或河南一带的人。如果此事到此为止，也足以让周围的人对那个女孩的行为心生赞叹。但那个女孩用地道的北京话一边跟老人说着话，一边向小卖部的人买东西："大妈，您甭客气，我这不是正好看见了吗?这不算什么。哎，给我来五包方便面，有开水吗?"

小卖部的人从窗口递出几包方便面，又递出一个暖水瓶，女孩接过后，将一包面泡到老人随身的搪瓷缸中，捧到老人面前："大妈，您先暖暖手，待会儿这个面泡开了您再吃。"然后她到小卖部窗口，掏出钱付账。看来爱心与善良是可以传染的，刚才这一幕，小卖部的老板都看在眼里，他就是不肯收钱。

女孩见状也没再坚持，又掏出十块钱，把钱和方便面一起，塞进老人的包袱里："大妈，这钱您拿着，这么冷的天，您先找个旅馆，我得赶快回家，要不然就帮您找了。"老人看来从没碰见过这样的善举，捧着搪瓷缸，表情有些恍惚，就像真见到了活菩萨一样，嘴里机械地重复着："活菩萨啊，活菩萨啊……"说实话，我本来是打算看热闹的，但眼前这就像电影里才有的场景，让我和另外两个没走的路人，站在那里不知该做些什么，却又觉得自己应该做点什么，于是我们都看着那个女孩，那样子就像在等待她的命令。她看到几个陌生人望着自己，清秀的脸上竟然有些羞怯，不好意思地用手往耳后掩了掩头发，看得出，她应该是个学生。

就在这时，她等的车来了，上车前她对我说："这位同学，你要有时间，帮这位大妈找个旅馆，谢谢啦。"说完上了电车，电车开动后，她还站在后窗户向我们指着那位老人，似乎在叮嘱刚才交代的事。我和另外两个年轻人看着她离去，随后简单商量了一下，一致认为，就在这附近先帮老人找家旅馆，然后再问问她老家的地址，联系她的家人。可当我们把这个想法告诉老人时，她死活也不同意，只是不停地说着："我习惯啦，不麻烦啦，谢谢你们啦！"我们劝了半天也没用，于是每人给她塞了十块钱，那两个年轻人，还给她买了几根火腿肠。

想到三年前，我也在大过年的时候，流落北京街头，知道那种饥寒交迫的滋味。但我是年轻人，她这一把年纪，就算能捱过今夜，那同样的明天呢？看着有人受苦，我们却无能为力，无助的是那位老人，但无助的感觉却留在旁观者的心里，可见幸福或者快乐，是不可能游离周围的环境而独立存在的。同在一片土地上生活，如果一部分人视另一部分人的痛苦如无物，依然能够怡然自得的话，那其中肯定有一部分人已经脱离了人类的范畴。

在回去的车上，那个女孩的面容在我脑海中挥之不去。我见过不少的乞讨者，也见过很多的施舍者，但像她刚才那样做的，我还是第一次见到。虽然包括小卖部老板在内的我们几个人，也尽了点力，但要没有她的感召，至少我不能保证自己就一定能做到。这样的一个女孩，在这样的一个冬夜，带着她的美丽与善良，突如其来又飘然而去，这一切就像一个童话。我想起我们看她时她那种羞怯的样子，脑子里竟然出现了一段旋律，歌词也同时出现。车到北大时，我已能完整地唱出第一段，回到宿舍，我赶紧拿笔写出完整的歌，总共不到两个小时。

美若天仙

慢慢走近你的身边，偷偷看你一眼，
你的容颜美若天仙，让我驻足不前。
就在你轻掩秀发之间，隐藏着羞怯的眼，
痴痴地站在你的身边，好像我看着春天。

美丽的你飘然走远，仿佛一个梦幻，
梦中的我沉醉依然，忘了还在世间。
不再想那多愁的今天，也忘了同样的明天，
只愿能这样跟随着你，走啊走啊直到永远。

你的出现就像在温柔的春天，
暖暖的风轻轻抚过我的脸。
多想你能回头，能看我一眼，
也许今生不再相见。

（发表于 1997 年王璇《美若天仙》专辑　杨海潮词曲）

44

结束了卖打口碟的日子，我又处于无尽的等待中，看似无所事事，实则心事重重。此时已近 5 月，北大校园内莺歌燕舞，柳绿花红，浓浓的春意却无法稀释即将毕业的人们也越来越浓的离愁。最多两个月，这些朝夕相处五年的人，将各奔东西。三角地的信息栏上，招聘广告越来越多。三角地周围的空地上，宝洁之类的外企一字排开，开出的条件也一个比一个诱人。当然，国外的那些名校，少不了要向这里的学生抛大把的橄榄枝。其实以北大这块牌子，从这里出去的学生基本不用为工作发愁。但当初这些状元探花们中的很多人，十年寒窗苦读，过五关斩六将，考进燕园的目的，应该不只是为了一个工作。北大的辉煌历史和对中国进程的影响，使得人们有理由寄予厚望：它，不应该只是一所大学。

可那些在中学时期就已经开始胸怀天下的各路英豪进来后才发现，几年的学习，确实学会了不少精英式的社会技能，但同时，也把以天下为己任的胸怀给学没了。他们中的很多人来这里，是冲着北大校训中和“兼容并包”并列的那四个字来的，进来后才发现，那四个字所代表的氛围已经没了，甚至连那四个字也都没了。于是也就明白了，它其实也只是个大学。所幸品牌的力量是强大的，源出于此的人，个人的未来基本无忧，至于心理上的失落，近期内由啤酒和爱情解决，长期的交给时间，这世上，没有它摆不平的事情。

于是在每年的这个时候，燕园各小卖部老板的心情大都不错，啤酒的销量独占鳌头，一直到7月初，没几个商品能是它的对手。每次路过楼下的“绿洲”小卖部，我总能看见那个老板面带笑容，露着一口并不怎么白的牙。

九零级的这批北大学生，考上北大的第一年，在燕园有名无分，名为北大学生，却身在石家庄和信阳的两所军校，接受和正式军校生一样严格的一年军训。本该在1994年毕业的他们，于是就在1995年毕业前的这两个月，尽情释放着被集体延长的青春。那时候，学三食堂白天卖饭，晚上餐桌一挪，彩灯一闪，就成了舞厅。白天遗撒的饭菜汤汁，在快三或慢四的节奏中，被无数双脚抹匀，于是，舞池倒也光可鉴人，一对对舞者在溜肥肠或烧茄子的余香中，翩翩起舞，脉脉情深。是情侣的，离毕业的日子越近，也就搂得越紧，似乎都想让对方成为自己未来人生中不可分开的一部分。不是情侣的，也许从此相爱，也许从路人再变为路人。如今，学三食堂已成为历史，但那虽简陋却真心挥洒的青春舞会，在无数人的记忆中，应该永不会散场。

与学三食堂的舞会相映成辉的，是图书馆前面大草坪上，每天晚上的民谣弹唱。只要草是绿的，天不下雨，这里就会一直有歌声飘荡，从春天一直唱到深秋。在冬天的夜晚，如果你也能在这儿听到歌声的话，那八成来自刘蜀秋。那时候在草坪上弹唱的，不局限于北大学生，也有其他学校的，还有外面像我一样的流浪歌手，有个叫杨一的流浪歌手就经常过来。但所有草地歌手中，最执着的非刘蜀秋莫属了，而且与他搭档的班底较为固定，他们宿舍的刘森，嗓音奇高，负责唱跨度比较大的歌，申军为主音吉他，刘蜀秋担任节奏吉他兼大部分歌的主唱。草地上往往这里围一堆，那里坐一圈，歌声此起彼伏。女生围得越多的地方，歌声自然也就越嘹亮，跟孔雀开屏一个道理。

在北大的草地歌手中，有一个叫许秋汉的学生比较有名，他写的《未名湖是个海洋》在北大流传甚广。但我更喜欢他的一首《长铗》，以学生的眼光关注一种精神的没落。曾经胸怀天下，如今归于红尘，在这首歌中，你能听到北大学子的那种心理失落，旋律也朗朗上口。刘蜀秋无疑是这些草地歌手中最富激情的一个，他用自己嘶哑的歌声作鞭子，把社会的不公和丑恶，抽来抽去，以期把它们抽醒。我们中国有很多传统，在现实中都是反着来的，“穷则独善其身，达则兼济天下”到现实中往往变成“达则独善其身，穷则兼济天下”——越富有的人越是对自己善待有加，心忧天下的，常常是一无所有的布衣百姓。刘蜀秋这位只能抽得起高乐烟的穷学生，眼光却总是越过北大的围墙，停留在更多平凡的人们身上。我们在草坪上唱的他写的歌中，有一首是写给上不起学的孩子的，至今我还会唱：

希望之泪

你的眼睛，寻找着什么，
是铅笔，还是镰刀。
可怜的小孩，默默地期待，
有一天重新，背上书包。

·

什么原因让你离开了学校，

真怕看你这样一天天长高。
什么原因让你离开了学校，
多想早日看到你开心的笑。

·

我看到霓虹闪烁金迷纸醉，
我看到无助的孩子伤心流泪。
如果他们永远只会忍饥受累，
我们该把明天交给谁？

（刘蜀秋词曲　作于1995年北大28号楼）

一个燕园中的学生，自己前途未卜，却对与自己的生活没什么关系的失学儿童关注有加，为他们的未来痛心疾首。这显然不是出于功利，因为我们都知道，这样的歌曲，在这片土地上也带不来什么功利。我这个暂栖于北大的人，常常会听到一个词：北大精神。我不知道什么是北大精神，但我想那应该也是建立在苦天下之苦，忧百姓之忧的基础上吧。在我这个旁观者看来，北大如果有精神的话，那也不是悬在空中，供人瞻仰的，而是要靠每一个北大人去体现的。那这个专业课挂满红灯的地质系学生，在这方面却无疑是个优等生（虽然他不符合这个时代优等生的标准）。在刘蜀秋的另一首歌中，记录了他眼中商品时代的北大风貌："三十年河东，三十年河西，三角地的广告是铺天盖地，有人白天卖着啤酒方便面，有人凌晨为托福GRE努力。"

这也是1995年春夏之交，我对北大校园的印象。想到李骐他们毕业在即，我的事情依然没有着落，所以我想趁着他们毕业前这段时间，好好逛逛北大。于是我这个无业游民，在那个5月，终日像一个地图测绘人员，游走在鲜花盛开，绿树掩映的燕园之中。北起朗润园，南至燕南园，西到西门外，东达博雅塔，整个北大，几乎没有我没到过的地方。在我走过的地方里，燕南园给我的感觉比较神秘。以前听李骐他们说，这里住着的，都是中国的大学者、名教授。但我看到的燕南园，却似乎更像一个各种建筑无序排列的大杂院。这个虽然有着矮石围墙，但却是开放的区域，虽然也有很多幢明显是西洋风格的别墅，却似乎饱经风雨，如一群沧桑的老人，被包围在破败的简易建筑之中，气质犹存，给人一种似曾繁华的感觉。

后来，我在北大图书馆看到了燕园及燕南园的历史，知道了北大所在的燕园是以前燕京大学的校园，竟然是当年由美国人司徒雷登带领众人通过四处募捐终得建成。怪不得我卖打口碟时，遇见的那个美国留学生保罗研究的几个人物中就有司徒雷登。这个发现，使我这个高五学生惭愧地认识到，自己应该接受更高等的教育。因为在我的高中语文书上，有一篇课文就是《别了，司徒雷登》，课文里的司徒雷登，是美帝侵略我国的代表人物，这也是我对他唯一的认识。记得当时学校组织看电影，大家看到司徒雷登登上飞机，匆忙离开中国的画面，电影院里马上响起热烈的掌声，很多同学一起唱“帝国主义夹着尾巴逃跑了”，连老师都跟着边唱边鼓掌。现在我才知道，司徒雷登这个帝国主义，在夹着尾巴逃跑之前，竟然还在中国建了很多所大学，而我整天走来走去的燕园，只是其中之一。在抗日战争时，司徒雷登因为坚决抗日，还被日本人关了四年监狱。看来历史就像手中的香烟，吸它的时候不小心就被迷了眼。

而这个当时在我眼中有些颓败的燕南园，在历史上也曾辉煌一时，群星璀璨。这里曾汇聚了这个民族思想文化史上的一些耀眼之星。这里是司徒雷登给燕京大学建的各自独立的教员住宅，其建筑风格的别致，内部设施的完备与豪华，在当时的中国独领风骚，体现着对文化的尊重，以及对思想自由的倡导。谁料神州多变，在历经那些动荡变迁之后，燕南园兴于文化，也衰于文化，在那场“专革文化命”的运动中，遭受重创，从此一蹶不振，变成眼前这幅景象。

45

5月的一天下午，天已经很热了，但在未名湖的树荫下，我和359宿舍的莫小山，却在悠闲地捞着虾。莫小山是海南人，寒假的时候在火车上不知道吃了什么，就落下了胃病，那时候在宿舍休养。我们聊起过去在未名湖钓鱼的事，于是打算重施故技，到跟前却发现鱼们得到了比以前更严格的保护。那些忠于职守的校卫队员们，隔着一个湖的距离都能明察你的动机，让我们不得不打消此念。但毕竟是在海南长大的，莫小山看了看水面，很肯定地说："不让钓鱼，咱们捞虾。"

于是我立即成了他的副手，跟他一起回到宿舍，找到竹竿和口罩，看他把竹竿劈开，再把口罩拆成很大一块纱布，一个呈X状的捕虾工具一会儿就做好了。虽然虾还没见着，但光是莫小山如此麻利地做成捕虾工具，就让我很佩服了。我们在东门外买了点羊骨头，然后再次来到未名湖边，坐在一体（体育馆）旁边的树荫下，开始了准备工作。这一切，自然逃不过校卫队员的眼睛。

但当他们看到这个奇形怪状的工具时，显然无法判断出我们的目的，因为当时的未名湖边，没人用这个捕鱼。他们问我们用这个干什么？莫小山回答："我们用这个捞一些水里的微生物，回去做实验用。"他一本正经的样子，让我差点笑出声来，同时也紧张起来，因为连我都知道，就算是视力最好的人，也不可能看见水里的所谓微生物，谈何捕捞？但那两个校卫队员的生物知识显然比我还要少，于是他们交代了一句："那你们别捞太多啊。"就接着巡逻去了。

我们的第一网收获就让我大吃一惊，网里竟有两只近两寸长的独臂大虾，这引来我和莫小山兴奋的惊呼，但随即迅速闭嘴，毕竟这和捞到微生物的表现太不匹配。我们随后分了工，莫小山继续在这里捞他的微生物，我负责物流，揣着两只虾回359寝室，如此往复。我来回了几趟之后，359寝室的水盆里，已有了十几只活蹦乱跳的大虾。但莫小山又有了新的发现，那就是未名湖边的岩石上到处都是田螺。这种在校卫队员眼中，可能比微生物大不了多少的低等生物，他们是不管的。于是在那个下午，捞田螺的队伍不断壮大，除了我俩，李骐、卞智洪、高成海、周世一、柳晓森等人纷纷加入，到晚上时，我们收获颇丰。

于是在那个夜晚，在28号楼旁边的紫藤架下，来自未名湖的湖鲜吸引了中文系的各路英豪。湖鲜虽少，但大家兴致很高，吃着虾和田螺，喝着啤酒，所有人的血液中酒精慢慢占了上风。不知是谁的提议，去校外的酒馆接着尽兴，于是一帮微醉的人欣然前往。路上碰见一队校卫队员，可能是他们整齐的步伐勾起了这些学生沉在心底的军校记忆，我们中的一个人突然来了句："正步走!"令人惊讶的是，刚才还东摇西晃的这帮人，立即训练有素地踢起了正步，动作整齐，姿势标准，令刚刚擦肩而过的校卫队员相形见绌。虽然正步只坚持了不一会儿就哗然而散，但依然能看出那是经过长期的严格训练才可以做到的。

在南门外一个胡同酒馆中，酒越喝越多，规矩越来越少，已经没人在乎 11 点熄不熄灯，在酒精面前，世界是恍惚中的自由。那一段记忆已成碎片，只记得有人哭，有人笑，我是又哭又笑。那一次喝酒，似乎是后来一个多月无数次散伙饭的前奏，在那之后，我跟着李骐、卞智洪他们，参加了数不清的离别饭局。那天一直喝到凌晨一两点，我对那场聚会的下一个记忆，是我们一行人又置身于夜里的未名湖边，吃田螺时的东摇西晃，已变身为此刻的东倒西歪。我的记忆中，一直有个声音在高唱着因酒精而变了音调的《三大纪律八项注意》，歌声飘荡在夜里的未名湖上空。

我们这帮人来到了备斋，突然像一群哗变的士兵，先是把一个路边的熊猫状垃圾桶，扔进了未名湖，那个熊猫在水面上一上一下，似乎为回到它服务的岗位做最后的挣扎，但挣扎了几下，就沉入水底。然后一辆停在湖边的崭新自行车，也被我们几个人抬起来扔进了湖里，从此在人间销声匿迹。我们消灭了眼前这几个可移动目标，又把目光投向岔路口的一个固定路标，大家一拥而上，摇的摇，拔的拔，谁知那个路标像焊上去一样结实，它因为埋设者的敬业而幸免于难，但也被折弯成贴地匍匐状，指着一个没人能看懂的方向。从那天起，每当我听到那句"未名湖是个海洋，诗人都藏在水底"时，我就想，未名湖底下有没有藏着诗人我不知道，我知道的是，那里面至少有一辆崭新的自行车，还有一个笑着的熊猫垃圾桶（在此，我向当年那辆自行车的主人真诚道歉）。

第七章 “中国首届不插电音乐会”

46

5月中旬，我那唯一的鸡蛋，在汉唐那只唯一的篮子里终于开始萌动。有天黄燎原告诉我们，原本要出的那张合辑，将发展为一场演唱会，演唱会后，会出一张现场版的合辑。那场演唱会，名头很大，叫“中国首届不插电流行音乐会”，黄燎原说这件事的时候，一如既往地充满激情。站在一边的黄招，为我们描绘着这场演唱会的美好前景：“到时候大家全住在清河的宾馆，你想想，全国各地的歌手都住一块儿，天天一块儿吃住，一块儿排练，那得多好玩儿啊。”他这人就喜欢玩儿，虽终日在各地飘来荡去，但身兼歌手的他，依然有一首歌《不再飘荡》，借以咏志。黄招所描绘的蓝图，在我看来，简直就像是音乐的人民公社，仅免费吃住这一条，就足以让我这个总为吃住奔波的人高兴不已。

但我心里对参加演唱会能使自己的未来有什么样的改变并没有底。首先，我觉得自己的作品，虽然也受到周围人的肯定，但这个演唱会将要汇集全国各地的民间高手，我虽自信，但山外有山。另外就是，我虽然从小就喜欢唱歌，但很怕在人多的地方表演，即使以往在学校的文艺汇演上总能拿到不错的成绩，但我知道，每一次上台前，自己都几乎是挪上去的。这并不是我对自己的声音没有自信，而是缺乏那种人越多越兴奋的娱乐精神。这种性格，在我当时立志投身的行业里，无疑是很吃亏的。所以，虽然我不用选拔就可以直接参加这个演唱会，但我对自己会有怎样的表现，心里一点把握都没有。

黄燎原还透露，参加演唱会的人，每人还有一场四百元的劳务费，两场就是八百元。我当时就在想，抛开自己将如何表现不说，单就这八百块钱劳务费和免费的吃住，也足以让我盼着它早日到来。在“中国首届”这个国字招牌下，这点志向似乎也太没有出息了，但没办法，在太多的失望面前，人会不断压缩自己的梦想。我那时候的梦想是，只要我的歌声能通过电波让家人、朋友，还有薇娜听到，就很知足了。一想到薇娜，我就怅然若失，自从北大一别，我再也没有她的消息，我曾经给她家打过两次电话，第一次是她妈妈接的，我一声不吭就给挂了。第二次还是她妈妈接的，我一听是她又想赶紧挂掉，但她妈妈似乎很神奇，那时候也没来电显示，她却像能通过电话线号脉一般，一下就知道我是谁，对我先发制人：“我知道你是谁，你别再打电话了，薇娜去美国了。”随即挂掉电话。我不知道她是在骗我还是真的如此，但是按照薇娜当时说的时间，她最迟5月走，那就是这个月吧。于是在那段时间，只要天上有飞机的轰鸣声，我都会下意识地抬头看看，我想，她去美国应该是从北京坐飞机走吧。

不插电演唱会将在6月下旬举行，还有一个多月，但我那时已经觉得自己也是有组织的人了，于是就积极地向组织靠拢，有事没事的去汉唐看看。黄燎原做事的风格一贯是粮草待定，概念先行，他知道，只要“中国首届不插电”这个概念宣传出去了，其他问题都会迎刃而解，他是这么想的，也是这么做的。在九十年代初，由于黄燎原在各个媒体上为中国摇滚乐不遗余力地撰文呐喊，积累了广泛的媒体人脉，所以这个“中国首届不插电音乐会”的消息很快就流传开。中国各地的民间歌手也闻讯而动，以各种方式来到北京，有的风尘仆仆，一下车就四处打听汉唐文化怎么走。那种场景，让我这个考过音乐学院，却狼狈而归的人很有感触：幸亏还有这样一个音乐的水泊梁山，虽然汉唐的条件也确实像水泊梁山那样：从民族学院的大门进来，拐好几道弯，在最北边的伙食科二楼，上了楼往右拐的，是买饭票的学生，往左拐的，就是搞音乐的。物质食粮与精神食粮的两个供给站，以楼梯为界，泾渭分明。

在积极向组织靠拢的那些天，我总是看着张咏歌、魏风他们做一些作品的筛选工作。这个工作类似于沙里淘金，因为从全国各地寄来的各类作品实在太多，需要从中选出有一定基础的作品，进入下一步精选，他们人手不够用的时候，也会让我帮着一块儿选。我经历过太多的被人选择，如今参与选择别人，立即感觉责任重大，唯恐自己初当伯乐，漏掉好马。这个不插电演唱会对选手的要求是创作及演唱实力缺一不可，但更注重创作能力。风格独特充满个性的作品，无疑像沙里的金子般珍贵，但发掘难度也等同淘金。很多寄来的歌曲小样就是用卡拉OK伴奏带录的当时的流行歌曲，但汉唐对这样的歌手根本不予考虑。

那种嗓子稍微有点条件，就立誓闯荡歌坛的人比比皆是，大家都想通过唱一两首歌，参加几个比赛或是演唱会就能一鸣惊人，从此过上那种鲜花簇拥、风光十足的生活。这从寄来的数不清的小样中，无数的人几乎都选唱相同的几首当时最流行的歌曲这一点，就能看得出。当时的中国，各种各样的歌手大奖赛层出不穷，但选手们唱来唱去就那么几首歌，人人都把那些歌曲当成实现自己梦想的道具。所以，一个大奖赛上四五个歌手唱同一首歌的场面屡见不鲜。在这种背景下，歌手成名后被媒体渲染的华丽生活，才是很多人立志投身于此的真实目的，没人在乎一首歌曲创作背后的艰难，那些歌，只是这些自称视音乐为生命的人，通往他们想象中富贵生活的敲门砖。

47

从寄来的小样中筛选歌手，只是一个方面，更多的，是面对全国各地登门自荐的歌手。于是，我这个昔日的毛遂，在汉唐那间不大的办公室里，见到了各种各样的自己的同类。他们在这里的表现，就像我以前在各个唱片公司自荐时那样。有放下小样叮嘱半天才离开的，有清唱自己歌曲的，也有抱着吉他边弹边唱的。在这里，你可以见到很多个性十足的人。我记得有天下午，黄招他们出去办事，留下我帮忙接待，一个三十多岁的人走进来，什么话都没说，就坐在沙发上呈思考状。我问他有什么事，却见他一摆手："对不起，我待会儿再说。"然后继续陷入沉思，看他这个样子，我以为他是汉唐的熟人，就没再问什么。他冥思了足有十分钟之久，然后一声叹息："唉，又跑了。"

随后，他拿笔在一个本子上记下了几行字。我被他这番举动弄得一头雾水，他却开了口："对不起，老师，是这样的，我是黑龙江的，家在伊春，伊春你知道不？有很多的森林。"我被他的这个自我介绍弄得更加莫名其妙，同时向他纠正："哦，伊春我知道，但我不是老师，我是个写歌的，也唱歌。"他听了这话，很高兴："哎呀，你也是歌手啊，咱俩是同行啊。"然后接着说："我也是创作歌手，我都写了一千多首歌了。"然后翻开那个笔记本，上面每一页都有一个歌名，还有时间及详细的地点，但却没有内容，连一句歌词都没有。我为他所说的作品量感到吃惊，于是就问他："那你的作品呢？有小样吗？"以前自荐时，别人也总是问我这样的话，我只需鹦鹉学舌即可。

那人面对我的问题，指了指自己的脑袋："是这样的，你说的那个小样，我没有，我的作品都在我的脑子里。"他见我迷惑不解，又接着说："你看，我不管在什么场合，脑子里总有音乐产生。我最早发现自己的这种创作能力，是在我们家那里的森林里。有一天我在铁路旁边，一列火车过来，我脑子里一下就有了音乐，那个音乐太好听了，我自己都感动得不行。"我很理解他的这种创作方式，因为我也经常有这样的体会，于是就让他唱一首，哪怕哼几句旋律都行。谁知他听后说道："这个不行，我必须回到那种场景，没有那个场景，那个音乐出不来。你看刚才我在路上，又有了很美的旋律，但一进门，换了个地方，它就跑了。"我这才明白他刚才"唉，又跑了"的那声叹息的含义。至此，我已怀疑他的精神可能不太正常，但看他说话又不像，于是就说："你创作了那么多歌曲，那别人怎么才能听到呢？"

他听后又翻开那个笔记本，对我说："你看这样行不行？你要想听哪一首的话，我就把当时那种情景给你讲述一下，我会很详细地讲，然后你根据我的讲述，脑子里自然就会产生当时我脑子里的音乐，你再把它唱出来就行了。"我被他的这一要求惊得目瞪口呆，如果要防止盗版的话，这无疑是在世界范围内都最有效的方式，但即使是贝多芬，面对他这一要求也会恨自己无能。于是我已认定，此人是个精神病患者无疑。人常说，艺术家与疯子的界限近乎于无，至少在那个下午，我对这句话举双手赞同。在送他离开的时候，他没走几步，却回头对我说："刚才跟你说话的时候，我的脑子里又有了一首作品，但风格比较悲凉，我去了好多家唱片公司，没人理解我，你作为同行也这样，我很失望。"说完，转身离去。

这只是个极端的例子，我无从知道他那样做的原因，是因为娱乐界的光环吸引，还是对音乐的痴迷？甚或本来就有精神疾患？在汉唐帮忙那段日子，我结识了不少出色的歌手和乐队。5月末的一天中午，我和刘蜀秋坐在汉唐办公室的沙发上，听一些黄招他们选出来的小样。这时有三个人，个子从小到大，像音符1、2、3一样走了进来。他们人人一身黑衣，个个都扎着马尾，天已经很热了，却都穿着皮靴，一副标准的摇滚青年派头。进来后，中间那个音符2开始自我介绍："我们是阴影乐队，从河南南阳来。"这时黄招开始招呼他们坐下，他们坐下来，如三朵阴影落在沙发上。我在旁边看着好玩，心想真不愧叫阴影乐队，每个人都打扮得跟阴影似的，这要叫太阳乐队的话，那还不都得穿着大红袍？

我之所以在心里有些调侃，是因为那些天我见多了这种装束的歌手，给我的感觉是，形式往往大于内容。所以眼前的这支阴影乐队，至少在我看来，也不会有什么特别的。人一旦有了偏见，判断往往就没了准头，当黄招在音响上放他们的小样时，第一首歌《生命中的阴影》的前几句就直击我内心深处，那是一种久违的感动，一种真挚的感情在优美旋律的包裹中，瞬间就与听者达成共鸣。音乐是无须解释的，也无法解释，用文字描述音乐，往往弄巧成拙。我们一首接一首听完他们十首歌的小样的举动，就足以说明这些歌完成了征服人心的使命。

在以往，至少我在的时候，还没见过谁的作品能被如此完整地聆听。艺术是天才的领域，没有天分的人，在这个领域越努力，对人们来说就越是噩梦。在多年以后的今天，当我再次想起阴影乐队一首只有两句歌词的歌时，我更加确信，那个下午，在汉唐的办公室，我和刘蜀秋遇到了三个天才。那首只有两句歌词的歌这样写道：连我也在欺骗你，你还能指望什么？连你我都不再相信，我还能相信什么？

那个下午，我们结识了这个出色的乐队，他们分别是主唱先明，吉他手小毛，贝斯北川。小毛还不到二十岁，先明和北川也刚二十出头，他们从河南油田刚来北京不久，在去了几家唱片公司无果后，也来投奔汉唐这个水泊梁山。他们的作品是那么出色，黄燎原当场就决定，阴影乐队参加不插电音乐会。我和刘蜀秋跟他们一起去了他们在北京的住处，那是位于双安商场对面的一家叫青云的旅馆，人常说青云直上，但我们到了这里，却是往地下走的，这是一家地下旅馆。

时值初夏，北京的地下却是凉飕飕的，还很潮湿。他们的房间摆了三张床，除了吉他贝斯、效果器、音箱这些音乐设备以外，还有煤气灶锅碗瓢盆等等，我们进去后，本来就不大的空间就更显狭小，于是大家就只能坐在床沿上。我摸了摸那些被褥，感觉潮乎乎的，墙上也布满返潮的黑渍。在我们聊天的时候，他们三个一人抱把琴，手不离弦，在这样潮湿的环境中，与其说是练琴，倒不如说是在保护琴。

对于如此艰苦的居住条件，他们三个倒显得比较乐观，北川说住在这里的，干什么的都有。他们的邻居，有常驻于此给企业要账的，有卖猪肉的，有躲债的，还有做各种小生意的。他们的歌声，显然很受这些本来就处于底层，如今更处于地下的人们欢迎，因为北川说他们从隔壁买肉，总是比别人便宜很多，而那个要账却老要不到的邻居，见了他们也总是跟要到帐似的，笑呵呵的。他们实行战时共产主义政策，三个人轮流做饭，连买衣服也要一人一件，但北川人高马大，饭量相当于其他两人的总和，于是更多地承担了厨师的角色。他们三个你一言我一语，说着在北京的感受，带着很多人初到北京时的单纯与自然。

朋友来了有好酒，我和刘蜀秋把所有的现金凑在一起，又卖了些北大饭票，请阴影乐队的三个新朋友在北大外面的酒馆痛饮。当然，痛饮在这里只是形容当时的气氛。真正的痛饮，是需要充实的荷包做后盾的。与人们印象中的乐队吸这个吸那个不一样，他们三个连烟都不吸，但酒量都不错。一番觥筹交错之后，大家趁着酒兴，来到月光下的北大图书馆草坪，刘蜀秋拿来吉他，阴影乐队开始唱他们的歌。

我记得他们唱的第一首是《雁》，当先明“飞过去，飞过去，现在已是秋季，我们一起飞”的歌声一起，草坪上很快就围上来很多学生，大家都被这首歌独一无二的优美旋律所吸引。小毛一边弹着琴，一边和北川为先明唱着和声，那种气氛，深深感染了周围的观众。这首歌的前奏和间奏部分，是小毛吹着口哨配合吉他完成，他吹口哨竟然是几乎闭着嘴，声音从牙缝挤出来，但那口哨声却饱满悠扬。

接着他们又唱了代表作《生命中的阴影》，初夏的夜晚清爽宜人，他们的歌声随风飘散：“风吹，吹动花蕾。曼陀铃花，随风飘坠。鲜花，在你墓前，已经悄悄，悄悄落满……”这首歌，是阴影乐队为他们一个逝去的朋友写的，在他们完美的演绎下，竟少了许多伤感，多了生命与生命之间永不忘怀的温暖。在月光下虽然看不清彼此的面容，但我能感觉到，周围的学生无不为这首歌动容。在这个季节，这首歌很容易让人想起岁月之尘落不上去的一些往事。歌罢，四周响起热烈的掌声。那天我们一直唱到很晚，我和刘蜀秋也唱了好多歌，最后在蜀秋的一首《未来的主人翁》中，大家踏着月光尽兴而归。

生命中的阴影

风吹，吹动花蕾。
曼陀铃花，随风飘坠。
鲜花，在你墓前，
已经悄悄，悄悄落满。
那朵曼陀铃，没有能盛开，
就已被吹散，永远枯萎了。
明年，这个时候，
我会再来，轻声唱起。
音乐，缓缓流淌，
另一世界，你可听见，
一道山泉水，流过你墓前，

阴影却永远，留在我身边。

什么在我眼前，谁会在你身边。

另一个世界里，你已经睡着了么？

（《生命中的阴影》先后收录于多个摇滚合辑，后收录于阴影乐队2004年《一斤理想》专辑，阴影乐队创作演唱）

48

人的记忆中，总有一些时间是浮于其他记忆之上的，1995年的6月，对我来说就是如此。那个月，北大的燕春园餐厅以及校内校外的各个餐厅、酒馆接待着无数批学生，操持着无数桌酒席。从月初开始，一种离别的气氛就在夏日的骄阳下弥漫，北大广播站也很应景，总是播放着电影《毕业生》的插曲《Scarborough Fair》或是《同桌的你》以及《睡在上铺的兄弟》。即使在中午，也经常能看到刚结束了散伙饭，在路边哇哇大吐的学生，旁边总有几个为他捶着背，含泪安慰的兄弟。这种场景，如果换个时间和地点，你可能绕道而行或掩鼻而过，心里或许还会来一句："活该，让你喝。"但那是6月的校园，是无数人纯真年华的终点，即使像我这样一个旁观者，也在《Scarborough Fair》的背景音乐中，望着眼前这醉满燕园的画面偷偷地流下眼泪。

是的，天下没有不散的筵席，我这个暂居于北大的人，如果有暂住证的话，那有效期也只能到这个月底了。从6月初开始，我跟着李骐、卞智洪他们，从隔三差五到接二连三地参加中文系的散伙饭。我虽然不知道这些北大学子们当初从一个人一个人，汇聚成一个集体的情景，但在那个6月，我却完整经历一群人在某一天变成几个人，几个人在某一天再变为一个人的伤感。而就在同时，因为不插电音乐会将要举行，我又一个一个地认识了来自全国各地，跟我拥有相同梦想的人，大家汇聚到一起，成为一个集体。我的心情因为太多的聚散起起落落，我的未来却因为太多的意外而转折连连，这个6月，充满悲欢离合。

本来按照汉唐的计划，是要在6月中旬，把所有参加不插电音乐会的歌手，集中到清河的一家宾馆住宿排练。这原本就是一个短期的行为，但即使这样一个短期的计划，也因为赞助迟迟不到位而被迫取消。所幸音乐会还是要在6月24日、25日两天如期举行，但它越来越近，我却越来越不自信。因为在汉唐，我见到了不少已经入选的歌手，那里面高手不少，几乎每个人的吉他弹得都很出色，我在他们面前，吉他水平连初学者都算不上。我是个纯粹凭感觉创作的人，用吉他写歌时，经常是用一个和弦开始一个动机，后面的旋律走向往往扔掉吉他随意发挥。这使得吉他在我这里仅仅是定调的工具，也使得我在吉他高手面前无限自卑。虽然后来我知道，这次演唱会会有专门的伴奏乐队，但人在一方面的短处过于明显，往往会认为自己一无是处，所以对即将到来的演唱会，我已不抱太多希望。

那时候汉唐的企宣张咏歌已离开汉唐，在西单商场地下一层开了家“乡谣酒吧”，这也成了当时我们这些流浪歌手的一个据点。阴影乐队成为这里的驻场乐队，我的吉他水平却使得自己无法以此谋生。考虑到不插电演出结束后，我将离开北大校园，未来还不知在何处落脚，到时候总得有一份工作先养活自己，于是我向张咏歌提出想在这里打一份零工。咏歌和闪姐夫妻俩对我很是热心，他们说酒吧很快要添加冰激凌专柜，到时候我如果没有更合适的去处，就来这里卖冰激凌，随后还量了量我的腰围什么的，要为我做专门的服装。我那时就想，等音乐会结束后，就在这里好好卖冰激凌，再租间房子，多小都无所谓，能容身即可，以图日后的发展。至于日后该如何发展，那就只能走一步算一步了。

从刚开始听到不插电演唱会的消息，我对在众人面前表演心存畏惧，到现在我和别的歌手比较，又对自己的音乐技术开始自卑。这导致我在演出前十天快开始排练的时候，自信心却呈现一种脱离客观的缩水状态。我把自己心里的想法告诉李骐他们，与我的感觉相反，他们都认为这个演唱会将是我等待已久的机会。劝我无须多想，只要像平常在水房、草坪甚至澡堂里那样放声高唱，就一定会非同凡响。刘蜀秋在得知我的顾虑后，告诉我，会弹吉他的人很多，但能写出《楼兰新娘》的人，只有你一个。我那些年的漂泊生涯，几乎就是被朋友们鼓励着过来的，但这次他们的话，应该不叫鼓励，而是帮我重新看清楚自己。是啊，当初我的朋友们听到这首歌的时候，每个人都那么喜欢，《楼兰新娘》还在北大小范围地流传。那么，在我即将亮相的这次演唱会上，观众们也将是第一次听到这首歌，我只需要像平时那样用心去唱，那这首歌必将像以往那样，展露它还未被时间消磨的力量。

我发现，让我有信心写歌唱歌的，往往都不是职业做音乐的，而是我周围与音乐行业没什么关系的朋友们。正因如此，从那时候起，我对于音乐行业的人对自己作品的评价一般不会太在意。他们说得对的地方，我也会认真听，但客观地说，真正有自己见解的建议很少，所以我该怎么写还怎么写，该怎么唱还怎么唱。因为我知道歌无定式，我写歌的方式，在很多做音乐的人看来，是野路子，不合常规。但如果我这个一天音乐都没学过的人，倒写出了符合常规的歌，那才叫不合常规。我之所以变得越来越不自信，是因为自己想以一种不合常规的野路子，求得常规的肯定，那不是自寻烦恼吗？明白了这个道理，心头的阴云自然散去，对于这个演唱会，我虽然还无法做到自信十足，但肯定能够从容以对。

就这样，从6月中旬开始，我白天去参加不插电演唱会的排练，面对从各地来到北京的新面孔；晚上在北大校园里外的各个餐厅，参加中文系那些朋友轮流请客的散伙饭，与即将从北京奔赴各地的老朋友，把酒话往事，举杯祝未来。演唱会定在北展剧场举行，但排练的地方是在北三环，北影旁边的一个军队礼堂。其实入选的歌手不必每天都去，该你排练的时候到场就行，但我和阴影乐队的三个人几乎每天都去。人以群分，我们想看看为了同一个目标，从五湖四海走到一起的都是些什么人，同时也听听人家的作品。当然，我们也都无事可干，这个演唱会就是我们目前最重要的事，而且来这里，每天都有免费的盒饭。

黄燎原为这个活动还是费了不少心思的，从全国两千多首作品中，选出了近三十首，由二十多位歌手或乐队演唱，还根据作品的需要，为每个歌手和乐队配备了专业乐手。给我配的乐队里，弹热瓦普的何玉笙先生，是何勇的父亲，1994年在香港红磡体育馆魔岩三杰演出时，他给何勇弹的三弦。这位老先生不愧是弹拨乐器的名师，排练的时候，他的热瓦普琴声一起，我就很快能进入状态。

我们这场音乐会的音乐总监是黄金刚，他白白胖胖，戴个眼镜，样子颇为卡通。此人在校园民谣刚兴起时，就与沈庆、高晓松齐名，但由于八十年代末众所周知的原因，从青政院退学去了西藏，在那里过了一段极为艰难的日子。据他说曾经用一块五毛钱坚持过一个月，没有吃的，只能喝奶，牛奶在那地方总能免费获得。这样的结果是排泄物竟然也是乳白色的，这一点令我印象深刻，并诱发我丰富的联想，在很长一段时间都见不得酸奶。但在那种环境下，人往往更能直面自己的心灵，他写了不少的歌，并在1995年出版了一张叫《吟唱生涯》的CD。认识他的时候，我还没有听过那张CD，过后不久听过之后，我知道了有些人的创作，是真正忠于自己内心的，而不是面对时代的察言观色。从《吟唱生涯》中，你可以听出歌者对精神一统下的工业时代里，淹没在机器声中的人的叹息。他的创作真实不矫情，不为取悦谁而自我阉割。黄燎原用黄金刚做音乐总监，显然也是有此考虑的，因为不插电音乐会，就是要拔掉插头抛弃电声，用原始的乐器音色，衬托来自民间的原创力量，去除华丽还原真实。

49

一个多礼拜的排练一晃就过去了。6月24日正式演出那天，李骐、卞智洪、高成海还有郭挥师他们，陪我一起前往北展剧场。在这之前，我在宿舍里对着镜子，把不多的几件衣服换来换去，以期使自己看着更像个歌手，但很快就放弃了，因为这显然是一件比较困难的事。我的长相虽说还算周正，但是太普通了，缺乏人们常说的星相。印象中我听到的夸我相貌的话语，得追溯到小学时代，还是三年级以前。那时候我们语文老师夸我："哎呀，你看你的眼睛大大的，忽闪忽闪的，眼睫毛还那么长。"但是仅仅就这点好看之处，也在我初中戴上眼镜后遁于无形了。于是我就穿一条牛仔裤，再加一件黑体恤，在朋友们陪伴下，早早来到北展剧场。

剧场外停着中央电视台和北京台的录音录像车，还有不少挂着相机的记者。我们这个音乐会的歌手基本来自民间，没有明星大腕儿，那些记者根本就分不出谁是歌手，谁是观众。所以他们的镜头总是处于举起又放下，放下又举起的犹疑状态，最后干脆不约而同地把镜头对准观众入口。我听说崔健、何勇等人还有京城音乐界的一些名人都会来观看，但我想何勇肯定是来为他爸爸捧场的。在把李骐他们安顿好之后，我准备去后台，却被两个保安拦住："票呢？把你的票拿出来。"我说我是歌手并拿出演员证，他们把那个证看了又看，那上面并没有照片，显然是不太相信我是歌手。这时候，演唱会的导演翟建新刚好路过，替我解了围："你们干什么呢？人家是歌手，快让他进去准备。"翟建新当时是央视的导演，被汉唐请来导这台音乐会，他在彩排的时候对我的演唱赞赏有加。

演出开始前，我从旁边往台下望去，黑压压的全是观众，心里顿时紧张起来。这种把全国的民间原创歌手聚在一起的演唱会，在当时绝无仅有，而且不插电（Unplugged）这个形式，在当时也是新鲜事，所以那天能容纳三千多人的北展剧场座无虚席。面对这种场面，我的心跳不由自主地加速，嗓子也开始发紧，根据过去的校园演出经验，我知道自己又开始怯场了。于是我回到后台休息室，故作轻松地和大家开着玩笑，经过那几天的排练，我们已经很熟了。大家来自五湖四海，很多人跟我一样都是第一次在北京登台，也多少都有些紧张。

我记得，沈阳的歌手萧寒向大家传授他从不怯场的经验，他说歌手之所以紧张，是因为底下有太多观众，所以他演出时总是闭着眼睛唱。他话音刚落，就有人接话："你一个人闭上眼睛还好说，要是大家都闭着眼睛唱，那观众还以为这是中国首届盲人音乐会呢。"他的话让众人哈哈大笑，却也让我灵机一动。我心想我不就是因为人多才怯场吗？闭着眼唱当然不足取，但我可以摘掉眼镜啊。我的眼睛左右都是五百度，摘掉眼镜后，五米开外就是虚幻世界。别说三千观众，就是三万观众我也将视同无人之境。而且，摘掉眼镜，我小时候被老师夸过的大眼睛长睫毛，不就又有用武之地了？不戴眼镜竟然可以一举两得，这样一想，心里顿时轻松了许多。

我大概是在中间第十个上场，演出开始后，我们这些歌手都在舞台两侧看别人的演出。轮到我候场时，我把眼镜摘下来放进裤兜，眼前果然一片模糊，所有观众顿时远去。但候场区灯光较暗，轮到我上场时，我没了眼镜，地上还有很多音响线，所以被一根线绊了一个趔趄，所幸没摔倒，但人就像是从幕后扑上了舞台。那情景在观众看来，很像我这个歌手有很强的表演欲，已经急不可耐了。这个意外惊出我一身冷汗，但也使我镇定下来，向舞台中央走去。我走得很小心，追光灯打过来，我就更看不清周围了，生怕自己走出舞台走到观众身上，那可就全完了。

在话筒前站定，我像其他歌手那样介绍了自己："朋友们晚上好，我是杨海潮，来自陕西。今天我把《楼兰新娘》献给在座的每一位，楼兰新娘正向你们温柔地走来。"最后一句纯属临场发挥，也让观众有些莫名其妙，毕竟他们看见舞台上只走出一个其貌不扬的男歌手，并没看见有楼兰新娘向他们温柔地走来，于是观众席上发出一阵哄笑。但随着苍凉的新疆唢呐声响起，观众们顿时安静下来并开始有了掌声。唢呐前奏一停，我的歌声一出，第一句"一个楼兰新娘从这里走过留下了一片香"就赢得一片掌声，这使我立即信心十足，在随后的演唱中，掌声一浪高过一浪。间奏时，何玉笙老先生的热瓦普一响，掌声更是达到高潮，我站在那里，激动地说了声："非常感谢。"然后就没词了，不得不又多余地说了声："非常感谢。"站在那里等着间奏结束时，我竟然傻乎乎地把右手高高举起，做出像打车一样的手势，这个手势后来被黄招形容为模仿伟人，这真是天大的冤枉。因为我本来是想把双手都举起来，但那样也太像投降的姿势了，于是就高举右手，但也不挥动，我想可能是自己当时高兴得有些傻了。

后面副歌部分的演唱，观众们随着节奏一起打着拍子，我没戴眼镜，也能感觉到他们的热情。我唱完最后一句时，整个剧场欢声雷动，气氛达到最高潮。我使劲向模糊一片的人群挥了挥手，高喊一声："谢谢朋友们!"就兴奋地走下舞台。这种兴奋，一方面是没想到获得如此热烈地欢迎，另一方面是心里终于踏实了，不用再担心怯不怯场了。

等到整场演出结束，我知道，我和我的《楼兰新娘》赢得了最热烈的掌声。这期待已久但意料之外的成功，让我这些年在等待中煎熬的阴郁一扫而空，当时虽然是晚上，我心里已然晴空万里。如果说这些年我一直守着一个梦想，那今夜，这个梦已成真。很快，曾经在电影上才看到的那些一夜成名的情景，立刻就在我身上上演。

我刚唱完走下舞台时，那两个保安再次拦住我，只不过，这次他们竟然是要让我签名。平民了二十多年的我，此刻还没有把这种明星才会遇到的事情跟自己联系起来，我指了指自己问他们："你们是让我签名?"他们俩赶紧一起点头："是的，您唱得太好了。"这么会儿工夫，已经从"你"变成"您"，把你放在心上了。我确定他们是找我签名后，接过他们的笔："那我签哪儿呢?"只见其中一个保安一转身，再俯下身："就签在我背上吧。"我赶紧拒绝："这怎么行?你这衣服挺新的，别弄脏了。"没想到他坚持让我签："老师，您一定得给我签一个。"我看拗不过他，就在他背上写了我的名字，毕竟是人生第一次签名，我的字写得工工整整，那样子不像是签名，倒像是衣服的主人怕衣服丢而写上的记号。

我遇到的几乎每个演职人员都向我表示祝贺，在此之前，大家也都认为我的歌不错，但显然他们也像我一样，没有料到会受到如此的欢迎。演出接近尾声时，众多的记者来到后台，这儿一伙，那儿一堆，围着他们采访的目标，由于我又戴上了眼镜，他们一时没认出来。我是在上厕所时被一个记者认出来的，只见他把门一关，搞得我立即紧张起来，后来才明白他是想做独家采访，于是我人生的第一次采访，是在厕所里进行的。我出了厕所，别的记者，还有电视台、唱片公司的人才反应过来，把我围在中间问这问那，周围乱糟糟的，我也不知道说了些什么，只顾着跑到观众席上找李骐他们。

在那个时候，我根本就没有什么宣传意识，只想见到李骐他们，听听他们怎么夸我的表现，因为也只有他们知道这个欢乐结果前面的故事。我知道，别的观众为我的歌声鼓掌欢呼，只有他们几个是在为我鼓掌，为我们的故事欢呼。我就像个获胜的拳击手，回到为自己助威的朋友们身边，他们这个给我一拳，那个给我一拳："太牛×了！这下你成了！"没人明白我们的快乐，因为没人知道这个结果是怎么得来的。

50

人们常说好事成双，在我看来更是如此，因为第二天的演出，简直就是第一场的翻版，《楼兰新娘》再次获得满堂彩，依然最受欢迎。在演出后，我听说有正大国际等唱片公司找我，谈合作事宜，但汉唐的人告诉他们我已签约汉唐。汉唐这么做我当然理解，尽管那些公司可能实力雄厚，但如果没有汉唐给我这个机会，没人会知道我是谁，我依然会拿着小样四处去当毛遂。我的北大朋友们连着两晚上为我呐喊助威，也见证了一个流浪歌手怎样成为众人瞩目的焦点。

只可惜李骐因为时间的原因，当时已踏上开往深圳的列车，我却因为演出而没能送他。在第一场演出结束的那天晚上，我们喝着啤酒庆祝的时候，他告诉我："你看我们说的没错吧？你根本就不用考虑卖冰激凌的事，你好好写，好好唱吧，没有人比你更适合走这条路。"我之所以能来北京，就是因为李骐在北大，我来到北京，因为他，我又认识了北大的众多朋友，才使我可以一直坚持自己的梦想。可以说，没有李骐，这一切都将是不存在的。有好几次我们几个一起喝酒的时候，我总是说自己将来一定要如何如何报答他们，每当我说这种话的时候，李骐总会说："你看你又来了，我们能在一起就是一种缘分，如果将来有别的朋友需要你帮忙，你去帮助他，就算是报答我了，哈哈。"卞智洪也表达过同样的意思："海潮，你说你跟大家在一起快乐吗？"我回答："当然了，这还用说。"于是他就说："那不就完了，我们跟你在一起也很快乐。"

就是这样的一群朋友，在我人生之路越走越窄，几乎无路可走时接纳了我，从而使我的梦想之路得以延伸，并逐渐宽阔。可我在他们即将离开的时候，天天参加大家的散伙饭局，却连一顿像样的饭都没能请他们吃过。唯一让我有些安慰的是，在他们离开之前，终于看到《楼兰新娘》这首歌走出28号楼的水房，在更广阔的舞台上唱响，就像他们当初所希望的那样。我知道，这是我们共同的梦想。

在剩下的日子里，北京站成了大家几乎每天都去的地方，北京站的站台，就像唐朝时的灞桥，见证着我们那个时代最后几年古风犹存的离别。记得去送高茂林回兰州的时候，火车刚一启动，高成海的眼泪就掉了下来……可过了两天，他自己也将踏上去往贵阳的列车。在走之前，我们一起举杯为他送行，原以为啤酒会将离别的伤感冲淡，可是我看到高成海站在已关闭的车门后，隔着玻璃向我们挥手，随着列车的开动，本来就瘦小的他，变得越来越小越来越远，那一刻我的眼泪再也没有忍住。这个在李骐在东门外租房时，我们一起翻墙去买方便面的人；这个我们一起钓鱼，却把自己掉进未名湖的人；这个看《十二把椅子》笑得像个摇椅一样前仰后合的人；这个在未名湖边弹着吉他唱《青春》，长发飘飘略显忧郁的人，就这样走了，从此天涯孤旅，不知何时才能再见。

在站台上，我像个诗人一样，脑子里有了如下的句子："朋友你今天就要远走，干了这杯酒，忘掉那天涯孤旅的愁，一醉到天尽头。也许你从今开始的漂流，再没有停下的时候，让我们一起举起这杯酒，干杯啊朋友。"在回去的路上，我反复琢磨这几句话，觉得自己很喜欢，也觉得很好，却又不知道好在什么地方。因为这不是写出来的，它似乎一直就在我的脑子里，被高成海离开时的画面唤醒，从里面跳了出来。

回到359宿舍，我拿起卞智洪那把蓝色的吉他，用一个我刚学会不久的和弦，为这几句话配上了旋律，然后唱给卞智洪听。那时候宿舍就只剩下我们俩了，他听过之后说非常好，但是短了点。我也觉得虽然好听，但也只有这么一段，不像一首完整的歌，可我当时就只能写到这儿了，想继续下去却都很不理想，于是这首连名字都没有，还只有一段的歌就成了半成品。

当有一天我们俩不用再去北京站送人的时候，才发现自己也该走了。我们把宿舍的物品好好清理了一下，该扔的扔，该卖的卖。那时候28楼下面，就像一个大旧货市场，卖什么的都有。我们本打算把前些日子没卖完的打口碟也在楼下摆摊处理掉，但一想这么短的时间，北大的CD机拥有量不会有什么改变，于是也就作罢，倒是把李骐一件冬天穿的皮夹克给卖了，李骐不可能想到，他人已经到了深圳，衣服竟然还能够资助到我。

当时我虽然领到了八百块钱，但买了一个传呼机之后就所剩无几了。那个传呼机我是考虑再三之后才决心买的。因为离开北大之后，我连个通讯地址都没有了，成了真正意义上的北漂。有了这个传呼机后，即使我在人海飘来飘去，但只要你拨通62176655，然后告诉呼台小姐，请呼3303，那我很快就会出现在你电话的那边，因为这是我在这个世界上的新代号：3303。多年以后，我试着拨打呼台电话，却发现它已经变成北京海洋馆的电话了。不插电音乐会带来的兴奋在几天之后就因为很现实的问题迅速消退，我先得找个住的地方。虽然汉唐已决定跟我签约，但并没有说到住宿的问题。好在不插电音乐会上认识的朋友郭涌说他租住的房子旁边还有一间空屋，让我去看看。那地方在长椿街，离卞智洪将要工作的地方不太远。

卞智洪将要去的单位，叫北京市人民防空办公室，如果不是他要去那里工作，我还真不知道有这么一个单位。因为我觉得防空是军队的职责，对人民有威胁的，往往不是来自空中。比如我这个人民，当时面临的最大威胁就是在地上，在地上没有住的地方。在此之前，卞智洪已陆续把行李被褥搬到单位去了，我们现在要做的，就是把359宿舍的物品处理一下，再跟这间他们住了四年，我住了一年多的宿舍告个别。在做完这一切后，我和卞智洪走过满地纸片、杂物的走廊，再走过遍地摆摊的学生，骑上他的自行车，离开北大南门。卞智洪告别了在北大的学生时代，我告别了在北大的暂住生活，两个轮子上，载着两个即将开始新生活的人，一路上，我们哼唱着那首还是半成品的歌：“朋友你今天就要远走，干了这杯酒，忘掉那天涯孤旅的愁，一醉到天尽头……”

51

卞智洪的单位离长椿街不远，我去他那儿坐了会儿，那是一个集体宿舍，但比北大宿舍宽敞很多。我们一起吃了晚饭，然后我来到位于长椿街地铁口南面一排楼后面的胡同，找到郭涌。郭涌住在一间很小的平房里，和他一起住的还有一个叫邸岩的鼓手，后来成为寂寞夏日乐队主唱的邓培当时也在那儿，这几个人挤在一间小小的屋子里，房间很闷热，大家都赤着膊。郭涌带我去见房东，然后房东又带我来到一幢老式居民楼前，我心想这条件还不错啊，可那个房东根本就没有进楼门，而是走到紧挨着楼房的一排平房前，指着其中一间："就是这间，你看看。"我当时心凉了不止半截，因为那连平房都算不上，应该是当年唐山地震时盖的简易防震棚。但当时已是晚上，我虽然不满意也没别的办法，就算想再看看别的地方，也得凑合过今晚再说，而且夏天要凑合一晚上也容易。于是房东就打开了门，里面黑咕隆冬的，我刚一迈步，就直接被绊倒在床上。

原来这个屋子只有一张床那么大，床沿就在门口，要想进屋得先上床。我摸索着捡起被摔掉的眼镜戴上，问房东："这屋里没灯吗？"房东回答："原来住的人刚走，还没来得及换。"我一下没明白他的意思，心想难道这屋里以前住的是盲人？我来了才需要换一个好灯泡？但我此时决心已定，只在这儿凑合一晚，所以就不再计较。于是把鞋脱了先上床，再把鞋和行李拿进去，放在床头，房东却点着打火机指着里面说："你把行李放那儿。"我这才看清楚，这个屋子像一个竖着的"凸"字，凸出去的空间放不下床，床只能紧挨着门口，但床旁边就是那块凸出的空间。

房东看我似乎没什么意见，就说："你要觉得行，先把钱交了，这房子一个月三百块。"对于这个价钱，我已经不在乎贵不贵了，因为我根本就不打算住，于是就对他实话实说："说真的，我只打算住一晚，要不是这么晚了，我就去住旅馆了。"房东倒也爽快："那就这样吧，一晚上的话，你就给二十块钱吧。”我一听，一边穿鞋一边对他说：“要是二十块，那我还不如去住旅馆呢。”他一听这话立即降价：“那就十块吧，灯泡你自己负责。”我已经懒得再折腾了，于是掏出十块钱给他，至于灯泡，就一个晚上，我要它干什么？我早已习惯了北大夜里十一点熄灯的日子。

我的行李非常简单，在把从北大带来的，李骐军训时的褥子铺到床上后，就剩下一个毛巾被还有一包衣服，以及卖剩下的打口碟和不多的几本书。当然，我的那个宝贝塑料袋是必不可少的。这个屋子自然不会有自来水了，厕所还得走半天，是胡同里那种老式的公共厕所。上那种厕所很考验你的肺活量，因为在里面你不得不憋着气。同时还得不停地用手拍打自己，因为蚊子们是不会错过这个大好机会的。所以我在进那个厕所之前，听到里面“啪啪啪”的声音还有些迷惑，但等到自己也蹲下时，不得不跟旁边如厕的人一样，左右开弓，“啪啪啪”地拍打自己的屁股，那种情景非常滑稽，我几次想笑都因为憋着气，不得不忍住。

自从我来到北京后，就一直住在北大，虽然是集体宿舍，但卫生等设施还是很完备的。这个小屋是我在北京第一次自己住，跟北大宿舍比，条件虽然是天壤之别，但我想这只是暂时的，毕竟自己的歌也开始受人瞩目。想到这些，我认为眼前这一切算不了什么，想想三年前，自己在零下八度的天安门广场，以天作帐幕，冬青树为墙，在寒风如刀中不也照样过来了吗？于是我也没有洗漱，只穿一个裤衩，躺在床上开始睡觉。当时已是7月初，北京最热的时候，那天尤其闷热，我即使躺着，浑身也已湿透。

但这还不算什么，因为我很快就感觉到，蚊子们像轰炸机群一样，轮番向我进攻。虽然我们同处黑暗中，但它们利用自己的物种优势，使得我就像暴露在光天化日下一样。我后悔自己没买个灯泡，哪怕一根蜡烛也行啊，可当时已是深夜，小卖部都已关门。我不得不躺在床上，像刚才在厕所那样，啪啪啪地拍打着自己。但这种人类祖先就已用来对付蚊子的原始战法，只能让现代的蚊子们嘲笑，我只好用毛巾被，把自己从头到脚裹得严严实实。蚊子倒是挡住了，但在如此闷热的夜晚，这样包着，还不如接着跟它们战斗。于是我索性坐起来点起一支烟，企图把它当蚊香抽，同时一边瞎想：我误解北京市人民防空办公室了，看来人民还真是需要防空的。

如果仅仅是蚊子和闷热，那我离开北大后的这第一个夜晚，也就不会如此记忆犹新了。就在我赤膊战群蚊的时候，一声惊雷在空中炸响，过了一会儿，阵阵雷声伴着狂风呼啸而至。一道道闪电就像窗外有巨大的闪光灯，不时把我的小屋照得惨亮，我才看清，小屋是那种石棉瓦房顶，我生怕大风把它掀翻，刮跑。我心想怪不得天气那么闷热，原来是暴雨将至。果然，刚开始是豆大的雨点，砸在石棉瓦上劈啪作响，随后瓢泼大雨夹杂着冰雹接踵而来，整个世界都淹没在嘈杂的暴雨声中。

石棉瓦没被风刮跑，却开始漏雨了，但幸运的是只有一个地方漏，可正好在床上方。我连个洗脸盆都没有，于是赶紧拿出饭盒接雨。雨太大，一会儿饭盒就满，好在我坐在床上就能开门，就这样接一饭盒倒掉，再接一饭盒倒掉，动作如机器人一样标准，因为稍有差错，雨水就会洒在床上。那一刻，我深感人民不但需要防空，还需要全方位的防空，低空蚊子的威胁已不算什么，这高空的暴雨才叫人头疼。本来我想屋里没有自来水，这么大的雨正好去外面冲个凉，可因为要接漏雨而无法脱身。好不容易等雨小了点，漏得不厉害了，我赶紧把饭盒放在床上，对准漏雨的地方，自己穿个内裤就往外跑。可这种暴雨来得急，走得也快，我几乎全裸的站在外面时，雨却停了。

但蚊子们有的是耐心，它们深知没几个人类能在这种车轮战面前获胜。此时已是凌晨，我已筋疲力尽，好在闷热解除了，我也得以继续把自己用毛巾被包起来，像个卷饼一样，一觉睡到被热醒。告别了那个我战斗了一夜的小屋，我不得不夹着行李先去郭涌那儿，再在周围问了问别的出租屋，但条件好的我没钱租，我能租得起的就剩那一间小屋了，于是我只好在郭涌的那个小屋挤了几个晚上。郭涌是贵州人，布依族，在重庆上的大学，专门学音乐的他毕业后辞了教师的工作，立志音乐创作。他写的歌很有西南少数民族的感觉，不插电音乐会上他唱了《久违了》和《别无选择》两首歌，让我很有共鸣。我们都走在这条路上，虽然走了很久，但除了走下去以外，真的别无选择。

那时候有个叫山奇的无锡人，也住在附近的平房，他和郭涌是好朋友，也常过来。他以前在江南评论杂志社，当时辞了工作闯荡北京，是做一些名人的采访，人很和善，也很努力。同为天涯沦落人，大家都活得比较艰苦，但苦中也有乐。关于山奇的一个故事总是让大家乐不可支。他有一次约采访对象，打对方的传呼机，传呼台的小姐让他留全名，于是山奇这样介绍自己："我叫山奇，大山的山，奇怪的奇。"但是他采访对象的传呼机上，却显示如下信息：大怪先生请您回电话。那是传呼机时代，留给我关于传呼机最有趣的一个记忆，至今想起，还会忍不住笑出声。

住在这附近的，还有来自新疆克拉玛依的马条，他住在中央音乐学院东边的一个小平房，屋子四处漏风，却不影响他怀抱吉他迎风高歌。在新疆长大的马条，高高大大一头长发，很有些异域的气质，我们也是参加不插电音乐会时认识的。喜欢喝酒的马条喝酒时，会瞪着眼看着大家，用新疆味十足的普通话反复强调："我们，一定要保持'崇祯'的心灵!"我们知道他是在说"纯真的心灵"，但新疆口音使得他一直保持着"崇祯"的心灵，因为在十几年后再见到他时，他依然在醉意之中瞪着眼睛："我们，一定要保持'崇祯'的心灵。"

52

郭涌的屋子本来就小，我住进来后就更拥挤不堪，那是夏天最热的时候，这样下去不是长久之计。于是我给黄燎原打电话，说了自己眼下的困境，黄燎原说公司九月搬家，到时候会有我一间屋子。但他说如果我实在没别的办法，就先在汉唐的办公室凑合住俩月，那里有一个长沙发。这当然好了，有了暴雨之夜和蚊子大战的经历，汉唐的办公室无疑已是天堂，而且那个沙发我经常坐，比床板舒服多了。就这样，我又告别了郭涌和邸岩，背着行李住在了汉唐的办公室，而且很快又成了汉唐的企宣，每个月工资五百元，同时兼歌手。于是我白天在办公桌旁上班，企划着自己和别的歌手，晚上睡在办公桌旁边的长沙发上，真正做到了以公司为家。这间办公室旁边还有两间房子，一间是黄招的宿舍，另一间由在不插电音乐会之前就已经和汉唐签约的，很有传奇色彩的歌手栗正住。

汉唐公司隔壁就是民族学院伙食科，我刚住到办公室第一天，就闹了一个不小的笑话。那天一大早，我被一阵奇怪的声音吵醒，来不及戴眼镜就往窗外看，只见外面一个看着像锅炉的庞然大物火光冲天，还哧哧的冒着白烟。我对爆炸之类的事情极其敏感，都有些神经质，前面也写过，我在化工厂就闹过类似的笑话。但由于没戴眼镜，外面的火光看着实在惊人，不容我多想，就跳下沙发，穿着三角裤头夺门而逃，一边跑一边敲着栗正和黄招的房门大喊："快跑，锅炉要爆炸啦！锅炉要爆炸啦！"

栗正可能睡得太死，没反应。黄招也穿着三角裤，推开门吃惊地问我："怎么啦？怎么啦？"我说赶紧跑吧！再不跑来不及了，锅炉要爆炸啦！于是黄招也和我一样穿着小裤衩，三步并作两步，一起跑到了楼梯口。一个拎着暖水瓶的女生见状，吓得尖叫一声，夺路而逃。我们俩又赶紧跑回二楼，黄招站在窗户边指着外边："你是说它要爆炸吗？你丫没见过锅炉点火啊，它每天早上都这样！"我有些不好意思地说："我看着也像锅炉，可是那火也太大了，我就以为它要爆炸。"

黄招的美梦被搅醒，却从另一个角度看待此事："火不大水能开吗？你第一天住，吓着了吧？哈哈，你这人还挺不错，逃命还不忘把大家叫上。"这件事虽然荒唐，但黄招却认为我做得够朋友，以后也对我比较照顾。他是那种有着江湖气质的人，比较重义气。以往我们来汉唐的时候，他知道这些流浪歌手都没钱，所以每次吃饭都是他结账，在这种时候，他总会说："别跟我抢啊，谁跟我抢我跟谁急。"虽然我们从来也没人跟他抢，但偶尔有人出于礼貌，做出要掏钱的动作时，他却真急。

黄招喜欢玩的天性，在那天早上得到充分的展现。他不厌其烦地模仿着我刚才逃跑时的狼狈样，边喊边向门外跑："锅炉要爆炸啦！锅炉要爆炸啦！"然后再跑回来哈哈大笑，如此反复乐此不疲。我的警报没能叫醒栗正，他的模仿却立竿见影，只见栗正的房门突然打开，栗正也穿个三角裤冲了出来，披散着长发一脸紧张："什么爆炸啦？什么爆炸啦？"

黄招见状更是笑得直不起腰，他指着栗正对我说："看见没，刚才锅炉要是真爆炸了，咱俩肯定没事，他就悬了，可能现在正从天上往下掉呢。"

栗正也是陕西人，个头不高却棱角分明，长的很像小一号的史泰龙。他的经历颇为传奇，也远比我们辛酸。他最早在兰州当武警的文艺兵，退伍后背一把吉他，就开始了沿街卖唱的流浪歌手生涯。在兰州街头卖唱时，一个十八岁的姑娘迷恋上他，那姑娘叫小雪，家境优越。当时每个流浪歌手的背后，似乎都有一个这样的姑娘。但小雪的决定，即使在那个理想主义还残存的年代，也超出了人们的想象。因为她不顾所有家人的反对，和栗正共赴天涯，一起流浪。他们曾经辗转西北，南下广州，在很多城市街头卖过唱。其间享受着彼此真心相对的幸福，也饱经流浪岁月的风霜雪雨，在最艰难的时候，两人依偎在地下通道以爱取暖，用情相眠。

1994 年他们一路卖唱来到北京，开始游走于各大酒楼，拿着歌单让吃饭的人们点歌，以此为生。栗正比较得意自己当时的一个创意，那就是卖唱时小雪披着婚纱，他穿着礼服。这种别具一格的形式，使得他们在北京的各个酒楼颇受欢迎，收入也有明显改善。但一次屈辱的经历，使他彻底地放弃了这种生活。那是在西单的一家酒楼，有一桌人说要点歌，他们过去后，一个挺胖的男人，让他们唱《一剪梅》。栗正一开唱，那人的眼泪就下来了，唱完一遍，那人又让再唱一遍。栗正看他那么喜欢这首歌，就又唱了一遍，谁想唱完后又被要求唱一遍。

多年的流浪生涯，已使他学会了忍耐，就像不插电音乐会上胡冰的一句歌词："我亲爱的朋友，人有时不得不把头低，路是笔直伸展，人却要弯曲站立。"当栗正把《一剪梅》唱到"十七剪梅"的时候，那人还让接着再唱，栗正告诉他自己不会再唱了，那桌人凶相毕露："怎么着？我大哥就喜欢这歌，你今天不唱够五十遍，就别想走人！"虽然这件事后来在酒楼老板的调解下得以顺利解决，但栗正已厌倦了这种日子，于是他终日待在六部口一间雨天漏雨，晴天透风的小平房内，埋头创作。但小雪也回了兰州，那件她和栗正卖唱时穿过无数次的婚纱，最终也没能由栗正在婚礼上为她披上。

我认识栗正的时候，是在不插电音乐会前几个月。那时候他已和汉唐签约，并拿出自己多年的积蓄，和汉唐共同出资，发行了一张叫《坦白交代》的专辑，但反响平平。其实他的作品视野独特，旋律也很美，像为流浪儿童写的《街上的孩子用舞蹈在哭》和《卖花姑娘》。没有长期流浪生活的人，很难不带功利地把视线往下降，关注那些如野草般自生自灭的孩子。他的很多爱情歌曲都是为小雪写的，像《没有我你冷不冷》《夜梦怀抱》等等，在这些歌中，你可以听出一个人刻骨的爱。我在认识他之前，就听过那首《夜梦怀抱》，只不过是王志文唱的。栗正唱功不错，也有很出色的作品，但作为歌手，虽有心栽花，却始终没能更进一步，反倒是日后在经营酒吧方面无心插柳，柳却成荫。

就这样，黄招、栗正等人和我成了朝夕相处的朋友，再加上阴影乐队以及郭涌等等不插电音乐会认识的朋友，周围充满欢歌笑语。这个7月，就像春节时我预感的那样，已经开始时来运转，公司也决定很快就进录音棚，为我录制宣传单曲。从高考落榜后，我还从来没这样，毫无顾虑地开心过。但也是从那时候起，我发现凡是有好的事情发生，就会有不好的消息相随。

第八章　高校巡演与央视晚会

53

我给姐姐在宝鸡的单位打了个电话，我告诉了她我目前的状况，我说我的歌在演唱会上很受欢迎，让家里放心，并告诉她千万别给我寄钱了，我也有工资了。因为姐姐的工资不多，却还时不时地给我寄点钱。

姐姐虽然不明白什么叫“不插电”，可是得知我的情况后还是很高兴。但也告诉我，宝鸡放长假的企业越来越多，她们单位也是时而生产，时而放假，看来也撑不了多长时间了，整个工厂人心惶惶。那时候还没有“下岗”这个词，企业停工叫“放假”，职工没活干可以“停薪留职”，但薪都没了，职有何用？可妙就妙在这儿，留着职就是留着希望，就像拉磨的毛驴脑门上挂着的胡萝卜。

姐姐还告诉我，爸爸退休后，就只有很低的退休金，而妈妈干的一直是家属工，连退休金都没有。于是妈妈在家里照顾我的外甥女娇娇，爸爸跟老家的亲戚合伙做二手车生意。他负责在宝鸡周边寻找车源，总是骑个自行车东奔西走，找到后谈好价钱，亲戚再开到西安鱼化寨旧车市场去卖。我一想到爸爸年纪大了，却还要顶着烈日，骑着自行车四处奔波，心情就变得格外沉重。前些天我的那些好消息，在这种沉重面前，也几乎没了分量。唯一让我庆幸的是，他们终于不用再为我担心了。儿行千里母担忧，虽然在物质上，我暂时还帮不上家里，但他们以后在想到我的时候，至少不会为本来就烦忧缠绕的生活，再增加一份愁。

那时候我才知道，汉唐举行的不插电音乐会除了《精品购物指南》提供了一点实物赞助外，根本就没有别的赞助，全是公司自己出的钱。毕竟都是民间的歌手，没赔钱就不错了，只是赚了些吆喝。此时的汉唐，几乎是在依靠以前的老本维持，因为那时候他们做的那本《中关村电子商情》也越来越难做了。音乐会结束后，除了我之外，汉唐还签了郭涌、胡冰、穆璇子、王新宇等歌手。但基于当时的财务状况，公司在给我出钱录了两首歌之后，其他人就一直处于排队等候状态。我对此深感幸运，这就好比你在海上遇险，被一艘舢板救上来，你不会埋怨它是一艘舢板而不是豪华游艇。

黄燎原此时虽然还是高举新民谣运动的大旗，但有一个问题他当时一直没能解决，那就是如何将新民谣运动的影响转换为商业利润，用以继续支撑他的理想。他在 1994 年就办过新民谣试听演唱会，参加那个试听会的黄群、黄众、老狼、沈庆等人，都成为那两年民谣领域的风云人物。但老狼、沈庆为大地唱片带来可观的收益，而黄群、黄众虽然一度风头更劲，汉唐却没有收到多少商业回报。作为汉唐的董事长兼歌手曹葳的那张《情歌唱晚》，当时在知识界还颇有影响，但也是叫好不叫座。黄燎原的诗人情结，使得当时他在商业运营方面想有所作为，却做得很不理想。也使得当时的汉唐成为一个音乐的乌托邦，看似热闹无比，危机却已在酝酿。

在农影录音棚里录完《楼兰新娘》后，作为企宣兼歌手的我，和企宣部主任严倩虹，一盘盘地转录磁带，然后再去邮局寄往全国各地的电台，开始打榜。严倩虹是浙江人，笔名严翎予，我们叫她严姐。严姐写诗也写歌，所以我们说严姐写的才叫诗歌。说是企宣部主任，但她手下可用之兵也就我一个，而我这个企宣兼歌手，像个筛子一样，在企宣和歌手的角色中转来转去，如果转到歌手那一面时，严姐也就无兵可用了。好在那时有个叫王薇的北工大女生，总是过来帮忙。北工大一直有热爱文艺的传统，出了像贾楠和麦田守望者那样的歌手和乐队。王薇如同一个音乐志愿者，带着我这个企宣去北京音乐台，送我这个歌手的打榜磁带。她是北京人，虽然是学生，可认识的人却不少，人也很热心。我们的经费有限，用来打榜的磁带是那种两块钱一盘，从磁带厂批发的“裸体带”，贴上不干胶写上歌名和歌手名就送去了。虽然简陋至此，但《楼兰新娘》依然取得不错的成绩，第一周就上榜，后来连续上榜八周，这首歌在全国各地电台都有不俗的成绩，在不少地方还排行第一。

我第一次听到自己的歌声从电台里传出，是在街边的一个商店。当收音机里的主持人，开始说我名字的时候，我心里很是激动，人却变得一动不动，站在那里完整地听完自己的歌，却忘了自己要买什么。我想起三年前在陕西电台门口，因为连大门都进不去，自己无奈地坐在马路牙子上的情景。那时候，我觉得如果有一天能从收音机里听到自己的歌，那我的理想就实现了。而现在，这个理想显然已经实现，但另一个理想却同时诞生，而且期望值翻了倍。那就是我希望自己的歌在排行榜上能拿到好的名次，最好再拍一个 MTV，让家人和朋友能在电视上看到我。

54

说到MTV，我当然看过不少，但我第一次看别人拍MTV，可用惊诧来形容。当时汉唐在给栗正拍《坦白交代》的MTV，由于经费所限，汉唐拍摄MTV，请的导演基本上都是黄燎原的朋友或熟人。《坦白交代》的导演是王光利，以一部纪录片《我毕业了》在先锋艺术圈博得广泛好评。副导演是张广天，是一位诗人也是民谣高手，日后成为先锋话剧的热门人物，当时他出了一张专辑《张广天现代歌曲专辑》。他们都是黄金刚和黄燎原的朋友。那是我第一次看人拍MTV，也是我见过的最简单的MTV，所有的场景只有一个，就是栗正在汉唐住的那间屋子，需要花钱的道具也只有一大卷绷带。这样的MTV，全靠导演的想法及创意，但王导的想法显然已超出我的想象。

拍摄开始，一个长发姑娘穿一身前苏联军装，戴着夸张的苏军大檐帽，站在被绑在椅子上的栗正面前。那姑娘也是汉唐的熟人，军装是黄燎原在边境旅行时买的，此时正好派上用场。音乐一起，姑娘拿一大卷绷带开始在栗正全身缠绕，直至将他缠得只留一张嘴，其他地方密不透风，像一个长着胳膊腿的大白粽子。音乐一起，只剩下一张嘴的栗正开唱："坦白交代，谁比谁实在？坦白交代，谁比谁可爱？"那姑娘在栗正对面正襟危坐，一副审讯状。我站在旁边观看，栗正不张嘴的时候，像恐怖片的现场，他一张嘴唱歌，又立即变成滑稽片的主角。每次看见这个大白粽子开口唱歌，我都忍不住想笑，但看到旁边导演一脸严肃，就只好憋住。后来当大白粽子唱着："你听着音乐，摇着脑袋"随即摇起脑袋时，我实在忍不住，冲出门外让自己笑了个够。所幸这个MTV的后半段，那个姑娘又把栗正一圈一圈地解开，露出了歌手本人的真容，否则看到它的人，可能会以为这是哪个骨科医院的广告片。这个MTV的风格过于先锋，只在北京台播过一两次，我想如果它能够多播几次的话，那栗正没准就火了，因为只要你看过那个MTV，就很难再忘掉。

相对于栗正先锋派的 MTV，歌手王新宇的 MTV 就应该叫野兽派了。王新宇当时是海淀派出所的一名警察，也差不多是全国绝无仅有的警察原创歌手，当时他写给警察的一首《平安回家》，首都人民耳熟能详，在全国也颇有影响。这么一个热爱流行歌曲创作的警察，慕汉唐之名，请黄燎原当制作人，整天笑眯眯的，常请大家吃饭，成为结账时黄招的强有力竞争者。王新宇的创作激情惊人，经常白天在派出所上班或执行任务，晚上下了班来公司，抱起吉他就唱他新写的歌，歌声沙哑沧桑，可用来感化罪犯。王新宇写的歌旋律都比较好听，后来很多知名歌手都唱过他的歌，但在当时，他是想自己唱自己写的歌。汉唐为他制作了几首歌，并请了一个北京台的导演，为其中的一首拍了 MTV。

王新宇的 MTV 拍了差不多有一天时间，那天他拍完回来，一脸迷惑地问大家："这个导演以前是拍《动物世界》的吗?"我们听后也同样一脸迷惑。于是王新宇详细地描述了当天的拍摄情况，他说导演把拍摄场地定在北京动物园，几乎每个镜头，都是他站在不同的动物前面，做出各种动作唱来唱去。那些动物有狮子、老虎，也有孔雀、大象，这些以往作为人类观赏对象的动物们，估计当时集体陷入沉思：为什么会有人类来抢这种风头？王新宇面对镜头，苦不堪言，因为游人明显对动物失去了兴趣，而是把目光聚焦于他这个在动物面前又唱又跳的同类。我们最后分析，导演之所以这么拍，肯定有他的思路和道理，这里面应该隐含着两个暗喻。首先是人类生活的世界越来越动物化甚至物化，再就是动物们对人类又唱又跳的自由生活，虽艳羡不已但却深知没啥指望。相对于栗正那支 MTV 的先锋大胆，我们将王新宇这支 MTV 的风格，称为野兽派。

在汉唐的日子虽然没什么钱，但不患贫而患不均，大家都没什么钱，所以也都每天乐呵呵的，我们称之为穷欢乐。作为汉唐老板的黄燎原，经济状况自然要好于员工和歌手，但也好不了太多。汉唐的签约女歌手穆璇，来自山西太原，她告诉我们第一次见到黄燎原的情景，令众人捧腹。当时盗版业的崛起让国内正规唱片业开始滑坡，各个唱片公司举步维艰，很多已无力对歌手投入资金，于是催生了自费歌手这个角色，大量的自费歌手来到北京，借助唱片公司的专业资源，自己出资制作歌曲，唱片业开始进入从挑选歌手到被歌手挑选的时代。穆璇就是这样一位挑选唱片公司的歌手，她投入了一首单曲的资金，委托汉唐录制了一首《你相信爱情吗》，以此初探歌坛。由于媒体的夸张渲染，以及闭门造车的影视剧情结，山西姑娘穆璇心目中的唱片公司，是照着好莱坞的路子梦想的。

她和汉唐老板黄燎原初次见面的地点，是在一条繁华的街边。她按照自己心目中的唱片公司老板形象在人群中搜索即将要见她的人，所以当黄燎原站在她面前时，她却依然执著地盯着别的方向。因为眼前这个人的装束，显然与她心目中的唱片公司老板形象相去甚远。只见此人背着黄军挎，穿一双黑布鞋，脑袋剃得锃亮，一双眼睛大得惊人，正在盯着她看。当穆璇终于明白过来这就是汉唐老板黄燎原时，心想到底是唱片公司的老板，打扮得这么有个性还如此低调。当黄燎原带她去公司时，穆璇理所当然地，走向旁边一辆看起来最高档的车。但她随即发现，自己未来的老板站在马路边打了一辆黄色面的，并示意她上车。在车上的时候，黄燎原的传呼机响了，但穆璇并没有看到他如她想象般，从黄军挎里掏出当时还被叫做大哥大的手提电话，而是让司机停车，在路边的公用电话亭回着电话。

这个故事穆璇讲过很多遍，每次都由众人不断地完善剧情，并在大家穷极无聊时，当成小品自导自演自娱自乐。其实在那个时候，能以出租车为日常交通工具，在我们眼里基本上就算个富人了。那时候我们大家出门都是坐公交车，或是骑自行车，打车的经历屈指可数。北京当时的出租车以夏利为主，每公里一块二，四公里内十块钱起步。还有在数量上跟夏利平分秋色的黄色面的，十公里内才十块钱，坐五六个壮汉加一堆行李都没问题，为我们这些穷人们喜闻乐见。

我们常去张咏歌的乡谣酒吧，阴影乐队在那里驻唱，我和栗正也常去唱唱歌，帮帮忙。有时候回来晚了，必须坐出租车，于是一大帮人凑在一起，站在路边招手拦车。夏利虽然满街都是，但它们永远只是开进我们的视线，领教一下什么叫视而不见。我们的目标，只有伟大的黄色面的，也只有它，只用十块钱，就能把路边这五六个夜归者和一堆乐器，一次性运走不留痕迹，像物美价廉的魔术表演。坐这种面的，十公里以内，根本不用看计价器，十公里以外，也就看不见计价器了，因为我们基本上，不会给计价器计算到十公里外的机会。记得有一次我和栗正晚归，当我们乘坐的面的离民族学院还有几站地时，栗正果断地对司机说："停!"司机以为有什么紧急情况，赶紧急刹车，栗正拿出十块钱递给司机："谢谢，我们就到这儿。"我一看计价器，正好9.9公里。

55

8月的一天，我去打开水，竟很意外地遇见了我的中学同学郭薇，我没想到她在民族学院上学，而且已是大四。郭薇见到我也很吃惊，因为她显然知道我并没有考上大学，但却像个学生一样打着开水。我没想到，同学了那么多年，高中毕业就没了消息的她，会在这里遇见。更让我没想到的是，通过她，我见到了她的朋友，我初中的同桌贺婧。此时的贺婧在北京的一家医院，刚刚工作一年。贺婧是我初二和初三的同桌，她是这个世界上和我在一条长凳上坐的时间最长的人。贺婧也是我见过的最爱学习的人，成绩一直名列前茅，在初中她就这样，现在依然如此，在单位不断地考取各种证书。

贺婧的父母都是军人，总是在调动工作，高一她就转学走了，后来又随父母如候鸟般迁来徙去，于1994年大学毕业后随父母迁到北京。十年前，我们在一张课桌朝夕相处，十年后，我们在同一个城市再次相遇，世界真的是一张棋盘，人是命运的棋子。

9月，汉唐文化发展有限公司有了新的地址：海淀区四季青乡黄庄。黄燎原在这里租下了一整个农家院，办公室比原来大了不少，黄招、栗正、郭涌和我，每个人也都有了一间独立的屋子。我的小屋不大，不到六平米，但它是我在北京第一个独立的空间。我们的院子比较宽敞，还种着石榴树和其他的一些花草。本来黄燎原还想在院子里竖一杆大旗，写上“汉唐乐府”几个大字，但因种种原因，这面旗始终没能竖起，却一直在我们的理想中飘扬。那时候城市化的号角已开始吹响，两年之后，别说汉唐乐府，连四季青黄庄都被圈上无数的“拆”，在挖掘机的轰鸣中成为历史。汉唐乐府走向农村，企图以农村包围城市的战略，最终却被城市反包围，如同历史上的汉唐王朝一般，消失得无影无踪。

在如今已是一大片小区的四季青黄庄，没人知道这里曾经还有过一个叫汉唐的唱片公司，但至少在1995年，这里的一处院落，也曾欢歌笑语、门庭若市。来这里的人，有黄燎原在摇滚圈的众多朋友，也有各报刊的记者以及各地电台的DJ，更多的是全国各地慕名而来的自荐歌手。搬了新家的汉唐，此时更像一个音乐的人民公社，公司在村里还雇了一个阿姨，给大家做饭。我们甚至还养了两只兔子，它们俩总是在歌声和琴声中，不知人间疾苦地绕着院子跑来跑去，那个场景，很容易让人想起一个词——共产主义。

搬了新家，也添了新人，不插电音乐会上的郭涌和山东女歌手张敏，分别成为制作人和企宣。黄金刚和张广天也联手加入到黄燎原的新民谣运动中，他们俩当时一直在研究“汉藏和声”，我不明白什么是“汉藏和声”，总认为那是很难的事。张广天最常用的一个词是革命，与革命者相伴的，往往就是运动。在这场农村包围城市的新民谣运动中，他和黄金刚成为当之无愧的主力。我记得张广天宣扬他理想时的画面：他胸前戴着毛主席像章，一手叉腰，另一只永远夹着烟的手不断挥舞：“要让民间的，真正来自人民的歌声，唱给需要它们的工农。”然后把手中的烟蒂，在自己的大头鞋上摁灭。那样子，就像在安源向矿工们宣传革命思想的青年毛泽东。事实上，张广天当时也确实写了一首歌曲叫《毛泽东》，那首歌前几句是这样写的：“当忽然我发现自己那么贫穷，回想起当年看烟火的那个晚上。我们的想象布满了整个夜空，多么啊多么灿烂，毛泽东。”

我第一次听这首歌，就被它的旋律打动，后来看到完整的歌词，才发现其中无法排解的矛盾：在纯粹以口号式理想活着的年代，一丁点物质刺激都会使人们兴高采烈感恩戴德。而在纯粹以物质拥有为奋斗目标的社会，哪怕是空中楼阁式的理想，也会让大家如获至宝，精神焕发，即使焕发得不太正常。矛盾的双方在这片土地上此消彼长，从来没得商量，要么全民饿肚空谈理想，要么万念皆休只为钱忙。在唱片业集体拜倒在钱姑娘石榴裙下的时候，汉唐却要另辟蹊径，反其道而行之，那就是把本来就高举的理想主义大旗，更加高高地举起。于是，在曹葳领导之下，黄燎原、黄金刚、张广天这三驾马车，带领着汉唐的众位兄弟姐妹，在搬到黄庄一个月后，开始了新民谣运动从农村包围城市的第一步：汉唐乐府高校巡演。

汉唐高校巡演从10月份开始，陆续进行了近两个月，去了北航、语言大学、北工大、中国政法、北广、钢院、北外、华北电力等等十几所高校。在那个时候，深入学生中间，以校园为阵地展开宣传，应该说汉唐走在了前面。这种演出在一两场之后，就形成了基本固定的模式，那就是魏风、严姐联系好下一所学校，派大巴来接，学校方面负责舞台布置及音响设备，外加一顿晚餐，基本上就是盒饭。每次大巴开到西黄庄，停在汉唐门口，我们这些歌手、制作人、企宣们从那个农家院鱼贯而出，在车门前鱼贯而入。在这个时候，周围的村民往往指指点点，因为刚住到这儿的时候，村里有流言说我们那个院子晚上总有姑娘上男厕所。当然这种流言没几天就不攻自破，因为他们很快就发现，所谓的姑娘，不过是这个院子里的长发男歌手，从背影看上去，说的应该是栗正。

新民谣运动这种送音乐到人民中去的举动，很受学生欢迎，各个高校的礼堂里往往座无虚席。我们虽然不是什么明星大腕儿，但也都有了些影响，当时在学生中，曹葳的《情歌唱晚》专辑很受欢迎，她是很多男生的偶像。栗正也出了专辑，他的歌也有不少人知道，贾楠本身就是校园歌手，在校园中人气旺盛。我的《楼兰新娘》当时整天在排行榜上播放，有些学生还会跟着唱。每次都是我第一个演唱，第一个唱的好处是唱完之后，就可以一身轻松地当个观众。有学生找我签名时，我会很高兴地签给他们，那样的情况多了以后，你自己都会觉得自己是个明星了。我的签名也越来越难以辨认，因为在我的印象中，明星们的签名往往像医生开药方那样，草如天书。我唱完《楼兰新娘》，胡冰就会唱《红红的嘴》《找到一个洗手间》。穆璇唱《你相信爱情吗》，郭涌的歌似乎在给她回答：《久违了》《留在重庆的我的爱情》。栗正打着小鼓唱着《坦白交代》《街上的孩子用舞蹈在哭》，王新宇张着双臂作飞翔状演唱《窗外的风越吹越大》。曹葳唱完《天堂好吗》，张广天就会接着唱《毛泽东》。

除了王新宇和张广天，其他人的演唱往往中规中矩，就是站在那里唱或是抱着吉他唱，风格朴素，宛如朴树。王新宇演唱时，自创的一套动作堪称一绝，他唱的歌叫《窗外的风越吹越大》，人也真像在狂风中的样子，张开双臂上下扇动，像个大鸟一样。底下的观众还有我们常常笑成一团，但他视而不见，执著地扑扇着自己想象中的翅膀，那动作应该是他在动物园拍 MTV 时，从孔雀那里学来的。

张广天最后一个登台，他也是新民谣运动的压轴大将，演唱之前，照例会有一段演说，宣扬他的革命思想，也总会有一部分学生喝彩，另一部分学生起哄。在这种时候，《毛泽东》的歌声会适时响起，但台下依旧阵营对立，旗帜鲜明，支持的掌声一片，反对的嘘声四起。面对这种情景，即使歌中所写的人亲自走出来站在台上，估计也很难统一思想。

毛泽东

当忽然我发现自己那么贫穷，回想起当年看烟火的那个晚上。
我们的想象布满了整个夜空，多么啊多么灿烂，毛泽东。
每一天早上太阳依旧火一般鲜红，我看见你独自一人站在远方。
你的手指指向我心灵的广场，跟你啊跟你前进，毛泽东。

有些歌听起来熟悉充满希望，就好像在多年以前听你演讲。
原来这都是些我心中的歌唱，多么啊多么美好，毛泽东。
当风雪黄昏那姑娘走到我身旁，她胸前的徽章闪耀梦幻的光芒。
当爱情和战斗如今已变得一样，给我啊给我力量，毛泽东。

当新年的钟声再次隆隆回响，难道你被手里那截香烟烫伤？
让我为你点燃一挂红色的鞭炮，多么啊多么响亮，毛泽东。

毛泽东，毛泽东，跟你冒着枪林弹雨走！

毛泽东，毛泽东，跟你闲庭信步向前走！

毛泽东，毛泽东，跟你谈笑风声向前走！

毛泽东，毛泽东，跟你忧伤似海向前走！

（收录于1993年《张广天现代歌曲专辑》

2003年电影《走近毛泽东》主题歌曲，张广天词曲）

56

汉唐高校巡演如火如荼地进行着，但我们越来越发现自己的经济状况，就像张广天歌中所唱的那样：当忽然我发现自己那么贫穷……我在汉唐，除了那五百块钱的企宣工资，就没有其他收入了，而这个工资，也在年底前时断时续。汉唐的高校巡演纯属宣传性质，没有任何盈利目的，公司做的那本《中关村电子商情》杂志也做不下去了，整个汉唐，似乎就靠黄燎原给臧天朔、韩磊、何勇等人做策划推广来维持。歌手的收入主要靠演出，但我的歌虽然在榜上待了足有两个月，可限于经费问题，没有进一步跟进的步骤，比如拍MTV什么的，也没有发专辑的计划，这样自然也不会有什么演出了。栗正的情况也和我差不多，我们俩搭伴去过几次那种开业庆典性质的小演出，也没什么出场费，往往是唱完歌吃顿饭，再拿点纪念品就不错了。

我记得深秋的一天，北京文艺台的一个主持人徐睿，请我和栗正参加奇然大厦的开业典礼，那个地方在陶然亭公园旁边。开业典礼在大厦前露天举行，我们俩和几个叫不上名字的歌手，在临时搭的舞台上唱完歌后，主办方也不知是怎么想的，抬过来一张桌子，让我和栗正为大家签名。其实根本就没几个人知道我们，那天天气也不太好，有些冷，但比天气更冷的是我们的签名场面。我和栗正坐一张桌子，一人拿一支签字笔，始终处于等待状态，就像两个人在露天表演小品《同桌的你》。好不容易有人过来签名，我都怀着一种感激的心情，哪怕他是主办方派过来充场面的，那也比干坐着强。

一个头发花白的老太太走过来，拿出一本精致的笔记本，翻开让我们签名。我一看她这个年龄，心想莫不是把我们当成唱京戏的了？于是就问她："大妈，您听过我们的歌吗？"这位老人回答："呵呵，我不听歌，我听也听不懂，我孙女喜欢听歌，她是歌迷，可喜欢你们这些歌星了。"我知道她肯定连我们叫什么都不知道，只是为了让她的孙女高兴，但还是在她的本子上签上我的名字。可她并不满意，认为一张纸那么大，签一个名字太少了，让我多签几个。我本想跟她解释，但一想不就多写几个名字嘛，反正总比闲坐着强，于是就像小学生做作业那样，把一张纸签满，至少也得有十几个。栗正也如法炮制，但他的名字比我少一个字，所以至少签了二十多个。

老太太的出现，却使得冷清的签字场面，发生了壮观的逆转。那天下午也不知从哪里冒出好多幼儿园的小朋友，一队接一队手拉着手从我们面前经过，可能是幼儿园组织去陶然亭公园游览的吧，反正他们的出现使我们签名签到手疼。小孩子的模仿心理极强，几个小朋友看见我们在给人签名，也拿出各种小纸片让我们俩签。榜样的力量是无穷的，得到签名的他们高兴地举着纸片，引来了无数嘴里喊着"叔叔，我也要，我也要"的孩子，把我们围在中间。

他们的目的更单纯，根本就不需要知道我们是干什么的，他们只想像其他小朋友一样，让我们在各式各样的纸片上写上字就行，就像游戏中的一个环节。我和栗正尽量满足每一个小朋友的要求，因为每当你不想再写的时候，总有一双失望的眼睛看着你："叔叔，给我也写一个吧，他们都有了。"在这种时候，你不得不耐心地一个一个签下去，然后得到一声甜美的："谢谢叔叔。"我们不知道那天签了多少张那样的纸片，反正旁边一个垃圾桶里的废纸，都被孩子们翻光了。

类似的小演出我还参加过几场，比如有次我和栗正参加西部酒城的一个活动。那是在晚上，跟我们一起参加活动的，还有几个北京国安队的球星。我们唱完歌，他们亮完相，酒城的老总招待大家一起吃饭。席间和国安队的球员聊天，我们知道了国安队是封闭式管理，非常严格，晚上禁止外出，但他们是翻墙出来的，体现了球员们视艰难险阻为无物的大无畏精神。那天的演出也是熟人介绍，没钱可挣，只收到一些礼品，吃了不少海鲜，喝了很多啤酒。酒喝得太多，我和栗正在回来的面的上说话时，舌头都快捋不直了，看对方时也是翻着白眼，呈互相憎恶状。而且那些海鲜在胃里没待多久，就不顾我们身体对它们的留恋，全数贡献给了路边的田野，面的司机隔一会儿就得停一下车，一路怨声载道。

我第一次参加比较大型的演出，是在 1995 年 8 月 25 日，那是中央电视台的一个晚会，名字很长，叫国际统计学会第五十届大会大型文艺晚会《华夏风情》，导演是翟建新和陈临春。翟导对我在不插电音乐会上的表现大为赞扬，所以一有机会就会想到我。那时候的晚会很少直播，往往是演出当天录好像，改日播出。演出那天，我下午早早就赶到保利剧院参加彩排，参加演出的都是当时人们很熟悉的明星大腕儿。有彭丽媛、孙国庆、蔡国庆、陈红、韩磊、范琳琳、林依轮、刘斌、程志、冯敏等等，我在里面是最没名气的一个。走台的时候，翟导问我："你的服装呢?"我从包里拿出一件深蓝色的学生装，翟导一看说还行，并让剧组的人帮我熨了熨。我第一次参加这种演出，不知道该穿什么样的衣服，而翟导事先告诉我最好有演出服。我没有演出服，最后还是黄燎原给我找了一件，那是他认识的一个叫李岩的女歌手的衣服，是她上中学时的校服，我穿着很合适。

走完台，很多人就说这首《楼兰新娘》很好听，当得知这歌是我写的后，他们都夸我能写能唱。有个编舞的老师叫高山，多年后是海政文工团的团长，他给我很多表演方面的建议，这正是我需要的，因为我的那个节目叫男声表演唱。论唱的话我不怕，经过"不插电"我已很有自信了，但要说表演，我根本就不知道该怎么表演，连眼睛都不知道往哪儿看才合适。那时候的晚会基本都是对口型，我们那台晚会也不例外，所以根本就不用担心唱的问题，你想唱话筒也是关了的，所以大家其实都是在表演唱歌。经过走台时候的对口型，我明白了为什么每次看电视，晚会上那些歌手总是一脸轻松，表情丰富，因为都是放的录音，根本就不用担心唱错。我在舞台旁边看别人走台，发现其实每个演员在对口型时，都是很卖力地在唱，否则口型很难对上。但无论你再怎么卖力地唱，那个根本就传不出声音的话筒也只是个道具，人们听到的，永远只是唱得一模一样的录音棚版本。我私下问过翟建新导演，为什么就不能真唱呢？作为导演的他，也是力倡现场真唱的，他很喜欢不插电音乐会那种现场感十足的真人真声、原汁原味。但当时的风气就是那样，据说是因为技术达不到，他只是一个导演，对此无能为力。

高山老师教我面对观众的时候，一定要深情地目视远方，要让观众觉得你在看他们，其实你在看你想象中的远方。这个度很难掌握，他给我示范了好几次，也真的像电视上的那些演员一样，目光总是饱含深情。但轮到我自己那样看时，却怎么也学不来，看来表演不是一天两天就能学会的。我在舞台下一边看着别人走台，一边练着深情目视远方，竟趴在座椅上睡着了。睡梦中隐约感觉有人在轻轻推我，我睁眼一看，是歌星陈红，那时候她唱的《古老的故事》《梦里水乡》很好听也很有名。陈红看我醒来，指了指后台方向说："开饭了，快去吃饭。"随后就走开了。我在演出现场，认识的人只有翟导，在一堆陌生的明星中间，有一种强烈的孤独感，陈红这一关心的举动，让我心里感到温暖。在化妆间化妆的时候，我发现旁边不远处坐着化妆的是彭丽媛，于是我总是偷偷地看她，因为在我初中的时候，她就已经全国闻名了，我们学校歌咏比赛，每个班都要合唱她那首《在希望的田野上》，我还是领唱。我父母最喜欢听的就是她的歌，他们肯定想不到，自己的儿子竟然能跟彭丽媛同台演出。

演出开始了，我从舞台旁边看下去，发现观众基本上都是外国人，那是国际统计学会的成员，他们来中国参加第五十届大会。轮到我演唱时，在一阵干冰造的烟雾之中，我腾云驾雾般地出场了，第一次被这种气体包围，有些呛人，所幸话筒没声，否则观众会先听到一阵轻咳。给我伴舞的是空政文工团的十几个姑娘，都打扮成楼兰少女的样子，每个人都比我高，在我身边跳着新疆舞蹈，就像一堆竹笋围着一个蘑菇。相对于她们柔美的舞姿，我的表演显得有些僵硬，像被抓进盘丝洞的唐僧。在间奏的时候，我看见舞台上有布景台阶，于是就干脆坐在台阶上，看那些姑娘跳舞。

其实彩排时没有这个环节，是我临时加的，我觉得这样可能更自然些，那些跳舞的姑娘训练有素，马上变换阵型，在我前面排成一行，以掩饰我的生涩。在歌曲后面的部分，她们始终配合我在舞台上的行进路线，进退得法，张弛有度。真得感谢她们，否则让我把这首五分多钟的歌，靠自己的形体动作表演下来，还真是一件让人发愁的事。虽然是对口型，但台下的老外们并不知道，他们显然被这种充满西域风情的表演打动，给了我热情的掌声，可是我连声谢谢都没法说，就下了台，因为一说谢谢，准得穿帮。

后来我看电视，一眼就能看出门道，凡是面对观众热烈掌声只是挥手，却一言不发的演唱，不用说，肯定是对口型。当然后来对口型的技术也不断与时俱进，那就是间奏或演唱结束时，话筒就有声音了，歌手也会和观众交流，说着“谢谢”或“你们好吗?”之类的话，但也只限于这几句话是真的，唱歌时，很多晚会还是放的录音。翟导对我的表现还比较满意，说我那个坐下的创意很有意思。剧组的人过来给我一个信封，说是七百块钱车马费。我心想当个歌手真不错，在台上走一走，对对口型，还有车马费，怪不得有那么多人不惜一切手段也要进入这个行业。这还仅仅是一个晚会，要是商业演出的话，那收入更是我无法想象的，那时的我，对自己的未来充满信心，踌躇满志。

晚会散场后，我没舍得去坐出租车，而是在东四十条等公共汽车。一个外国人走过我身边，又走回来用英语问我：“Are you a famous singer in your country?”他看我不太明白，又放慢语速说了一遍，我才大概听出他是在问我：“你是中国很有名的歌手吗?”看来他刚才看了我的演出。此时公共汽车已进站，旁边的人群一拥而上，我也正在加入挤车大军，于是边挤边回头对他说：“No，bye－bye。”我当然不是中国很有名的歌手，如果中国很有名的歌手还得去挤公共汽车，那这个行业就不会有那么多挤破头的人了。

57

我把晚会播出的时间告诉了家里人，还有我身边的所有朋友。大家看到我和那些家喻户晓的明星在央视同台演出，就给我起了个外号叫“杨大腕”，汉唐的同事跟我开玩笑：“瞧瞧，你看人家杨大腕不上则已，一上就是央视。”在互联网还没出现之前，央视在中国传媒界的地位无人能敌，也无人敢敌，所以也难怪大家那么说。人在那种时候很容易飘飘然，我虽然嘴上故作谦虚：“什么大腕不大腕的，千万别瞎叫。”也知道他们是开玩笑，心里却美滋滋的。

针对这种苗头，黄招经常给我两句警世恒言：“你丫膨胀了，啊，要戒骄戒躁。”那时候娱乐圈很流行“膨胀”一词，形容一个人有些名气之后就开始骄傲。但黄招的警世恒言没说几次就不再说了，因为没过几个月，我这个“杨大腕”就不得不经常跟着大家一起蹭饭了。由于我前文所写的那些原因，秋天的时候，大家的生活开始变得拮据，到了冬天，做饭的阿姨也不来了，经常是我们自己动手，谁饿谁做。自己动手的结果，是那两只已长大的可怜兔子，在某一天傍晚成为一个菜名，从此在院子里没了踪影。

黄招因为以前走穴时的积蓄，一直是众人眼中的大款，于是我这个“杨大腕”，总是和众人一起，去蹭“黄大款”的饭。找黄招蹭饭有一个诀窍，那就是你向他虚心求教，比如：“啊，黄招老师，你上次说的那个唱法，我试了试，简直太管用了，你听听我现在唱歌是不是进步很大?”这时候黄招往往不经意地反问：“是吗?”但欣喜之情已溢于言表，随即用手指点着大家：“你们丫的，是不是又想喝酒了？那就走吧。”于是一群人就会来到西黄庄唯一的那家餐厅，像蝗虫一样把一桌子酒菜风卷残云。经常成为蹭饭对象的还有张敏，这个山东姑娘性格豪爽，做事大方。女孩子往往懂得存点钱，家里也总会照顾有加，她和阴影乐队关系很好，每次他们三个过来，我们就像过节一样。大家都以为我的歌成绩那么不错，至少不应该为温饱发愁，可是在事实面前，大家也都无言了。“杨大腕”这个本来就是开玩笑的称呼，此时已真正成为一个玩笑。

贺婧有时会来看我，总是给我带一些好吃的东西，这让我感觉自己在北京，也像是有了亲戚一样。由于都是陕西人，贺婧每次来了都会去看看栗正，栗正有一次对我说：“贺婧这姑娘真不错，给你当媳妇儿太合适了。”听了他的话，我回答道：“你看看咱们现在这情况，穷得都快去卖唱了，公司里四条腿的，除了桌子椅子，连兔子都吃了，还媳妇儿？贺婧是很好，可是小雪也很好啊，那也不照样……”还没说完我就后悔了，这无疑揭开了栗正的隐痛，但也说明了我们当时都很明白的问题，那就是改变生存现状。的确是生存现状，生活，还远远谈不上。

从那时候开始，栗正就很少在公司露面了，总是早出晚归，似乎在寻找别的什么机会。我也相信他有这个本事，因为他也总有着一些很神奇的手艺。有一次厨房的灯不亮了，遇到这种情况，人们一般会买个新灯泡，扔掉旧的。但栗正的做法显然与众不同，他拿着那个坏了的灯泡晃来晃去，竟然把里面的钨丝又给接上了，明亮如初。这种化腐朽为神奇的本领，使得他在年末的时候，在白石桥105总站找到一家倒闭了的餐厅，把里面乱七八糟的杂物清除一空，重新装饰为一个很有情调的酒吧，这就是日后在北京很有名的，栗正民谣酒吧的开始，这也是离开汉唐的人，开的第二个酒吧。

与此同时，我也在考虑着下一步的打算，这时却接到一个电话。那是一个女歌手的电话，她也是陕西人，叫王璇，当时要出一张专辑，正在四处收歌，制作人是柯肇雷，就是后来著名的小柯。王璇在电话里一听到《美若天仙》，就立即决定买下此歌，价钱是五千块钱。我第一次挣到这么多钱，但这个钱在我这里没待几天，就变成了我全身上下的行头。因为王璇告诉我，她看过我不插电的演出，觉得我一定会出来，没想到我现在是这个状况。作为陕西乡党，她想要帮我，首先得拍个MTV，这个她去找投资。然后她觉得我得在形象上做一些包装，人靠衣装马靠鞍，在娱乐圈发展，人们首先看你的外表是否光鲜，外表往往是才华的广告，广告不引人注目，谁会在乎你的产品？

我想想也是，自己参加演出时，连件像样的衣服都没有。从不插电以后，我接触的人逐渐多了起来，也参加过一些音乐圈的活动，那些场合往往富丽堂皇，喝红酒的多于喝啤酒的，汉语中夹英文的多于纯说汉语的，人们大都穿着考究。我是得注意自己的衣着打扮了。王璇陪我去百盛购物中心置办行头，像百盛这样的地方，我还是第一次来。但我最终用四千多块钱，买了全身上下的行头，这可能比我从小到大，所有衣服加起来花的钱还多。其实在花这些钱的时候，我心里也很矛盾，自己并不是有钱人，爸爸为了一家人的生活，还天天骑着自行车四处奔波，这些钱比他一年的退休金还多，却被我不到俩小时就花光了。我在心里这样安慰自己，那就是只有投入才有产出，我花这些钱是为了赚更多的钱，只有赚更多的钱，才能更好地报答父母，帮助姐妹。既然娱乐圈是个花花世界，赚大钱的地方，我的一只脚已经踏入，那就得让自己也花哨起来，同流，才可以合舞，舍不得孩子，怎么能套得到狼？

王璇果然说到做到，在以后的日子里，不断为我介绍她认识的有钱人，或是假装有钱的人。她总是带着我，不遗余力地向那些人游说，说我多么有才华，唱得如何出色，如果没有一个 MTV，那就耽误了。可是这世上哪里有白吃的午餐，有才华的人多了，又不缺我一个，别人凭什么给我投资？我记得曾经有一个人，已经答应给我投资，但谈的都差不多的时候又变卦了，因为那人当初之所以答应，是因为对王璇有所企图，之所以反悔，是因为他觉得根本没有希望。我曾经问过王璇，她为什么要这么帮我？她说因为我们是老乡，同为歌手，她认为我更应该出来，她相信我的才华。这本是一番好意，我却误认为人家对我有意，并由此发生了一件让我不得不重新审视自己的事情。

58

那是在西直门内一个叫骆驼居的酒馆，我跟王璇还有她的几个朋友聚会，我醉得一塌糊涂，洋相百出，一会儿念诗，一会儿唱歌，并借着酒劲对她搂搂抱抱，不停骚扰。有些情景我记得，有些情景是我清醒后才知道的，反正那天我闹到很晚，举止疯狂，她的一个朋友实在看不下去了，于是过来劝阻，我却更为疯狂，跟他打了起来，被他用手机在头上砸了一下，血哗的就下来了。王璇见状，一边大声斥责她的朋友，一边赶紧叫出租车，把我送到了不远处的人民医院。所幸伤得不重，只需缝两针，我躺在病床上缝针的时候，酒也醒得差不多了，王璇陪在旁边，我都不好意思看她。人们常说借酒撒疯，而我发现自己并非如此。因为我觉得刚才那个举止疯狂、丑态百出的人，更像是灵魂深处的自己，只不过被酒给引出来了而已。每个人的灵魂才是他的真人，而我发现自己竟是那么的不喜欢真正的自己。

那是一个被各种矛盾包裹着的综合体，比如说我觉得自己很有音乐理想，甚至更伟大的理想，但面对娱乐业的纸醉金迷时，也是一脸艳羡欣然前往。再比如我有很多朋友，我觉得自己也很重友情，在一起的时候我和大家都很快乐，但往往跟朋友分开以后就很少联系。还有就是，当我面对一个性感漂亮的女人，心里都不知和她上了多少次床了，但嘴上总是言不由衷，高谈人文或者理想。我渴望公正，崇尚平等，但自己稍微沾点权势的光，认识几个有名的人，也会引以为豪、沾沾自喜……总之，类似的矛盾在我身上太多了，举不胜举。我带着这颗矛盾的心在这个世界上飘来飘去，倒也相安无事，周围的人看到的都是我阳光的一面，虽然也有阴暗不时漏撒，但所谓瑕不掩瑜，无碍大局。可是这次醉酒，让我看到了一个我很不喜欢的自己，我意识到了这一点，也有意识地去改变，但江山易改本性难移，这不光是一个决心的问题。

第二天，我虽然戴了顶帽子，但公司的人还是看见了露在外面的一片纱布，于是问我怎么回事。我只好撒谎说，打车的时候司机遇到紧急情况急刹车，我措不及防头撞在玻璃上。其实这个谎言很拙劣，因为受伤的那个位置，根本就不可能撞到，除非我有意识地把头摆成那个角度让玻璃撞，这显然很荒谬，所以他们听了也是将信将疑。世上没有不透风的墙，没几天，公司就知道了事情的真相，大家专门为我开了一个挽救灵魂的帮教会议。对此我没有任何异议，毕竟自己的行为很不光彩，我也检讨了自己在有了点名气后，开始虚荣膨胀，还撒谎欺骗大家，辜负了同事们的一片好心。按说大家是帮我改正错误，我也虚心接受，这个会议应该圆满结束，但结果却是不欢而散。原因是我真的受不了那种“文革”气氛，我没夸张，的确是“文革”气氛，我没想到自己在90年代，还能逆时空穿越到“文革”的批斗会现场，成为一个反革命坏分子。

那天的批判会是由——名字我就不写了——主持的，毕竟人家是有信仰的人。多年以后他在先锋话剧行业大名鼎鼎，据说是票房的保证，我想他是想先把信仰包装成商品出售，从大小资产阶级手中挣钱，等有钱了，再回过头去实现他的无产阶级革命理想，如果是那样的话，那我国的无产阶级们可就有福了。我很奇怪，身为基督徒的他，那天在批判我的现场，却胸配毛主席像章，言语中也充满“小资产阶级的虚荣”“深揭狠批”“深刻反省”等等已被历史尘封的“文革”用语，也许那时候他就把自己当成话剧导演了。但让我深感万幸的是，没出现“打倒”“砸烂”等等字眼，毕竟他是一位文人，执行的是“要文斗不要武斗”的方针。严姐被指定为会议记录者，她那支写诗又写歌的笔，记录着这个会议上毫无浪漫可言的话语，汉唐的同仁们也被要求揭发我平时的不轨言行。这些跟我朝夕相处的同事，也跟我一样，第一次见到这种连电影里都快绝迹的场面，不知道该揭发什么却不得不揭发些什么。于是就有人揭发我爱睡懒觉，或者是我很自私，轮到我做饭的时候逃避责任，吃别人做的饭时却吃得很欢。

但他们的揭发都没有触及灵魂，只有会议主持者的批判，让我肮脏的灵魂不停地颤抖，没经过那种场面的人，绝不会明白那种红色口号下的白色恐怖。我在这种阶级斗争年代才有的气氛中，一时不知今夕何夕，有了时空错乱的怪异感觉。当我看到周围的办公桌椅以及音响电话日历等等现代用品时，突然意识到“文革”早就进了历史的坟墓，于是我开始了激烈的反抗。只见我突然哭叫起来，边哭边往门外走，走向我离开了一个多小时的亲爱的1995年，嘴里高喊着：“我不干了！再也不当什么歌手了！我要回家!”几个同事赶快过来拉我，似乎以为我要去厨房拿菜刀。但我仅仅是走进了自己的小屋，后来黄招等人进来劝了劝我，这场触及灵魂的批斗会也就到此结束。在此之前，我总认为事物要一分为二的看待，“文革”也是如此。但经历过那件事以后，谁要是在我面前认为“文革”还有什么积极意义，为它唱赞歌，那我……我……我他妈的抽他！

我没有意气用事卷铺盖回家，而是参加了剩下的几场高校巡演，但在演出现场，我除了上台唱歌，其他时间一言不发。我的这种沉默，似乎只有黄金刚能理解。有一次演出结束，他走过来看了看我，向我竖起了大拇指。我想这是因为他有一首广为人知的歌曲《再见》，那里面有一句歌词：“那些日子我被深揭狠批姑娘你一言不发，那些日子啊，我的兄弟姐妹们洁白无瑕。”当然，他在若干年前被深揭狠批的原因，比我要光明得多，但深揭狠批这种形式应该是差不多的，只有有过相同经历的人，才会同病相怜。这件事情就这么过去了，但我的心情却再也回不到过去，虽然和汉唐的同事们依旧相处如初，但我觉得再待下去也没什么意义了。那个时候栗正已离开汉唐，全心于酒吧生意，忙得不亦乐乎。而我的工资也没了，挣到手的第一笔所谓大钱，也投入到目前已陷入停滞的演艺事业中。本来买那么多衣服，是为了想象中接踵而来的演出，但演出们一直在别的地方忙着，我依然只能想象。

1996年的春节，在一种萧瑟的气氛中到来，公司的人能回家的都回家了，到最后就只剩下我一个人了。春节前的一天，我们的最高领导曹葳来到公司，临走时看见了我，于是走过来给了我200块钱，让我买一点过年的东西。曹葳是大家很尊敬的大姐，性格爽朗，从不掩藏，她是那种真正有文艺气质的女人，那种气质卓然清丽，是装不出来的。我们从来没见她发过火，却无数次听过她“哈哈哈”的率真大笑，只不过那种笑声随着公司业务的不景气而越来越少了。曹葳的演唱，如果按所谓专业标准衡量，肯定有一些缺陷，但她的演唱真实自然，清新如其人。一首《情歌唱晚》，至今还能在某个夜晚响起时，让我心头一热，就像1996年春节前那个雪花纷飞的黄昏，她给我雪中送炭般的温暖。

那个春节我依然没能回家，一个人待在汉唐的小屋。我用曹葳给我的钱买了十斤猪肉，在厨房里煮熟然后挂在房门口的石榴树上，想吃的时候就用刀割一块，沾点盐什么的也很不错。北京冬天的户外是最好的天然冰箱，那些肉我吃了十几天也没什么问题，但天天吃那种白水煮肉，使我日后有一段时间只吃素食，这让我的一些朋友误以为我受到的打击过于沉重，有遁入空门的迹象。其实我非但没受到什么打击，还待在小屋里写了不少的歌，其中有一首《雨中的鸟依然在飞》，那首歌当时只有曲，没有词。但这首在日后叫《雨中的鸟依然在飞》的歌，在完整地出现时，却是命运多舛，先后由袁泉、许波、田震演唱，却一直没多少人知道。而且田震唱的那一版是个半成品，就是个小样，她离开红星生产社以后，红星把那个小样当成成品发行了，制作极为粗糙，这让我很遗憾。因为在我写的所有歌中，我对此曲情有独钟，我那次在暴雨中骑车从宝鸡到西安，有了这首歌的第一个灵感，我也希望自己能像雨中的鸟那样，纵然风雨再大，也要自由翱翔。

雨中的鸟依然在飞

第一次看见你流泪，让我不忍面对。
你的样子像雨中的鸟，找不到温暖依偎。
忽然间我想起了很久以前，你我总是那样无畏。
那个从不轻易落泪的你，难道真的一去不回？

看着你一天天憔悴，一天天枯萎。
你说你已快到三十岁，却依然无所作为。
于是我又努力地让你相信，总有一天我们会飞。
就像那只在雨中穿梭的鸟，迎着风雨勇敢地飞。

所以不要流泪抬头看着天空，雨中的鸟依然在飞。
没有温暖依偎只有风雨相随，雨中的鸟依然在飞。
飞呀飞飞呀飞雨中的鸟依然在飞。
飞呀飞飞呀飞雨中的鸟依然在飞。

看着你一天天憔悴，你说时光快如流水。

转眼间已快三十岁，却依然无所作为。
于是我又努力地让你相信，总有一天我们会飞。
就像那只在雨中穿梭的鸟，迎着风雨勇敢地飞。

所以不要流泪抬头看看天空，雨中的鸟依然在飞。
没有温暖依偎只有风雨相随，雨中的鸟依然在飞。
飞呀飞飞呀飞，雨中的鸟依然在飞。
飞呀飞飞呀飞，总有一天我们会飞。

（收录于2002年田震专辑《雨中的鸟依然在飞》，杨海潮词曲）

那年的春节我倒是有了电视可看，黄招在回家过年之前，把他的电视借给我，这是我那些年第一次看到春节晚会。除夕之夜，我一边吃着盐沾白肉，一边看着春晚，看着看着，却看到自己的名字，再一看原来是《楼兰姑娘》上了春晚。那几年这首歌很火，我的这位姑娘总是和我抬头不见低头见，四处招摇，风光无限，《楼兰新娘》远没她风光。那时候经常有人给我出主意，说让我去告付林，就告他未经我同意就使用并改动我的作品，他是海政歌舞团的大领导，只要一告，报纸上一炒，我就火了。

这种话我听得多了也就动了心，于是有一天我给付林打了个电话："付林老师，我要告你……"当付林听完我要告他的原因后，虽吃惊但开始和蔼地解释："海潮，当时那种情况你也知道，我上次也跟你说过，不是我没通知你，是联系不上你……"我听后也就作罢了，说了句："付林老师，我不告你了，再见。"就挂了电话。我本来就不太想打这个电话，如果打官司的话，报纸肯定喜欢，我可能也会出名，但我真的不愿意以这种方式出名，那感觉是这首歌火了，我来趁火打劫，况且这首歌也不是没署我的名字。我心中的不平是因为我得到的收益相对于这首歌的影响简直太不成比例，在以后的岁月中，我知道很多创作者的处境也都大同小异，我也只能在不平之外，平添几分无奈，那是一种行业心情，在创作领域非常流行。

第九章 我的音乐工作室与《月牙泉》

59

春节没过完，我就搬到了刘蜀秋那儿，蜀秋毕业后在一家不大的唱片公司做企宣。那个公司的老板叫郭传林，是黑豹乐队的经纪人，在摇滚圈大名鼎鼎，人称四哥。那个时候，黑豹虽然声名还算显赫，但也开始走下坡路了，郭传林开的那家公司叫鸿钛唱片，旗下有豹妹李小燕，轮回乐队等等。蜀秋做企宣，工资也是五百元，也是经常被拖欠，没办法，唱片业那时候萎缩得厉害，大公司还可以，小公司都是走一步看一步，走到哪儿算哪儿。蜀秋做事很认真，有自己的目标，他一直想自己做唱片公司，但那个理想在当时来说过于远大，他想先从音乐工作室开始做起，也希望我能一起干。于是在春节还没过完时，我搬到刘蜀秋住在六郎庄的一间小屋。六郎庄在颐和园东墙外，蜀秋的小屋在村子的东南角，三面都是荒芜的田野。

做音乐工作室的时机也不成熟，一没资金二没场地，只是我们还有想法，现在要做的就是等待。那时候蜀秋不用每天都去上班，因为去了也往往无事可做。于是我们俩终日坐在小屋的床上畅谈理想，一边一个床，一人一条被子裹得严严实实，除了外出吃饭和上厕所，基本上都是在床上度过。没办法，天气太冷了，屋里除了暖瓶，水根本没机会以液体形式存在，都是以冰的面貌呈现，冰是睡着的水，我们是冬眠的人。刚开始的时候，我们还有点钱，可以时不时地去北大东门外一家川菜馆，享受那里味道极其正宗，价格却异常便宜的川菜。那个川菜馆很简陋，现在早已没了踪影，但在当时，那里的夫妻肺片总让我们边吃边赞不绝口，都有为它写首歌的冲动。那里的夫妻肺片好像才5块钱一大盘，但在我们眼里，不逊于鲁迅在《祝福》中，念念不忘的福兴楼一块银元一盘的鱼翅。

可是过了没多长时间，我们的钱所剩无几，对于那5块钱一大盘的夫妻肺片，也只能是念念不忘而无力品尝了。我们已很少出现在万泉河以东的地方，因为以万泉河为界，那边是城，这边是乡，紧缩的银根使我们俩只能在乡里晃荡，成为中国为数不多的城乡二元制受益者。那时候谁要去找我们，只需到六郎庄那个露天小市场守株待兔就行。只要卖馒头的一来，那过不了多久，你就会看到瘦如青年罗大佑的刘蜀秋和“愤青”样的我。由于我们天天啃馒头，此时的蜀秋变得更瘦，长发没地方洗只好支棱着，于是就像愤怒的青年罗大佑。我的样子也好不到哪儿去，同样因为没地方洗头而支棱着冲冠怒发，脸上还隐约可见久违的颧骨，穿着厚厚的棉衣还围着长长的围巾，那样子不用化妆，给手中塞一面三角旗，就可以去演电影里“反饥饿、反内战”的愤怒青年。

生活再次陷入困顿，但此时的我已无所畏惧，这半年多的经历，让我有了前所未有的自信。眼前的这点困难，在我这里已成为习惯，人的阅历就是这么一点一点积攒的，经验告诉我，艰难的前面，往往就不再艰难，但前提是你得渡过这段艰难。蜀秋同样心怀乐观，他这人做事只要目标确定，就会心无旁骛，音乐工作室虽然还只是计划，但我知道它的创立只是个时间问题。所以我们虽然整日手捧馒头，最多加一点朝鲜小菜，但对未来却并不担心，而是面对这个越来越庞大的城市，充满信心。那是真正的面对，因为城市在我们六郎庄的对面。可是馒头才不会管你是乐观的人，还是悲观的人，它只认人民币上印着的人。终于有一天，连食物链中最基层的馒头也得限量供应时，我们感到了危机。

幸好，命运先下手为强，按响了我的寻呼机，我一回电话，是翟建新导演，他让我准备准备，两天后参加一个北京电视台的晚会。

两天后的下午，我穿着当初从百盛买来的衣服，一身光鲜地出现在中戏剧场，那个晚会在这里举行。谁能想到，眼前这个装扮时尚的歌手，此时兜里只有不到五块钱，是转了四趟公交车才赶到这里的。那天的演员，也差不多是上次参加央视晚会的原班人马，走台的时候，翟导照例问我："你的服装呢?"我一愣，指了指自己身上的行头："翟导，这就是啊，不行吗？这可都是美国名牌。"翟导一看就急了："开什么玩笑，你这是牛仔衣，牛仔衣怎么能上这种晚会？中宣部领导今天会来看，你赶紧去换，换正装。"我一听傻眼了，就算现在飞回六郎庄也没用，因为我根本就没有正装。翟导得知我没有正装，就问我："你原来那件学生装呢？那个就可以。"那件衣服上次演出后就还给李岩了，所幸她家离那儿不远，在东四，于是我飞奔着向她家跑去。我没钱打出租车，又没有公交车直达，只能靠自己的双腿保住这个机会。

于是，从中戏剧场到东四的路上，一个小伙子像猎犬追逐的猎物一样飞奔，遇到人多的时候，还不住地喊着："劳驾让一下让一下。"谁能想到，这个人跑得这么快是为了一件衣服，没有这件衣服他就无法参加一个群星闪耀的演唱会，参加不了演唱会就得不到车马费，得不到车马费就得回到六郎庄寒冷的小屋，和朋友接着啃已经快断顿的馒头。万幸的是，当我气喘吁吁地从李岩家拿到衣服，再跑回中戏剧场时，竟还能赶得上彩排，可见自己跑得有多快。三月初的天气，我竟然跑得满头大汗，我在剧场外擦干脸上的汗，然后进去坐在椅子上，心跳了半天才平静下来。我心想人的潜能确实无限，要不是这件衣服，我还真不知道自己有长跑的天赋。

那天的演出和上次差不多，还是那些明星大腕，还是一样的对口型表演，还是一样的圆满，因为那样的表演你想出错都难。唯一出错的是王路遥的主持，说着说着忘词了，我在舞台旁边无比同情地看着她，因为相对于我的假唱，她可是真说，真说就难免出错，就像真唱也会偶尔跑调一样。所幸男主持人反应很快，接过话题圆了场，使得本次晚会成为无数个胜利闭幕的晚会之一。在雄壮的乐曲声中，领导们走上台和演员们一一握手，演员们面带笑容，有节奏地鼓着掌，我看上去和他们一样熟练，就像经常参加这种晚会一般。其实那种场景，那种气氛，那种鼓掌的动作，从小到大在电视上不知看了多少遍，你只要照着做就行了，那个一点都不难。北京台的车马费比中央台少点，以示对大哥的尊重，我拿到了六百块钱车马费，这对我来说，要比借此脱颖而出更为重要。而且这种晚会你很难脱颖而出，除非你成为一个职业的晚会歌手，大小晚会场场不落，隔三差五地在电视里面晃晃，那样时间长了也能成就一张著名的脸，然后和时代一起，植根于人们的记忆。

60

对于大腕儿们来说，车马费确实是车马费，好像还有几个人根本就没去领。但对我来说，这六百块钱却是生活费，这些钱解了我们的燃眉之急，我们又可以去福兴楼川菜馆（我们给它起的）大快朵颐了。日子就像火车，开着开着进了一段山洞，现在又露出头来，重新成为日子。当春风不断吹响我们小屋的窗玻璃时，蜀秋也开始忙了起来，我一个人待着也无聊，于是告别了蜀秋，踏上开往宝鸡的列车。都说陕西人恋家，我可以做这句话的标本。天亮的时候，车已快到陕西，我贪婪地望着车窗外的景色，离陕西越近心里就越温暖，其实离开了也就不到两年时间。我看着铁路边那种陕西特有的半边盖的厦子（陕西话，厢房），看到蹲在地头戴着石头墨镜叼着旱烟袋的老汉，我看他的时候，他也在看火车，陇海铁路1935年就通车了，他可能就这么看了一辈子火车。

我看着铁路北边的渭北原上，一座座汉家陵阙已被时光消磨得只剩下秃冢，远远望去，昔日风光早已了无踪影，想着历朝的贩夫走卒文人墨客，也都曾经从此路过，和火车上的人们面对的是同样的景色，怀有同样的感慨，可他们如今又在哪里呢？

我就这样一路想一路看，看着看着就看到了我家，我都能看到妈妈在阳台上晾衣服，心想她们见到我肯定会又惊又喜，那种惊喜在现在这个年代几乎已经不存在了。在经历了固定电话、传呼机、手机、QQ、MSN、GPS、博客、微博等等之后，连吃个饭也往往是："喂，到哪儿啦？""唉，堵车，二十分钟就到。""喂，现在到哪儿了？""快到了，再等会儿。”“喂，该到了吧?”“到包厢门口了，到你们眼前了!”“哈，坐吧。”在这样的时代，连梦里都很难有惊喜。

果然，当我敲开家门，妈妈看到我真是又惊又喜：“啊？海潮？……娇娇，快看谁回来了!”随后自然是一番久别回家后的欢乐场景。外甥女娇娇扎着两个羊角辫，怯怯地叫了我一声“舅舅”，然后就笑着站在一边，目不转睛地看着我，那个样子着实可爱。我走的时候她还是个婴儿，如今已经两岁多了，她能在我猛然出现时，一眼就能认出这个舅舅，这真得感谢中央电视台，在半年前那个晚会上，娇娇除了照片以外，第一次见到了会动的舅舅。爸爸妈妈很快就在厨房里忙活开了，我说你们什么都不要做，就给我做碗臊子面，我在外面这两年，最想吃的就是妈妈手擀的面。

臊子面是陕西人的快餐，有一套既定程序，照着做就行，我们家是妈妈负责擀面，爸爸负责做臊子汤。我在客厅一边和娇娇玩，一边看着厨房里爸爸妈妈忙碌的身影，感到既温馨又辛酸。他们明显苍老了不少，也许他们每天都在一起，自己并不觉得。不到两年的时间，时光却在他们脸上又刻划了那么多痕迹，这期间的操劳和为儿女们的担心可想而知。想想，父母基本上没过过多少好日子，生于战乱年代，长于运动时期，好不容易消停下来，却不得不为钱奔忙。

我在火车上熬了一夜，回到家里却一点都不困，跟爸妈似乎有说不完的话。晚上姐姐姐夫也来了，一家人热热闹闹地看电视聊天，围着我问长问短，还说上次在电视里看到我演出，姥爷刚好在我们家，他很长时间没见我，也不知道我在干什么，再见到我时，竟然是在中央台，而且和那么多有名的演员一起演出，老人惊讶地张大了嘴，然后说：“哎呀，我不能再看了，再看就得吃降压药了。”说到这里，大家哈哈大笑，这是我久违了的温馨场面。

只是我发现娇娇很少说话，一直盯着电视，我想起姐姐以前在信中告诉我的事情，果然，到了天气预报的时间，她就显得很兴奋，当马上就要预报到广州的时候，她站起来走向电视，当预报员念到广州的时候，她几乎和预报员一起念出：“广兜，妈妈在广兜，妈妈在广兜。”然后兴奋地跳来跳去……她从懂事起，就没再见过妈妈，只能喊着妈妈所在的地名，似乎那样就能和妈妈在一起。我看到她这个样子，赶紧装作上厕所，谁见了孩子那个样子，都难免心酸。

但爸妈显然已经习惯了，他们说娇娇每天都这样，所以已经给妹妹写了信，让她回来和爸爸一起做二手车生意，她很早就学了驾照，正好派上用场。妹妹回信说她一个月后就回来，这让我感到安慰，同时也为自己帮不上家里而惭愧。我们聊起了爸爸做生意的事，爸爸现在做这个二手车生意，看来做得很有起色，他给人做了一辈子政治思想工作，临到老了却开始做起了生意，成为他曾经教育别人千万不能成为的角色。

我知道，政工干部出身的他，口才极佳，但提醒他一定要注意，跟人谈生意的时候，不能像教育我一样，习惯性地用那种政工语言，那可是生意的大忌。要知道商场如战场，人家一听他讲那种套话空话，就肯定知道他不是行家，少不了变着法儿骗他。没想到爸爸一听这话，说我也太小瞧他了，他说就是因为他的说话方式，让人一下就听出他以前是搞政工的，生意才好做起来。他这样说让我一头雾水，心想难道世道又变了？做生意的流行起了马列术语？经他一番讲述，我才知道，他刚开始四处找车的时候，一直不太顺利，直到有一天在虢镇的一个单位门口，看到一辆成色不错的车，那种车当时在市场上比较好卖，用他们的行话叫：好走。

于是他找到这家单位管车的人，几句话聊下来，就发现彼此很有共同语言。那人姓王，也是政工干部，也早已不再吃香，快退休的他牢骚满腹，却碰见我爸这样一个满腹牢骚的同病相怜者，于是两人越聊越投机，也越聊越近。他们竟然都是在1958年心怀一颗红心，远赴祖国边疆，一个在青海，一个在新疆，也都在70年代末费尽千辛万苦调回内地，也同样在退休后和即将退休时面对如何养家的难题。相同的经历，使他们很快从曾经为共同理想奋斗的同志，变成准备合伙做生意的老兄弟。那天两人到了一家酒馆，酒酣耳热之际，老王手中捏着一张钞票，不停地重复一句话：“信啥都没用，我现在只信它。”从认识老王起，爸爸的生意开始有了转机，老王在虢镇地区熟人众多，每个单位都有要更新的车，当然，每个单位也都有几个跟他们一样的难兄难弟。

爸爸和老王他们那种人，从年轻时就狂热崇拜一位伟人，到老了还是无比相信他，但已经是印在钞票上的他了。妈妈告诉我，说我爸现在把钱看得比什么都重要，自己过得非常俭省，却把每一笔进项都存入银行，密码只有他自己知道。但由于人老了记性不好，他又怕记在本子上被人知道，所以那个密码，往往成为真正意义上的密码，这让他在储蓄所比较知名。但爸爸听到妈妈的话后，先来一句几十年都没动摇过的："女人家，真是头发长见识短。"然后以他政工师的口才，开始有理有据的反驳："你说现在这个社会干什么不要钱？生活费就不说了，单位集资买咱们这房要不要钱？娃们的单位都不景气，说倒闭就倒闭，到时候要不要钱？……要不要钱？……要不要钱？咱们年纪大了，万一得个病啥得……"

他这话还没说完，就被一边的姐姐打断了："爸，别说不吉利的话，赶紧呸呸呸。"我们那里有种说法，不小心说了不吉利的话，向空中"呸呸呸"三下就没事了。姐姐之所以这么说，是因为在短短的几年内，我们那个工厂已经有好几个人因病去世，或是长年住院。他们大都才四五十岁的样子，其中就有我在化工厂待的那三个月里，对我帮助有加的李德生师傅。膀大腰圆一身是力的他，总是笑呵呵的和蔼模样，却在某一天，连句话也没留下就走了，这让我感叹人生无常。

爸爸显然被姐姐的话吓住，因为他那些住院的同事，受罪不说，高额的医疗费很多都无法报销，家庭因此垮掉。爸爸十八岁就已经是党员了，但此时也顾不得什么封建迷信思想，依照姐姐的话，抬起头，向空中"呸呸呸"了三声，这让我想起了《药》里面的华老栓。其实我一回来就发现了爸爸的变化，那就是他卧室的床头，多了一尊关公塑像，旁边还有一尊菩萨。妈妈说本来他只买了一尊菩萨像，但听人说关公才是保佑发财的，于是就有了这怪异的关公伴菩萨。

我们就这么聊着天，我感觉家里的灯光偏暗，就说这么暗的灯对娇娇眼睛可能不太好。妈妈听后斜了一眼爸爸："省钱呢么，关灯关得可勤了，沙和尚是卷帘大将，你爸是关灯大侠。"妈妈的形容准确诙谐，我深有同感。我到哪个屋待一会儿，只要一出来，爸爸准会过去随手把灯关掉，像饭店里勤快的侍者。姐姐叹口气对我说："唉，这也不怪咱爸，现在这一片都是这个样子，工资这么低，还随时都可能放假，不省些怎么过得下去？你过来看。"

说完她带着我来到阳台，指着周围的几幢楼，那是她们厂的职工宿舍，是她们厂最红火的那两年盖的，当时就有人装了那时还不多见的空调，可现在再一看，整座整座的楼，家家都是那种昏黄微弱的灯光。姐姐说她们厂可能要承包给私人，现在已经有不少职工都放假了，干什么的都有，但几乎都是打零工、做小生意。宝鸡就那么大个地方，做生意的却遍地都是，人常说一个好汉三个帮，这地方是一个顾客三个人抢，所以生意也不好做，能糊口就不错了。

姐姐问我记得××吗？我说记得呀，那是她们厂一个唱歌唱得很棒的小伙子，我曾经和他一起参加过宝鸡的蓝天杯歌手大赛，他得了第一名。姐姐说他在车间工作，不慎被黄磷烧伤了脸，现在也分流了，好像是在做生意。我问姐姐他现在还唱歌吗？姐姐看了看我说："人没事就不错了，还唱什么歌。"然后姐姐又说："你在北京就好好闯吧，咱们这地方的人，现在除了挣钱啥想法也没有了。"我这次回来，给姐夫带了好几本书，我记得以前他很爱看书，可这次他翻了翻那些书，有些自嘲地说："唉，你还记得我爱看书，我都快不记得了，一天忙来忙去的，也不知忙些啥，哪儿有心思看书啊。"他是一位技术人员，所在的车间是厂里少数几个还没放假的孤岛，但也是迟早的事。我回到家的第一个晚上，就是在这么一种五味杂陈中度过的。

我在家的那些日子，见到不少过去的朋友同学街坊邻居，有过得比较得意的，也有过得不如意的，多数还是过着普通市民的日子。但不管是什么生活状态的人，大家聊起天来，都是在说谁谁谁混得怎么好，谁谁又发了财，总之，衡量一个人成败的标准最后都落实到人民币的数量上。成功这个宽泛的概念被成功地数字化，在我印象中，数字化时代就是这么到来的。其实那个时候大家都很年轻，谁也没挣到什么钱，而且那个年龄谈成不成功还为时尚早，但成功的标准在不同的人眼里，却已有了惊人的统一，那就是谁挣得钱多，谁自然就是时代的英雄，并且绝对不问出处，不论你是工农兵学商，还是黑恶盗匪娼。

在以经济发展为动力的时代，这不足为奇，但十几亿人一起在财富路上拼命往前挤，你的成功感会在哪里？有挫败感的注定是大多数，成功了的也只是暂时歇息，财富的无底洞定律，终会使你不断地全力以赴，去超越前面那望不到头的群体。如果你想拼命努力立于财富最前端的话，那你最好去做个幻想家，因为那个位置属于权力，而不是你一厢情愿的实力。这么一大国人，被挣钱这个想法一统天下，终日为它奔忙得没了其他想法，倒是一种轻松有效的管理办法。

在这种聊天或聚会中，我总有一种强烈的孤独感，这倒不是我故作清高，你在这种人人忙碌、无暇他顾的时代，就是真的清高，也会无人理睬。我当然需要赚钱，需要用钱的地方不比谁少，我只是想自己左右自己的需要，而不是按照那个游戏规则瞎跑。在全民向着人民币冲刺的马拉松大赛中，我只想停停，自己给自己设一条赛道，那就是我一定要写出真正有分量的作品，这条赛道上人不多，但人少的地方，往往风光无限。

3月底，我来到麟游县的北马坊，这里群山环绕，清溪长流，是给隋唐离宫九成宫养马的地方。爸爸当初从青海调到这里的煤矿负责安全工作，我在此度过了童年时代。每个人内心都有属于自己的领地，而我有两个，一个是白鹿原，一个就是这里。顺着记忆中熟悉的小路，我来到曾经的小学校，它在一座山坡顶上，此时已搬到山下，人去屋空。周围只有野花怒放、鸟鸣啾啾，满山坡的绿色麦田和金黄色的油菜花，迎风翻起带着清新芳香的波浪，就像一幅巨型的美丽画卷。

周围一个人也没有，世界恢复到初始时的安静，我躺在一片绿草之上，世界顿成蔚蓝天空。头歪向左边，是麦田，歪向右边，是油菜花。耳朵里只有鸟叫声和蜜蜂的嗡嗡声，还有掠过麦苗的风声，风声一点都没变，可是我已不再是那个挥舞着书包，迎风狂奔的小学生。我躺在那里，想起很多小时候的事情，想起我们经常玩的“乌鸦乌鸦罩罩”的游戏。经常是一放学，男生就分成两拨，一拨齐声高喊：“乌鸦乌鸦罩罩，我儿带个帽帽。”那意思是乌鸦铺天盖地地飞过来，戴帽子的都是我的儿子。于是另一拨里戴帽子的男生赶紧把帽子摘掉，以免成为对方的儿子，然后他们也齐声反击：“乌鸦乌鸦顺沟跑，我儿赤着净包包。”那意思是乌鸦顺着沟飞，没戴帽子的就是我儿子。于是被反击的一方赶紧戴上帽子，没帽子的把别人的抢过来戴在头上，人人都怕成为另一拨人的儿子，帽子便被大家抢来抢去。可是抢到帽子的刚戴好，对方又开始了：“乌鸦乌鸦罩罩，我儿戴个帽帽……”如此反复，没完没了。现在看来，此游戏单调至极，但小时候，我们却乐此不疲。那个话用麟游本地话喊很有意思，外人根本听不懂，只有玩者乐在其中。

此刻的我恰好戴着帽子，于是站在春天的麦田里，一个人玩起了这个游戏。我对着远处高喊：“乌鸦乌鸦罩罩，我儿戴个帽帽。”同时自己赶紧把帽子摘下，我又喊：“乌鸦乌鸦顺沟跑，我儿赤着净包包。”自己又把帽子戴上……旁边的小路一直延伸到很远，我的声音也传出去很远，这条小路我不知走过多少遍，把我从一个小孩走成一个少年，然后跟着父母走出大山。就这样，我一路走着一路长大，一直走到北京，成为一个漂泊京城的青年。我站在麦田里，任想象自由驰骋，望着眼前的无边绿野，脑子里突然冒出这样的一句：“绿绿的原野没有尽头，像儿时的眼眸。”这个词句，像小时候拾麦穗一样，被我从绿色麦浪中捡起，用在了一年以后的作品《干杯朋友》中，成为其中第三段的一句：“朋友你今天就要远走，干了这杯酒，绿绿的原野没有尽头，像儿时的眼眸，想着你还要四处去漂流，只为能被自己左右，忽然间再也忍不住泪流，干杯啊朋友。”

61

在我的感觉中，1996 年就像是 90 年代的分水岭。1995 年以及之前的几年，更像是 80 年代的延续，而 1996 年则是一直持续到现在的这个时代的开始。当我从宝鸡再次回到北京时，仅仅两个月的时间，我发现一切都变了。栗正酒吧从我走时的门可罗雀，变成我回来时的门庭若市，黄招郭涌等人正在魏公村筹备“不插电酒吧”，而张敏和阴影乐队也有回济南开酒吧的打算。不到一年的时间，当初这些怀揣音乐梦想来到京城的人们，在生活面前不得不现实起来，这的确是无可奈何的事，梦想毕竟不能当饭吃。

他们几乎都有着同样的打算，那就是用自己的音乐特长，经营以原创音乐为特色的酒吧，等挣到足够的钱，再用来发展自己的音乐。这个愿望是美好的，但我对此并不乐观，商业是艺术产品的朋友，却是艺术创作的敌人，他们都是很有音乐才华的人，现在却要将这种才华用于商业经营。当然，商业上的成功更符合时代对于成功的界定，但经商成功之后再去实现音乐梦想，只怕是比音乐梦想更难实现的一个梦想。

从 1996 年夏天开始，我有一种强烈的感觉，那就是从八十年代延续过来的那个叫“理想主义”的词语，已逐渐沦为贬义词，常常被用来取笑异想天开的人。“人要现实”、“现实一点”、“现实一些”成为人们挂在嘴上的常用词，精神追求更多的存在于未成年人之中，成年人往往不提钱不精神，一提钱就有追求。那一年，妹妹四处坐船头，哥哥到处岸上走，大姑娘美大姑娘浪，大姑娘从青纱帐钻出来，走进央视的晚会现场。在这样的氛围中，沦陷正式开始，一旦开始，就似乎再也探不到底线。

在那个 5 月，我从宝鸡回来，面对的是一个这样的情形：我周围的朋友们，一些人在经营酒吧，一些人在唱酒吧，那些不经营酒吧也不唱酒吧的人，则常常泡在酒吧。于是从 5 月份开始，有一段时间，我总是出没于酒吧，主要是栗正的民谣酒吧。有时候我也帮着唱唱歌，但更多的时候就是在酒吧里待着，反正我也没地方可去。阴影乐队也在这里驻唱，他们唱完歌后，我们就坐在一起喝着酒看别人演出。各地来北京的原创歌手依然络绎不绝，领教着各个唱片公司大同小异的拒绝，然后不约而同地，走进北京如雨后春笋般冒出来的酒吧，把梦想像收线的风筝一样，从天上拽下来收好，以期有一天，那个风筝会再次飞上蓝天。但他们中的大多数人，都将在日后的漫漫岁月中，在各个酒吧里唱着别人的歌，取悦着别人的心情，在装点着别人无数个美梦的同时，霉烂着自己曾经那个可能飞得更高的风筝。

我依然在孤独地放着我的风筝，这并非我一定要逆流而行，从而显示自己的与众不同，而是我不得不这么做，因为老天给了我写歌的本领，但我自己却不会弹唱自己的歌，这使得我一度想在酒吧里靠弹唱养活自己，但最终只有放弃。于是我只好远离酒吧，也就远离了忙于经营酒吧、唱酒吧以及泡酒吧的朋友们，这样就只能自己一个人待着。一个人待着能干什么？那就只好用自己的笨办法进行创作，而我的创作方式又因为没有学过音乐，几乎不用乐器，不受既定旋律程式及和弦走向限制，从而跟别人不太一样，反倒有了自己的特色。在人世间生活，你得学会适应源源不断的阴差阳错。

7月的一天，刘蜀秋告诉我，郭传林的鸿钛唱片准备暂停一段时间，办公室空着也没用，他准备实施自己的音乐工作室计划，郭传林也比较支持。那个办公室位于德外丝竹园的中国音乐学院五楼，虽然只有一间，但还算宽敞，办公设备也一应俱全，墙上还挂着黑豹乐队当年在香港获得的五十万白金销量证书，那证书做成白金唱片的样子，镶在木质的画框里，很是考究。我和蜀秋坐在办公室里踌躇满志，把我们的音乐工作室命名为：楼兰音乐工作室，并打算推出一张合辑《追忆似水流年》。

商品时代催生了大量的这种音乐工作室，当时在北京，你有一间或大或小的屋子，两三个志同道合者，四五把椅子和办公桌，再加一部电话，连注册都不需要，你就有了属于自己的，但需要自费歌手来养活的音乐工作室。办这种工作室，只有一个前提，那就是你得有点名气，哪怕是稍微有点名气，甚至是吹出来的名气。这种工作室的目标人群非常明确，那就是自费歌手，而且重点在自费。因为如果你不是歌手，工作室有办法让你成为歌手，当时歌手这个行当门前，已基本看不到门槛，做到这一点并不难。但如果你拿不出钱来，那工作室往往更拿不出来，合作的基础也将不存在。

我的经历告诉我，梦想到梦想实现之间，那个过程叫做艰难。但在商品社会，这是一个落伍的观念，用现在的话说，我“奥特”了。在那个时候，已经开始有人想用钱买下梦想的另一端，那就是梦想的实现。

我曾经对此不以为然，觉得也无非是有音乐梦想的人，同时也有些钱，于是就自己出钱制作歌曲，再自己出钱打榜宣传，也就到此为止了，因为我想，你再有钱，老百姓买不买账那是你买不来的。但我又“奥特”了，因为时至今天，自己出资做歌宣传早已不再新鲜，你只要有足够的钱，连维也纳金色大厅那种象征成功的地方，象征成功的掌声，以及被雇来发出这些掌声的人，都可以像个仆人一样，随时听你差遣——那还有什么是买不来的呢？

在1996年的那个7月，我不可能预料到这种场景，因为这片土地上日后所发生的事情，并不能用人类的普遍思维去想，那样的话你会比较痛苦，不得不怀疑自己的智商：为什么现实总是超乎我的想象？商品社会如果有信仰以及可以监督的制度当刹车，自然会给人们带来数不尽的好处，但没有这些的话，它只会滑向唯利是图。在唯利是图的社会，利益是一切行为的目的，包括文化艺术，一个人的所谓艺术梦想，往往始于梦想尽头的金色利益，对艺术创作者而言最重要的对世界冷静的感知，往往变成对创作目标价值的衡量，有利就行动，无利则不往，正所谓天下熙熙皆为利来，天下攘攘皆为利往。

我们的楼兰音乐工作室在这种背景下应运而生，刘蜀秋任总经理，我为音乐总监，官兵比例前所未有：二比零。在此之前，我觉得栗正他们开酒吧先挣钱再做音乐，只怕到时候激情早已不再，但现在自己做的事情，其实也跟他们差不多。虽说名字叫音乐工作室，还打算推出一张名字挺文化的《追忆似水流年》合辑，但本质上还是要收费制作，品质能否保证，基本仰仗有钱人的音乐才华。所以这样做，往往音乐成分不多，商业成分却不少。我们下一步要做的，就是要让有志于歌唱事业，更有志于为自己歌唱事业投资的人们知道：楼兰开张了，欢迎前来实现梦想。虽然我们两个的音乐梦想还远在天上。

62

在商业时代，连小孩子都知道，要想让人知道就得做广告，这笔广告费也是我们唯一需要投入的启动资金，但却难住了我们。因为总经理和音乐总监的钱加起来，也不够在报纸的哪怕中缝位置，做一条哪怕豆腐干那么大的广告。但这个问题很快就不再是个问题，当音乐工作室也像酒吧一样，如雨后春笋般冒出来的时候，那么乐于加入其中的人大有人在。参加不插电音乐会的一个叫史新的歌手，很愿意投资加入，他是肯德基东直门店的店长，被我们以商养梦的计划打动，慷慨拿出五千元，欣然加入楼兰，并挂名副总经理，从而使得楼兰音乐工作室的官兵比例，达到令人瞠目的三比零。

于是从那年7月开始，关心音乐尤其是音乐生活的人们必看的报纸——《音乐生活报》中缝，挤进去这样一则广告：著名歌手杨海潮、著名音乐人刘蜀秋以及史新，鼎力创办的楼兰音乐工作室即将推出《追忆似水流年》合辑，另可提供专业的单曲、专辑制作，欢迎致电：××××××。当然，“著名”二字纯粹为了广告效应，连我自己看了都脸红，但看到别的音乐工作室的广告，我们发现自称“著名”已经算是自谦了。因为很多广告的“著名”前面，都有不短的前缀，往往是“深受歌迷喜爱的”“深受全国人民欢迎的”，看那架势，离“伟大的……卓越的……久经考验的”也不远了。

这样的广告在《音乐生活报》上你方唱罢我登场，诸多工作室们在这家报纸的中缝位置展开了对自费歌手的争夺，那个位置虽然狭窄，但却云集各路“著名”人物，正所谓狭路相逢更“著名”者胜。对于各家工作室而言，这家报纸就像现在的央视一样，是广告投放的首选媒体，而常年在此做广告期期不落，一做就是好几年的，无疑就是广告标王了。这样的标王，我印象中有两个，一个是左林音乐工作室，一个是黑白音乐工作室，这两个音乐工作室出过什么作品我不知道，但它们的名字直到现在我还记忆犹新，足见这种一根筋式广告的强迫记忆效应。这就像脑白金一样，我这辈子也不会去买它，但这辈子也注定忘不了它。

第一期广告打出去之后，我和刘蜀秋就每天一人一边站在窗口，形同电影上的国民党特务，观察着中国音乐学院的大院，紧盯走进这座楼的人，看看哪个像“宋金子”或者“宋银子”，这是当时音乐行业对自费歌手的戏称，言指此路艰难，大多数人想在这条路上出人头地，只能是白送金子，即“宋金子”。我们当然希望能发现一些既有才华又有钱的歌手，但那样的话，这世上就没有鱼与熊掌的那个比喻了。不够出色，才会用钱给自己增色，所以愿意出钱买梦的人，大部分属于唱歌的票友，做歌这种事情，在他们这里，已基本脱离音乐范畴，纯属商业行为，就像出钱雇装修公司一样。但由于工作室遍地开花，他们往往四处考察货比三家，很多人来了以后问这问那，远比我们油滑。这使得我们的报价越来越低，演技却越来越高，没办法，没有实力，就得表演实力，就像诸葛亮表演的空城计。

我记得有一天，我和蜀秋等了半天也没有一个登门者，两个人闲得无聊，也懒得再去窗口的观察哨位站岗了，于是一人坐下来拿张报纸捧杯茶，形同机关干部。可就在我们一派悠闲之际，走进来一个年轻人，于是我们俩立即进入角色，拿着的报纸也迅速成为道具，两个人热烈地交流着报纸上的歌曲榜单，分析着目前的音乐形势及未来走向。这无疑使那人对我们工作室，有了良好的第一印象，当他环顾四周发现黑豹乐队的白金证书时，对我们的实力更是吃惊不已：“黑豹乐队那张专辑竟然是你们做的!?”刘总经理对此不置可否，只是从容地来了淡淡一句：“唉，过去的成绩了，现在谁的唱片还能卖那么多呀?”而我也不失时机地问刘总：“刘总，小张他们去南京领奖，明天就回来了吧?”刘总听后，一副责怪自己的样子：“哎呀，你看我忙的，都忘了告诉你了，他们明天回不来了，昆明那边临时有个演出，他们直接飞昆明了。”

司马懿在诸葛亮的空城计面前，退兵十里，这位年轻人在我们的一唱一和中，坚信我们更有实力。他在询问了一首单曲的制作及宣传价格后，想了想，来了句：“你们等着我，等我凑够钱，就来找你们做歌。”这句话让我和蜀秋面面相觑，于是我就问他：“那你是做什么的?”他答道：“我是一个厨师，在中关村一家餐馆做事，但我的理想是当一个歌手，我们餐馆的人都说我唱得好。”然后还没等我们说话，就开口唱了起来：“太阳出来我爬山坡，爬上那山坡我想唱歌……抱一抱那个抱一抱，抱得我的妹妹笑弯了腰……”唱完还来了句：“我喜欢摇滚。”其实我们根本就不在乎他能不能唱，唱得怎么样。因为我们办这个工作室的初衷，确实是用自费歌手的钱，做自己想做的音乐合辑，但我们的目标人群主要是有歌唱梦想，也有闲钱的人，他们出钱，我们帮人家圆梦，这应该是一件两全其美的事情。

而眼前这位年轻厨师，竟然要拿自己一刀一刀在案板上切出来的钱，投入到那个虚无缥缈的前途之中，这是我们无法承担也不敢承担的。并非我们有多高尚，而是人的理想不同于梦想，理想的改变往往意味着人生道路的转轨，我和蜀秋那时已对娱乐行业有所体验，都知道那是个绝大多数人有来无回的行业。这个有来无回，一个是指物质上的投入形同用狗粮打饿狗，另一个是再也无法回到当初的心境。我曾在酒吧认识一个北京台的导演，他的一句话让我记忆深刻。他说娱乐圈基本上算个火坑，每个人都想火，但绝大多数都被坑。如果我们此时给这位厨师以鼓励，无异于澳门赌场的发牌者，他的钱来之不易，我们根本负责不起。于是我们如实相告，说他辛苦挣来的钱，花在这个上面风险太大了，录一首歌，光买歌、编曲、乐手、棚费算下来至少一万多块钱，这才是制作费用，再加上宣传费的话，那费用就更多了。我们劝他还是打消这个念头，好好做一个厨师。

都怪我们俩刚才的戏演得太逼真了，这个厨师觉得我们不但有实力，而且还很有责任，于是更坚定地要与我们合作："两位老师放心，钱的问题我有办法，你们看看有没有适合我唱的歌，这件事就拜托二位了。"他的那句"钱的问题我有办法"让我心里隐隐不安，心想该不会哪天在法制栏目中见到他吧？于是我找了个理由坚定地告诉他："这不是钱的问题，我们做的都是原创歌手，自己唱自己写的歌，你会写歌吗？"这个理由果然奏效，他不好意思地笑了笑说："我不会写，但我会去学，你们可真严格，走了这么多唱片公司，你们是最正规的。"我忍着笑送他到门口，朴实的他恋恋不舍地转身离去。

63

工作室开张了一个月，广告也打出去四期，但上门的人询价者居多，成交的一个也没有。我们分析了一下，感觉是现在市场鱼龙混杂，当然，我们和同行都会认为对方是鱼，自己是龙。但就算是龙，也得知道鱼们的价格，知己知彼才能百战不殆。于是我和蜀秋开始扮演自费歌手，挨个给竞争对手的音乐工作室打电话，刺探他们的报价，以全面掌握目前的市场行情，在价格战中争取主动。南方的自费歌手由蜀秋扮演，北方的就由我来承包。我干这个事很在行，在北大的时候曾用此方法刺探过汉唐的进展，所以这种角色我演得惟妙惟肖："您好，我是来自内蒙的歌手，想做一首歌，请问……"但既然我们能想到这一招，那别的工作室也都能想到，所以我们得到的回答经常是："这个价格不是固定的，可以商量，但你最好能过来了解一下，我们面谈。"

"这些做音乐的，做起生意来，怎么比商人还狡猾?"蜀秋对同行们如此保守商业秘密，颇感无奈，虽然我们也是这么做的。我们不得不开始了下一步行动，那就是刘总经理继续坐镇楼兰，而杨总监假扮成自费歌手，亲自去竞争对手那里微服私访，打探出他们的价格底线。像黑白工作室那样的广告标王，我就不用去了，我们跟人家不是一个重量级的。我要去的是最近刚冒出来，跟我们在广告上拼得很凶的几家，尤其是"鸿音音乐工作室"。来我们这儿的歌手，很多人都拿这家工作室跟我们作比较。于是在一个上午，我按照他们广告上的地址，来到宣武门外校场口胡同，七拐八拐好不容易拐到了鸿音工作室门口，心想他们确实比我们更需要广告，否则就算是个侦探，也很难找到这儿。

一进门，就看见里面两个人，也像我和蜀秋一样手捧报纸，于是心里竟有些幸灾乐祸："市场如此饱和，你们非挤进来，这下知道什么叫萧条了吧。"那两人一看我进来，立即过来跟我握手，一看就是跟我们一样，没什么生意。他们很热情地自我介绍，其实不用介绍我也知道，一个肯定是总经理，另一个必然是音乐总监。经验告诉我，他们工作室跟我们一样，根本不需要财务人员。果然，两个人一个叫王大昆，王总经理，另一个叫瞿然，是音乐总监。我扮演的自费歌手太像了，因为我本身就是歌手，提出的问题都很到位，我尽量装作对他们很有兴趣，很想跟他们合作的样子，这样才能套出真正的底价。他们明显对我更有兴趣，就像我卖打口碟时，对将要掏钱买碟的人那种兴趣。于是在他们那间比我们大不了多少的办公室里，几位音乐人们，开始了如同在农贸市场一样的讨价还价，最终我掌握了他们的底价，满意而归。

一星期之后的一天，我外出刺探回来，刚走到工作室的门口，却听到里面有人和刘总说话，声音很熟。走进去却惊讶地发现鸿音工作室的瞿然总监，在跟刘总询问做歌的事，显然他也在微服私访，刺探我们的虚实。瞿然看见我走进来，顿时一愣，我的出现让他演得正起劲的戏彻底没法演了，但他显然不明白我跟他们已有合作意向，为何此时却出现在楼兰？蜀秋向他介绍说："这是我们工作室的音乐总监杨海潮。"我和瞿然在短暂的尴尬后放声大笑，蜀秋在知道了事情的原委后，也哈哈大笑。就这样，我们不演不相识，很快就聊得很投机，我终于明白为什么很多歌手上门来，往往询价后就没了下文，原来是有不少经理总监们假扮的探子。

我想起几天前来我们这儿的一个歌手，那人派头十足，一副有钱的样子，来了后把我们桌上的一盒万宝路抽得只剩半盒，却只是在价格上东拉西扯。我和蜀秋陪着这位我们想象中的大款歌手，一边循循善诱，一边心疼着那盒万宝路。要知道我和蜀秋都只抽都宝和高乐，那盒万宝路是我们买来充门面的，从来不舍得动它，算是工作室的不动产，可被那人抽得剩下半盒后，一声"有机会合作"就没了下文。现在想来，他也应该是哪个工作室的高层吧。我们和瞿然那天聊得很开心，都有两家合并为一家的冲动，要合并的话，那就得叫"红楼音乐工作室"了。人和人相遇就是缘分，我和瞿然从此认识，并逐渐成为彼此生命中的挚友，在后来的日子里，瞿然在给我音乐方面无私帮助的同时，自己也成为中国顶尖的录音师。

这个世界上总有一些与众不同的人，他们的人生轨迹在普通人看来就像一部传奇，下面将要出场的人，就是其中之一。9月的一天，我们办公室走进来一个老外模样的人，背着一把吉他——难道我们的工作室已经有了国际影响？但他自我介绍："我叫聂怀礼，哈尔滨人，你们叫我阿里就行。"在随后的聊天中，阿里说他是地道的汉族，祖籍山东。在此之前，我从未见过哪个汉族人像他一样，长得竟然有些像约翰·列侬，于是我们对他的音乐也莫名期待。跟他的气质与众不同一样，他的吉他定音方式也按自己的需要，将3 6 2 5 7 3这几个乐音打乱，重新排列。那天他唱了《最古老的歌》《故乡，异乡》《星的摇篮》等几首歌，歌声苍凉悠远，我想只有总是在路上的人，才会有这样的作品。

从那天起，我们成了很要好的朋友，我也陆续知道了他不同凡响的经历，那种经历只能与那个时代共存。阿里比我们大好几岁，在八十年代中期那激情燃烧的岁月，他卖掉了效益很不错的商店，背着一把吉他就上路了。那时候这样的人不少，但他们的目的地不是北京或广州，因为那个年代商业还只是小孙子，人们尊精神世界为大爷。那种旅程往往没有目的，随心所欲，一旦开始，下一站永远只有两个字：前方。80年代诗歌的兴盛，跟这种没有目的的走来走去应该有很大关系。80年代中后期直到90年代初，阿里的足迹遍布被国境线圈起来的几乎所有土地。他的长相在汉族人看来是客人，在少数民族看来也是客人，于是他成了这个国家的客人，在各个民族都有的好客传统中，处处享受着"将进酒，杯莫停"的悠哉游哉生活。

阿里说他走来走去的那些年，即使在最荒远的西藏，也没碰见过什么坏人，相反，他所见到的人大多友善。在西藏，他曾在一家牧民的帐篷里住了三个月，跟他们一起放牧，喝酥油茶，吃糌粑。在新疆，西部歌王王洛宾老人还邀请他到家里住了几天。唯一算是不幸的遭遇，是在南疆的且末，当时有三个人偷了他的钱包，于是阿里让他们领教了什么叫执著。因为在接下来的两天，阿里并没有找警察，这种事情在那种地方找警察也没用。阿里要用自己的方式要回自己的钱包，那三个人去哪里，阿里就会跟到哪里。他们吃饭，阿里就用仅有的零钱买个馕，站在他们旁边吃，他们睡觉，他也会守在门口睡，就像那三个人其中一位的影子。

阿里一个人无法用武力解决这件事情，因为对方有三个人，但对方企图用武力赶走他时，却又对他手中的藏刀和眼中的怒火心存畏惧，于是大家就只好这么僵持着。在那个沙漠边缘的小县城，那两天人们总会看到这三个人，后面还不近不远地跟着一个也不知是什么地方的怪人。终于在第三天到来之时，那三个人被阿里的执著击败，把钱包远远地扔给他，然后迅速消失，那情形，很像这辈子他们也不愿再见到这个不知来自何方的神圣。

这仅仅是阿里与众不同的经历，后面的事才算传奇。九十年代初，阿里浪迹到两广沿海，给各个城市的广场做广场雕塑，他这人不光会写能唱，还会雕塑这门手艺，那些年他浪迹天涯，做这个是他收入的主要来源。在给广东珠海做完广场雕塑后，阿里骑着自行车环海旅行到广西北海。有一天在沙滩上弹琴，一个上高三的女孩被他的歌声吸引，两人成为朋友。那个女孩叫星星，家里有好几条船，在当时，那个地方的学生往往上到高中就停止学业，或继承家业或准备嫁人，星星对未来的打算也无非如此。阿里说："你这么聪明，一定要上大学，那样才有更好的前途。"星星的父亲也被阿里打动，很支持女儿考大学。他为了让女儿专心学习，不受干扰，在一家宾馆长包了一个房间，并让阿里督促女儿学习。于是阿里在把星星督促成自己女朋友的同时，也将她督促成北京的一个大学生。

但阿里认为，以星星的聪明，上普通的大学有些屈才，应该上更好的大学。于是星星也真的如阿里期望的那样，在1995年考取了北京大学天体物理专业的研究生，并从此一发不可收拾，于1997年考取美国哥伦比亚大学天体物理专业的博士，并在2002年左右转入哈佛大学研究天体物理，如今的星星在她所学的专业领域里，是全球范围内的佼佼者。1998年的时候，阿里去了美国，从此以纽约为据点周游世界，我总是接到他从世界各地打来的电话，或在欧洲，或在澳洲。他的旅行方式依然像在中国一样，随身背着吉他，到一个地方没钱了，就将帽子往地上一放，弹琴开唱。在有艺术没城管的地方，这种方式挣来的钱，足以使他到达下一个想去的国家。

“9·11事件”后的一天，我接到阿里的电话，那时他正在纽约家里。他告诉我“9·11”前一天他睡得很晚，所以“9·11”当天他中午才起来，他没有看电视的习惯，出门发现周围的邻居们都没有上班，于是就不解地问一个邻居：“今天是你们美国人的节日吗?”他的这句问话招来这个美国人恶狠狠的目光，于是他又问另外一个人同样的问题，这次他几乎要被那人饱以老拳。当他终于得知发生了那么可怕的恐怖袭击后，心里不禁非常后怕。阿里告诉我，他是真的不知道发生了什么才那么问的，要知道，在“9·11”当天问那种话，就跟想自杀没什么区别，何况在很多美国人眼里，他长得很像阿拉伯人。

阿里于2004年回到北京，他说在美国搞流行音乐就像一个小孩拿着一把玩具吉他，周围全是大人。阿里回到北京，住在西山的植物园里，他隔壁房子中的一间，曾住过一个叫溥仪的大人物。阿里住在这里，继续悠哉游哉的日子，还组了一支叫“丝绸之路”的乐队，时常在北京的一些酒吧演出。每条精彩的人生道路，都是由行路者与所遇到的人共同绘就，我的这条路上总能遇见很精彩的朋友，这让我总是对每一个明天充满期待，这条路像一支众多的手执着的画笔，向着未知的未来画去，但此刻，还是让我们回到1996年的10月，看看它曾经画过的地方。

64

阿里成为我们的签约歌手，说是签约，只是把他的三首歌收入到我们还在计划中的那个合辑，他的三首歌自己以前就在录音棚里录好了，于是我们就给他在音乐台做了一些宣传。类似他这样能写能唱，作品比较出色的还有一两个，但都没有钱。等到10月份的时候，工作室终于签到两三个真正的自费歌手，但我却不想干了。我这人对于经营方面的事兴趣一直就不大，本来想着做工作室至少和音乐有关，但现在看来只是和别人的音乐有关。作为还有创作梦想的我来说，每天想着怎么招揽歌手，渐渐地就没了兴趣。蜀秋的理想跟我不一样，他有远大的计划，未来想做台湾滚石那样的唱片公司，现在的工作室就是他奔向那个目标的第一步。

蜀秋做事很有条理，凡事都有规划，而我天性散漫，做事全凭感觉，而且我对做唱片公司没什么热情。以前在北大的时候，我们都是在一起唱歌，他看到的只是我性格中浪漫的一面，现在一起共事，我性格中的一些缺点逐渐显现。我对自己不感兴趣的事情只有三分钟热度，却很少考虑到共事者的感受，表现得比较自私。而当这种自私引发我们之间的矛盾时，我又表现得极为固执，总认为真理在自己手上，所以至少在那个时候，我不是一个好的共事者。在10月的一天，我告别了蜀秋，离开了楼兰。那时候我和蜀秋住在一起，如今我当了逃兵，也不好意思再住他那儿了，于是我收拾了行李，去找贺婧。

那时候贺婧已是我的女友，但她还是像在初中时那么爱学习，当时在准备一个专业考试，我们有些日子没见了。我给她打了个电话："贺婧，我来投奔你了。"贺婧笑着回答："什么？你来投奔我？哈哈，好吧!"她是一个很乐观的人，烦恼在她那里，很少能持续十五分钟以上。贺婧嘴边似乎永远挂着一个小喇叭，因为她总是"滴滴答答"地哼着各种歌曲，那些歌往往是电视上、广播里刚刚放过的，什么样的歌都有。你听到她嘴里的"滴滴答答"是《乡村路带我回家》的旋律时，那她今天某个时候，肯定听过约翰·丹佛的歌。当她嘴里的"滴滴答答"变成"天不刮风天不下雨天上有太阳"的旋律时，那肯定是她今天在哪儿，听到了尹相杰的歌。你甚至能经常从她的"滴滴答答"中，听到京剧或黄梅戏的旋律。她从事的工作跟音乐毫无关系，音乐在她这里，无所谓雅俗，只是一种表达心情的载体。她是一个快乐的人，从跟我坐同桌时就这样，到现在依然如故。快乐来自宽容，一个心宽的人，什么也为难不了她。

我背着简单的行李和一把吉他，来到她们医院门口，这是我这些年所有的家当。一身白大褂的贺婧看到我，笑着说："呵呵，你的风格跟上初中时一样啊。”我知道她这是在取笑我的丢三落四。我上初中时住校，每学期妈妈都得给我重新缝被子和枕头，因为我总是把它们弄丢。枕头丢了还说得过去，但被子那么大的物件，竟然能被我盖成飞毯，难怪妈妈总是认为我在说谎，她甚至怀疑，丢了的被子是被我卖了。贺婧给我联系好了住处，是她们医院旁边一所医科大学的学生公寓，那个公寓有几个寝室，是留给外地来京进修的医生住的，并不对外。但贺婧人缘很好，跟这里的人很熟，于是我就有了一个落脚点。

我从上初一就开始住校，来北京也是住在北大，已经很习惯甚至很喜欢集体宿舍的生活。在这儿住，一个床位每月不到两百块钱，床单被罩随时免费洗换，对于我这个懒人来说，再好不过了。我住的那个寝室我是第一个入住，于是占据了靠窗口最好的床位。贺婧勤快地帮我铺床收拾东西，并问我下一步有什么打算。我告诉她：“跟国家学，摸着石头过河，我和我的祖国这些年来，都是这么摸过来的。”贺婧听了呵呵直笑。她从小在军队长大，早习惯了随父母四处迁徙的日子，所以有我这样居无定所的男朋友，丝毫没影响到她。她一边收拾东西，一边快乐地“滴滴答答”唱歌。那时候还没有《好日子》这首歌，要是有的话，没准儿当时贺婧的嘴里就会“滴滴答答”着《好日子》的旋律，那倒很符合我们当时的心情。我在北京算是有了一片席子那么大的地方，现在有了贺婧，我在幸福那里也同时占据了一席之地。

想起来很有意思，虽然我没能成为一个大学生，但似乎和大学校园很有缘，经过一年多的风风雨雨，我又回到了我喜欢的这种校园环境，简单干净。所谓近朱者赤，在四处都是学生的地方，我又重拾自己对书的兴趣，在北大图书馆，我曾经看过不少好书，但医科大学的图书馆显然无法与之相比。后来我发现了两个可以淘到好书的地方，一个是潘家园旧货市场，另一个是报国寺旧货市场。当时这两个地方远没有现在这么繁华，但却有不少的旧书摊位，或者说因为有不少的旧书摊位，才造成了这俩地方的冷清。经济为上的年代，书在这里论斤买卖，我因此受益匪浅，经常很高兴地跟在时代后面，捡着它的漏。

我看书很杂，那段时间喜欢看地理新发现时期的书，尤其是亚洲腹地探险类的，斯文·赫定就不用说了，还有俄国的普热尔瓦尔斯基（普氏野马最早就是由他发现的），以及英国的斯坦因等人写的书。这些老外们在中国的西域一带，忍受常人所无法忍受的艰苦卓绝，不断有轰动世界的地理、历史以及自然科学新发现。而同时期的中国人，却被长城再被城墙以及家里的院墙围起来，把所有的智慧用于内耗。对未知领域自由的无所顾忌的探险精神，是一切创新发明的基础，这个基础一百年前我们没有，现在依然渺茫。虽然长城已变成风景，城墙也基本荡然无存，院墙浓缩成防盗网，但有形的墙没了，无形的却竖于心中。大的方面就不说了，光“屏蔽”这一个词的作用，所有长城摞起来也无法与之抗衡。从小的方面看，日后出现的“房奴”两个字，就可以将不止一代人的梦想变得和祖先山顶洞人一样，为一席之地努一生之力。话不离贷款，言必称月供，拥有那样的人生，你怎么好意思在他们面前提远大理想或创新发明？

有一段时间我很爱看民国时代的历史，但我基本上是选择那些站在第三方角度看中国的书，那都是一些外国人写的，作为中国的客人，他们对中国的观察就比较客观。我在上高二的时候，买过一本美国人白修德写的抗战时他在中国的见闻，那本书对我颇有影响，因为他站在一个旁观者的角度，记述了他在中国看到的情形，对中国当时两大势力优缺点进行比较公正的分析。国共两党在外敌面前同仇敌忾、联手御辱，就像本来有矛盾的两兄弟合伙打强盗一样，在给强盗致命打击的同时，彼此也不忘我给你一拳，你踹我一脚。正面战场自然是国军冲锋陷阵英勇杀敌，但敌后战场共军也同样艰苦卓绝，并非游而不击。有客观的角度，才有公正的历史，远非日后互联网上一边倒式的论战，挺国的，共就一无是处，挺共的，国就一塌糊涂。在同样的集权社会，所谓正义或非正义，是会随着时间转换角色，互相轮回的，只有表象的不同，没有本质的差别。关于历史方面的书，尤其是现代史，我很少看国人写的，一个连说句真话还得三思的群体，就算都是白纸黑字，也往往让人难辨黑白。

看的书多了，我发现自己对娱乐业的兴趣少了，我已经很少再说“音乐行业”这个词了，在商业利益这个大爷逼迫之下，态度一直模棱两可的她，那时已经彻底想通，唱着颂歌被娱乐业兼并。人在娱乐的时候是不用思考的，所以思考在那个行业，类似于汽车的备胎，难得一用。我们中国人常说一句话，那就是活着这么累，还思考个什么劲？要多点娱乐精神。这种说法听上去好像也没错，但这么一大国人，在娱乐中忽悠，在忽悠中娱乐，把大脑省出来当备胎，背着它东奔西忙，岂不更累？那时候也还有人找我演出，有时候是那种对口型的晚会，更多的是走穴式的堂会，但后来找我的就越来越少了，因为我这种没什么娱乐精神的人，表演总是那么僵硬，在一个集体娱乐的时代，你非要与众不同，那你就是假正经。

人一旦有了自己真正感兴趣的事情，就不会在乎别人的看法，而你执著，别人也就慢慢对你没了看法。有演出了我就去，就像当小贩时要去出摊一样，没演出了我就待在宿舍看书或是写歌。来来回回总是唱同一首歌，就像在不同场合重复同一句话，让人怪难为情的。我那段时间写了不少的歌，我写歌的视角完全跟着我当时的兴趣走，那时候我对西域非常着迷，于是写了《月牙泉》《水、草、骆驼》《嘉峪关的回忆》《艾玛和妈妈》等歌曲。那时候我从未去过这些地方，尤其是月牙泉，我到现在也没去过，我写这些歌全凭书中的描述以及自己的想象。其中的《月牙泉》后来被田震演唱，为中国人所熟悉，但在当时，这首歌写出来后的很长一段时间，根本就没歌手愿意唱。

65

那年冬天的时候，我和汉唐的企宣王健经常在一起。我离开汉唐前一个月他刚去，他是陕西渭南人，酷爱影视表演，也酷爱唱歌。王健喜欢模仿香港武侠片里的人物，常常故意把眼睛瞪成那种炯炯有神的样子，迈着方步，脚边还跑着那两个尚在世间的小白兔，嘴里念念有词："黄四娘家花满蹊，千朵万朵压枝低。"按那种武侠片的套路，此时的他应该一身白衣，手拿扇子，前方会出现一个衙内，正在调戏一个有丫鬟陪着的小姐，然后白衣大侠路见不平……王健那么喜欢表演，以至于他在1995年冬天，连着三天起大早，守在北京电影学院门口，想被某个剧组慧眼识珠。但是连着三个早晨，他被冻得够呛，也没人看他一眼。当他终于得知自己信息有误，群众演员一般都是等在北京电影制片厂门口时，却因为那三天的风寒，不得不躺在床上喷嚏连天。于是中国武侠行业与一位热爱它的人失之交臂，由于熟人介绍，王健做了汉唐的企宣。

有的人天性不喜安宁，有这样的人，才有了那句话：活着就是折腾。王健的理想显然不止做一个企宣，他那时开始走穴，到外地演出，那种团队往往短小精悍，有一到两个一线大牌明星，两到三个二三线明星，剩下的往往是谁也不知道的歌手，应该算无线明星。我跟着王健参加过几次那样的演出，我们那个小团队里，一线大牌是李春波等人，我应该算三线吧，毕竟那时排行榜上成绩不错，到了外地也还是有几根粉丝的。那时候李春波是国内最火的歌手，他也是第一个出场费突破十万的歌手。李春波在当时火得一塌糊涂，档期根本排不开，经纪人为了把对方吓走，往往开一个自以为是的天价："去也行，十万。"但没想到对方也往往一口答应："十万没问题。"大河涨水小河满，从那时起，一线歌手的价格低于十万免谈，这个价格伴着我国飞速增长的GDP，从那时的李春波，到现在的李宇春，如今已不知翻了几番。

我第一次去外地演出是去湖南岳阳，在首都机场见到了李春波，1994年我曾去中唱广州公司找过他，没有见到，如今却是和他一起去演出。那是我第一次坐飞机，途中的气流颠簸使我留下比较严重的恐机症，以后去外地的话，我对对方只有一个要求，那就是允许我坐火车。如果实在没办法得坐飞机的话，空姐问我需要什么饮料时，我肯定回答：啤酒，虽然登机前我已喝过。有时我会因为第二天要坐飞机而失眠。从那时起，我养成一个习惯，每次乘飞机总是买两份以上的保险。虽然买保险时，总是会被对方以怀疑的目光扫描半天，但一想到自己万一有个三长两短，父母的养老至少能得到金钱上的保障，也就踏实了许多，恐机症也没那么严重了，从登机前的两瓶啤酒降至一瓶啤酒，再到飞机上一杯啤酒乃至后来不要啤酒，要起了咖啡。我有时也觉得自己怪神经的，但一想到爸爸这个老党员床头摆着的关公和菩萨，以及他对着空中“呸呸呸”的样子，我还是会在每次乘飞机的时候多买几份保险，在我的未来没有任何保障之前，只能以这种方式孝顺他老人家了。

在外地演出了几次之后，我明白了为什么那么多人想当歌手，当了歌手以后又拼命努力成为大腕儿，因为当个大腕儿的确风光无限。我记得那次到岳阳演出，飞机一到长沙机场，就已经有一排车等在那里，一线大腕儿自然是钻入奔驰，二线中腕儿也是奥迪，像我们这种三线或无线歌手，就只有坐日本车了。王健一路上安慰大家：“你们别看我，这可是主办方安排的，这行业就这样，环球同此凉热，你们看电视上，民主国家在这个行当也不民主。”大家被他的话逗乐了，他又接着说：“其实这也是一种激励措施，不想当大腕儿的歌手不是好歌手，让大腕儿的奔驰在你眼前晃着，咱们的车不用踩油门，你自然就有了动力，我们要理解主办方的良苦用心。”王健总有一套自成体系的理论，他要是个名人的话，能出一本名人名言。有次恰逢他的生日，我说庆祝一下吧，他看了看我，用那种武侠片式的深沉来了句：“生日有什么可庆祝的？人又不是倒着活。”

到了岳阳，大腕儿住的自然是豪华套房，我们住标准间，对于我这个住惯集体宿舍的人，已经觉得很不错了。但王键这个穴头显然更适合当个政委，他对此又是一番高论：“看见没？从标准间到豪华套房的距离，看着就这么近，但大家想掉个个儿的话，就努力成大腕儿吧，这叫再接再厉。”我发现他这个穴头，其实比我们中的任何一个人都更想当个歌手，我们在舞台上唱歌，他在候场区也很起劲地跟着唱，我知道，能站在舞台上演唱，是他最大的理想。晚上演出后，岳阳的市长请大家吃饭，大腕儿自然如众星拱月，众人轮番敬酒，服务员排着队等待签名，市长大人也亲手把野生甲鱼的裙边夹到大腕儿的盘子里。这对在座的其他歌手们来说，无疑又是一种激励，按王健的说法，这应该叫再三鼓励。

那样的演出，我参加过一些，但越来越少。有一次我和王健聊天，他说我这个人不爱和人交往，这是做歌手的缺点，歌手就要有人来疯的精神，交往的人越多，机会也就越多。我说：“这可能是咱们陕西人的通病吧！”我印象中的陕西人好像都这样，但王健显然不以为然：“谁说的？我难道不是陕西人？”说完，站起身，手握成话筒状，开口就唱：“我站在烈烈风中，恨不能荡尽绵绵心痛……”唱完依然不忘当我的政委：“你看，歌手就得这样，要有强烈的表现欲望。”我这个不怎么爱出风头的人，却总是站在众人面前表演，但木头桩子再怎么演，也演不出枝繁叶茂。而像王健这样浑身都是演艺细胞，时刻都准备着表演的人，却只能孤芳自赏，人生的确是阴差阳错的组合。我们交往得多了，王健也逐渐理解了我的性格，有一天，他对我说：“你还真是那种没什么表现欲的人，江山易改本性难移，算了，你就这样吧，你要真成人来疯了，那只有一种可能，就是你真的疯了。”

于是在那个冬天，我终日沉浸在读书或写歌的快乐中，《月牙泉》是我那段时间最满意的作品，这首歌的歌词如下：

月牙泉

就在天的那边，很远，很远，
有美丽的月牙泉。
她是天的镜子，沙漠的眼，
星星沐浴的乐园。
那年我从月牙泉边走过，
从此以后魂绕梦牵。
也许你们不懂得这种爱恋，
除非也去那里看看。
看啊，看啊，月牙泉。
想啊，念啊，月牙泉。

每当太阳落下西边的山，
天边映出月牙泉。
每当驼铃声声掠过耳边，
仿佛又回月牙泉。

我的心里藏着忧郁无限，
月牙泉是否依然。
如今每个地方都在改变，
她是否也换了容颜，
看啊，看啊，月牙泉。
想啊，念啊，月牙泉。

(由田震首唱并收录于《未了情》专辑，
后有伽菲珈而等歌手的多种版本)

《月牙泉》的完成令我发自内心地高兴，它解决了我长期以来想解决的创作难题，那就是如何把中国古典诗词，尤其是唐宋时期诗词的意境，融入现代流行歌曲中。华夏民族曾是这个星球上最富诗意的民族，可是到了1996年，充斥于人们耳边的，除了“妹妹坐船头”，就是“抱一抱”，或是“爱你爱到骨头里”之类的词句。这样的歌曲在汉唐时期也不是没有，敦煌藏经洞的卷子里就有不少类似的东西，但它们在那种诗情画意的年代难有一席之地，从未像现在这样被扶正为主流。文艺可以通俗，庸俗甚至低俗，但文化若也低头逐流的话，那这么大的国家，靠什么做支撑的框架？举国充斥着那种浅白的，唠叨自己的动物本能一会儿被伤害、一会儿被满足的有病呻吟，你很难想象这片土地也同样是李白或李贺们的故乡。基因这种东西是不是也像罗布泊一带的孔雀河，流着流着就没了？否则屈原曹操陶渊明李白王维杜甫李贺白居易孟浩然刘禹锡李商隐王昌龄李煜李清照苏东坡陆游等等等等的后人们，怎么会面带喜色摇头晃脑如痴如醉地迷恋那些味如嚼蜡的东西？

我曾把《月牙泉》这首歌唱给王健听，他当时在做一个女歌手，找我写歌。王健看到“月牙泉”三个字就问我：“月牙泉是什么？是你给矿泉水写的广告歌?”他能这样问，我一点都不奇怪，因为那时他已有运作广告歌赚钱的计划。后来连着几年时间在央视密集播放的旭日升冰茶广告歌，其中范晓萱和陈晓东那个版本，就是他参与操盘的杰作。那首“越飞越高，旭日升”的广告歌，在央视飞得越来越高，终于飞出了中国人的视线，最后和那个产品一起消失得无影无踪。王健没听完《月牙泉》就断定这首歌火不了，原因是太文气了，不够庸俗（我猜他是想说通俗）。他又举了几首当时很火的口水歌作为例子，对我说："你别那么清高，嫌人家俗，可人家就是火，这年头不管黑歌白歌，能火的才是好歌。"

总设计师的理论被他这么活学活用，我不禁哑然失笑，却也无法辩驳，于是用陕西话跟他开玩笑："你哈好也是汉唐故都旁边的人，现在又在汉唐公司，你看看你现在听的这些东西，这不是羞先人呢么。"陕西人把愧对祖先叫羞先人。王健听了呵呵一笑，又来了一段独特的王氏理论："一个人羞先人那叫羞先人，现在这么多人一起羞先人，那就不叫羞先人了，只能说先人错了，后人在修正先人的错误，这确实是'修'先人，是'修正'的'修'，先人们活得都太累了。"那一刻，我认为王氏理论天下无敌，至少我半天也没说出一句话来。

后来总有人找我约歌，我也总会把《月牙泉》唱给他们听，那些人里有很有名的歌手，也有一些很想有名的歌手，但无一例外都不看好这首歌，他们意见中比较一致的一点跟王健差不多，就是这首歌太文气。如果是其他的意见我还能接受，但这个"太文气"就让我搞不懂了，流行歌曲也是文艺作品，文气应该是最起码的。况且这种最低门槛的文艺作品，就算文气又能文到哪儿去？《月牙泉》这首歌已经够大白话的了，如果这也叫太文气的话，那这个行业里都卧着一些什么角色？这样的角色涌入得太多，乌泱乌泱的，连门槛都先被踏破，再被踢得没了踪影，最后就没了门槛，直到现在成了负门槛，有钱就可以往里填。我用一首歌记录了那时候的心情，其中的几句这样写道："多年前我走上这条路，从不曾后悔。如今我尴尬地发现，前方的路已被荒草遮满。"

66

那时候宿舍又陆续住进来四个人，其中两个都是内蒙牙克石医院来此进修的医生，一个叫姚林军，一个叫杨雪飞。另外两个一个是河南医科大学的卢苇，一个是从武夷山区来的肖杰明。从南到北，大家汇聚于此，很快就相处融洽，成了无话不谈的室友。除了卢苇，其他三个人都是来自天南地北的林区，从姚林军和杨雪飞那里，我知道了大兴安岭里的很多趣事。

有种鸟叫飞龙，不知道它的人应该知道有句话，叫做“天上龙肉，地下驴肉”，说的就是飞龙。据说飞龙的肉雪白晶莹，用它做汤的话，什么调料不放都会鲜美无比。我们中国人谈到某种野生动物的时候，那种动物往往以遗体的形式出现，有个统一的名称叫做野味。如今飞龙越来越少，因为它在人类的眼中比较笨，晚上用手电筒一照就一动不动，束手就擒。还有一种动物叫狍子，当它藏起来的时候，猎人只需大喊一声“傻狍子”，那狍子就像能听懂人话一样，站起来露出头东张西望，把猎人的枪口引向自己。东北话中说人傻叫做“傻狍子”，就是这么来的。

而肖杰明带来的南方林区故事，就更为传奇了，他是我在这个世界上见过的唯一吃过野生华南虎的人。肖杰明的爸爸是一位猎人，在 80 年代初的一天，进入武夷山深处打猎，这在当时是被允许的。一连几天，他爸爸也没什么收获。一个晚上，他爸爸在回家的路旁发现草丛中有动静，于是抬手一枪。这一枪终于有了收获，却让他爸爸面如土色，因为他打死了一只幼年的华南虎。要知道即使在当时那个年代，华南虎也是一级保护动物，打死它那可是非同小可的事，于是他爸爸趁着夜色，慌里慌张地将小老虎背回了家，一家人提心吊胆地吃了好几天。

听肖杰明讲这件事的时候，我问他老虎肉什么味道？肖杰明用他那种类似台湾话的普通话回答：“我们当时跟做贼一样的，能有什么味道？跟牛肉差不多吧，好像还没牛肉好吃。”多年以后，我的老家陕西省，出了那个闻名中外的周正龙，此公踏破铁鞋找老虎，都把自己找进中华民族笑话史了。而肖杰明本来只想吃一盘山鸡，谁承想却不得不吃老虎，而且还得连着吃几天。看来，人的一生真的就是应了那句话：命里有时终须有，命里无时莫强求。

来自河南医科大学的卢苇，身处中原大地，自然没有丛林故事可讲，但他是我见过的最聪明的人之一。他喜欢下象棋，水平深不可测，因为我们测过，都失败了。我和卢苇下棋，他常常让我两三个子，但即便这样，也往往在我没走几步时，他就手握棋子，微微一笑："你输了。"我往往很不服气，接着往下走，但结局果然如他所说，没一次赢的。除了卢苇，杨雪飞是我们里面最厉害的，我和杨雪飞下棋，就像科威特遇见了伊拉克，但他和卢苇下棋，就像伊拉克遇见美国。

说到美国，芦苇在来北京之前，在美国学习了一段时间，他常常会给我们讲在美国的见闻，开头往往是这样的："我在美国的时候……"这让我们想起《围城》里的那位教育部大员，张口就是："兄弟我在英国的时候……"于是我们就拿这句话跟他开玩笑，搞得他再讲美国见闻的时候，一开口："我在……"然后停顿一下再接上："那边的时候……"就像是从敌对阵营中投诚过来的一样，于是我们哈哈大笑，象棋世界中的伊拉克们，终于以这种精神胜利法，战胜了无敌的美国。

我的人生旅程，总是能碰到友好友善也有意思的人，我们几个素昧平生的人相处一室，却欢笑不断，集体宿舍也能被大家住出家的感觉。除了肖杰明，他们三个都是医生，一个内科一个外科一个耳鼻喉科，这样的搭配，使我和肖杰明住在这里无比的踏实，可能也只有中央领导的保健队伍能和我们抗衡。大家每天白天都忙着各自的事情，晚上照例是象棋大战或故事大会，象棋大战当然是卢苇的独角戏，但我们往往会在故事大会中找回平衡。

刚开始的时候，他们认为我能写歌，还觉得好像挺神秘，后来也就习以为常，并且时常热心参与。我写《月牙泉》的时候，有一句"每当太阳落下西边的山，天边映出月牙泉"，其中"映"字那个位置，我想了一下午，如贾岛一般推来敲去，始终想不出一个合适的字。晚上的时候，我在屋里走来走去，还是琢磨不出，姚林军躺在床上，看着我说："别走了，再走的话拖鞋就透底儿了——我觉得应该用'映'字，你觉得怎么样？"天哪，这就是我踏破拖鞋无觅处的那个字。

第十章 干杯吧，朋友！

67

当我为命运积极地做着准备时，命运之手也正在空中摸来摸去，当它终于摸到我的手的时候，我的命运从此彻底改变。1997年元旦前的一天，我的传呼机又“滴滴滴”地响了起来，我下楼一回电话，又是可爱的翟导。他照例又要导演一次大型晚会，照例要求我着正装，但这次不照例对口型了，而是要带伴奏带，真唱，是在新疆乌鲁木齐，元旦演出，前一天在机场集合。按照惯例，我当然得准备正装，以往在演出的时候，这个正装没少让我头疼。那时候，刘斌（就是唱《咱当兵的人》那个军队歌手）每次演出时总是拎着他的演出服，在演出服外还罩着一个罩子。我想，我买件西装再买个罩子，不就也像个演出服的样子了吗？于是我和贺婧准备去万通小商品市场，我不打算买太贵的，像上次在百盛买的那样贵的衣服，也没怎么用上，还不如买便宜的，反正站在舞台上效果也一样。

每个人都有虚荣心，区别只是多少而已，贺婧是那种虚荣心可以忽略不计的人。她买衣服从来不讲究什么品牌，只要穿着合适就行，她用的擦脸油和我的一样，都是大宝。每次我们在餐馆吃饭，她点餐的原则是吃多少点多少。

人的性格和习惯主要来自家庭，所谓言传身教就是这个道理。贺婧的父母是军医大学的同学，她爸爸转业来到北京的一家医院当外科主任，在当时，医生收红包已很普遍，但她的爸爸除了烟，从来不收任何红包。有时候病人在手术前给他红包，他也会拿着，但在手术后一律退回，他是怕手术前退的话，病人和家属都会没有信心。从这一点就可以看出，凡是有信仰或是有过信仰的人，不论那种信仰可信与否，都会在人的行为中留下烙印，跟没有信仰的人完全不同。

这一点，在我爸爸身上也同样如此。我记得上初中的时候，有一次老家来信，说有很急的事等钱用。我们家钱不够，于是妈妈跟爸爸商量，能否暂时挪用一下爸爸掌管的党费？但爸爸的反应相当激烈："女人家真是头发长见识短！那是什么钱？那是党费！党费你也敢动！你真是……真是头发长见识短!"头发长见识就必然短，这是我爸爸的观点，于是在我的整个中学时代，无数次被他揪着耳朵拎到理发馆，我喜欢住校，不怎么爱回家，这也是其中一个原因。

贺婧妈妈的身世很像一部电影的名字，叫做《党的女儿》。她生于延安保育院，也在那里长大，生于军队长于军队也退休于军队，但你在她身上，几乎看不到军人的痕迹，一个乐观朴实的老人，终日笑呵呵的。退休后的她在北京南站附近的幸福里开了一家诊所，那个地方叫幸福里，却集中着全中国最不幸福的人群——上访人员，我第一次来北京的时候，就是在这里以一个信访人员的身份，自我遣送回宝鸡的。所以贺婧妈妈的诊所所接待的病人除了幸福里当地的北京市民以外，更多的是那些形容枯槁、心如苦海的各地信访人员。从 1995 年一直到 2000 年，那个诊所在信访人员当中赫赫有名，贺婧的妈妈常常用便宜的药、低廉的收费治好那些访民和市民的常见病，有些访民实在没钱，她也就常常免费给他们治疗。

这使得她在幸福里，乃至整个北京南站地区的民间，赢得了广泛尊重。每当她走在幸福里的街上，四处传来的热情问候会让任何一个旁观者心生羡慕。和贺婧的爸爸一样，她也有着自己严格的行事准则，有一次我们去壶口瀑布旅游，吉县这边收费处的人可能去吃饭了，我们等了一会也没人来，于是没买票就进去了。按说进去也就进去了，没人会管的，但贺婧的妈妈一直觉得不妥，竟然让车开回去，专门等着卖票的人来，补了所有人的票，这才踏实地接着旅游。从那个时代过来的人，经历过这个国家最有激情也最为扭曲的年代，不说他们当初的理想如何，反正理想也已经不在了，单就作为人的品德来说，他们应该是最后一代有底线的人。

贺婧的父母原来就是同学，我和贺婧也是同学，同学往往能够理解同学，所以对我们的交往，他们也没什么意见。贺婧的父母不是缺钱的人，但把钱看得比较淡，所以尽管他爸爸取笑我是“六无”人员，但对贺婧每次从家里给我端些好吃的，或者把我的脏衣服拿回家里洗，常常睁一只眼闭一只眼。那时候北京清理“三无人员”，我和贺婧掰着指头算，想算清她爸爸说的到底是哪“六无”？因为我身上的“无”太多了。最后我们确定应该是这“六无”：无户口、无学历、无工作、无钱、无房子以及无个头。在中国，哪个父母能接受女儿交如此多“无”的男朋友，都可以用“勇气惊人”来形容。当然，我也不是一无是处，在贺婧的眼里，我是有理想、有才华、有爱心、有意思的社会主义“四有”青年，虽然这“四有”都是形而上的东西，但她就是喜欢和我在一起，这让我觉得自己真是个幸运的人。难怪当时在汉唐总有人说我有狗屎运，我不知道什么叫狗屎运，因为我属猪，但我想那应该也是好运气的一种吧？

去新疆演出前的一天，我和贺婧去万通小商品批发市场买演出服。对于没什么钱的我们来说，这地方是理想的购物场所，什么样的东西都有，而且真正是物美价廉。我们挑来挑去，最后挑了一件灰白色的休闲西装，才一百多块，我穿着试了试，镜子里的人竟然也像模像样的。如果此时有追光灯打过来，再给我右手塞个话筒，我再将左手从胸前缓缓向外伸开，深情地目视前方，那就是一副标准的歌星范儿了。于是我们买下了这件衣服，还给它配了一个西装罩，那个罩有些喧宾夺主，谁看到都会以为被它罩着的，至少也得是皮尔卡丹。

买了衣服，我找不着贺婧了，在我四处张望之际，却听见贺婧在不远处的人流中冲我大喊：“杨海潮，快过来，这儿有你要的‘增高乐’。”那一刻，我感觉所有的人都在周围看来看去，寻找贺婧口中那个需要“增高乐”的姓杨的人，想看看他到底有多矮？来万通前，我告诉贺婧，以前演出的时候，伴舞的人个子都高，所以我得买个增高鞋垫，也叫

“增高乐”，让她帮我留意一下。显然，贺婧很留意此事，但她这种不太在意别人看法的人，只是觉得我去演出需要增高，这里恰好有增高鞋垫，仅此而已，她并不认为买“增高乐”是为了增高虚荣，需要悄悄地进行。

我当然不愿让人们知道，我就是那个需要“增高乐”的人，于是我远远地把食指放在嘴上，做了个“嘘”的手势，趁着人们互相怀疑的时候，示意贺婧到一个人少的地方，然后对她说：“你那么大声干什么？让大家都知道我要买‘增高乐’，那增高了又有什么意义？”可是贺婧总是能说出真理：“这儿又没人认识你，就算知道你买‘增高乐’，他们也不会跟你到新疆看你怎么增高，你说对不对？”我当然说对了，真理的确不用反驳，你听就是了。于是我和贺婧大大方方地走到卖“增高乐”的摊位前，却目睹了贺婧那一声引来的广告效应：好几个人在那里脱了鞋，试着各种规格的“增高乐”。

我这个写了楼兰系列歌曲的人，终于要第一次去往西域了，这让我对此行充满期待。但当我得知前往新疆的交通工具是飞机时，我的恐机症又明显加重，于是在啤酒的作用下，三个小时的航程基本上成了梦之旅，飞机到了天山上空时我才醒。透过舷窗，黄昏的天山洁白肃穆，湛蓝的天空闪烁着久违的星星。一下飞机，感觉风的味道都和北京不一样，竟然能让我想起幼年时在青海的一些情景。我们这次在新疆人民大会堂演出，是新疆为庆祝香港即将回归而举办的，由德隆集团主办，来演出的有田震、李春波、郭峰、张恒、冯敏以及新疆本地的演员。在新疆的几天，演员们外出都有警车随行，逛街也有便衣陪同，据说当时形势比较紧张，但我第一次来这里，一切都那么新鲜，也那么热闹。

第二天才演出，当晚的接风宴由德隆的老板唐万平主持，他是个很有亲和力的人。唐氏四兄弟那天好像也到了几个，但除了唐万平，其他的唐万新、唐万川还有唐万里我一直对不上号，即使一年以后，我成为德隆所属唱片公司的第一个员工，也总把大老板们的名字搞错。德隆当时正是势力扩张的时候，在新疆更是翻手为云，覆手为雨，当天的接风宴汇聚了乌市富商大贾、各界名流，那种华丽欢乐的场景，使你很难想到，这四兄弟白手打拼出来的金融帝国德隆系，会在短短六年之后土崩瓦解，唐万新也身陷囹圄。后来我给古龙作品《英雄无泪》改编的电视剧《泪痕剑》写歌时，片尾曲《无边的孤单》中有一句：“万里的江山，无边的孤单，繁华如梦转眼间烟消云散。”这句歌词，闭门造车是写不出来的。

田震是第二天下午到乌鲁木齐的，大家去走台的时候，我在酒店的电梯里第一次见到她。在我还是个初中生时，田震就已经是名震四方的大歌星了，她是这个行业真正的支柱之一。我本想向她问声好，但电梯里的其他人都一声不吭。我知道，这是娱乐圈里的传统，那就是不管遇到多大的腕儿，大家也会“绷着”，以显示自己也是腕儿，于是我也就跟大家一样，加入到我们都是木头人的游戏中。田震能在乐坛叱咤那么多年，显然不光是凭歌唱的实力，很快，她的随和与平实让我明白，装洋蒜是装不出大腕儿的。在彩排的时候，田震在舞台上试音，她试完音我上去接着试的时候，她拿着其中一个话筒对我说：“小杨，你用这个话筒，我刚才试过，这个话筒声音很好。”我一试果然很不错，自己的声音竟然那么好听。我的经历告诉我，越是成果丰硕的人，越是低调和谦虚，就像那个比喻一样，谷粒最饱满的谷穗往往是低着的。

那场演出很成功，我第一个登台，唱了两首歌，在新疆唱写新疆的歌，竟也有了些主场的感觉，观众也像是把我当自己人一样，给了我热情的掌声。跟我同为陕西人的歌手张恒，演唱了他的那首经典之作《天堂里有没有车来车往》，那是当时最红的歌之一，我曾坐在北大未名湖边，听着这首歌，心想，自己什么时候能像他一样，从收音机里听到自己的歌呢？那场演出是田震以《执著》《野花》成功复出后的第一场商业演出，我在汉唐的时候，听着排行榜上一直是第一名的《执著》，心想，同为陕西人，许巍怎么就能写出这么好的歌呢？那时候我想，如果能看一次田震的现场演出该多好？谁能料想还不到一年，我竟然能和她同台演出，以最近距离观看她的演唱。田震的出场自然非同凡响，她的表演也没什么动作，但往那里一站，一开唱，演唱会该有的气氛马上就都有了。有些东西是与生俱来的，后天再努力也往往没用，作为一个歌手，我很明白这种差距根本不是努不努力的问题。

68

演出结束后，我和张恒及他的经纪人柳力博，没有参加庆功宴。我们三个对那些大菜没什么兴趣，而是找到一家看着很破，但味道非常地道的新疆拉条子面馆。没办法，我们三个都是老陕，老陕就是爱吃面。张恒和柳力博的经历也很传奇，两人是西安联大中文系的学生，张恒是住在柳力博上铺的兄弟，两人也真的情同弟兄。身为学校文艺骨干的张恒，毕业后当了几个月的语文老师，他班上一个十三岁的女学生在过马路时，不幸遭遇车祸遇难，悲伤的张恒为此写下了那首《天堂里有没有车来车往》。直至现在，每当生命被车轮夺取时，此歌的歌名成为人们表达自己悲愤心情，以及对逝去的生命寄予美好祝愿的常用语。1995 年春天，张恒和柳力博辞掉工作，来到北京闯荡歌坛，但那可能是“闯荡”这个词在歌坛最短的一次亮相。因为他们俩下了火车，来到苏越领导的北京影音出版社，苏越听到这首歌后，立即宣布跟张恒签约，柳力博成为他的企宣和经纪人。从他俩进门到决定签约，这个过程大概只有十五分钟，以至于他们俩在陕西时，为“闯荡”北京做好的种种对付艰难、困苦甚至侮辱的心理准备，全都没了用。

九五年春天，张恒和柳力博辞掉工作，来到北京闯荡歌坛，但那可能是“闯荡”这个词在歌坛最短的一次亮相。因为他们俩下了火车，来到苏越领导的北京影音出版社，苏越听到这首歌后，立即宣布跟张恒签约，柳力博成为他的企宣和经纪人。从他俩进门到决定签约，这个过程大概只有三十分钟，以至于他们俩在陕西时，为“闯荡”北京做好的种种对付艰难、困苦甚至侮辱的心理准备，全都没了用，就像一个拳击手铆足了劲，却一拳打在棉花包上。随着《天堂里有没有车来车往》的走红，张恒迅速“淹没”在鲜花与掌声之中，演出不断，财源滚滚。此次他来乌鲁木齐，第二天还要飞往贵阳，真是忙得不亦乐乎。我们三个从此相识继而相知，成为此后十多年的挚友。

就像一个人出门旅行遇到大晴天，并不意味着整个旅程会始终阳光灿烂。仅仅一年后，随着张恒所在公司的分解重组，他的第二张专辑迟迟无法推出，前程也渐渐受阻，演出也越来越少。而一个歌手，如果没了演出，那就基本上没了财路。张恒曾以为这只是暂时遇到了“阴雨天”，但眼前的“阴雨天”显然连绵不断，重组后的公司在为他录制了第二张专辑之后，陷入财务危机，那张录好的专辑最终也没能面市，无缘与众多期待的目光再次重逢，我知道，那里面有很多更为优秀的作品。张恒也曾为此不断努力，但这次“连绵的阴雨”用现在最流行的话来说，就是百年不遇或好几百年不遇。

在那个叫做歌坛的地方，有这种遭遇的明星不在少数，我们每年都会在某个时候的娱乐头条见到几位，那往往是以演艺事业受挫后吸毒被抓的形式出现。但张恒不会在那种新闻中露脸，原因很简单，他是一位读书人，而且身边还有不少爱读书的朋友。我之所以强调这一点，是因为读书这种习惯，虽然不可能解决你生活的所有问题，但会像方向盘那样，至少保证你的路不至于跑偏。但问题是：随着演出场次越来越少，生活该如何保障?

在2000年初的时候，我在国安广告做创意工作，曾根据自己第一次到海边后给爸爸打电话的内容，做了一条电视广告创意——黄土高原上的爷孙俩对话：“爷爷，山的那边是什么?”“是山。”“那山后呢?”“是海。”小孙子长大后，站在海边用手机给爷爷打电话：“爷爷，你听大海!”这个创意成为当年中国联通的形象片，给我们公司挣了不少钱，还获了不少奖，我也从试用期直接升任创意指导，一时在国安颇受重用。当时的张恒将为人父，但演出已经很少了，鉴于我自己的经历，我觉得以张恒的文字功底，应该在演艺之外再开拓出一条生存之路，于是就将他介绍到国安，成了我的同事。他是那种每个人都很喜欢的人，老板也很看重他，而且论能力，他也很不一般。但是张恒只在那里呆了不到三个月就走了，他走的时候，同事们都觉得挺遗憾，只有我懂他离开的心情。

没有演艺经历的人，很难体会到那种曾经沧海难为水的无奈，张恒以往在舞台上十分钟的收入，会比他在广告公司一年的收入都多，要适应这一点，那得需要一个过程。有人对此不以为然，认为好汉不应该活在当年勇中。其实有这种想法的人，往往当年都没有勇过，子非鱼，就无法体会鱼离开水的悲哀。但离开水的鱼，并不是只有毁灭这一种结局，鸟也是离开水的一种鱼。如今的张恒，早已从娱乐业的虚幻中走出，过着自己平淡而幸福的生活。虽然这种心态的转换，用了很长的一段时间。而作为他经纪人的柳力博的转换就容易得多。在那家唱片公司倒闭之后，柳力博先后换过几个工作，最后在一家很大的电影发行公司做发行工作。工作之余，与唐诗宋词做友，麻将扑克为朋，酒肉穿肠过，朋友心中留，红尘中来去潇洒，人世间快活风流。

言归正传，让我们回到97年元旦的乌鲁木齐。张恒他们演出后第二天就走了，主办方组织当天没有档期安排的演员，去游览吐鲁番以及交河故城。于是翟建新导演和田震、冯敏还有我，我们四个人在主办方的陪同下，坐着一辆考斯特面包车去往吐鲁番，那里离楼兰相距不远。车出乌鲁木齐，向东驶去，窗外景色渐渐变得荒凉起来，遍地的砾石，一望无际，这就是人们所说的戈壁滩。我们在车上看着窗外的景色，有说有笑。冯敏是四川人，性格开朗，拿着相机拍来拍去，时常用四川话来几句感叹，说话也很逗。田震属于那种冷幽默，她望着窗外，像是自言自语地来了句："这么荒凉的地方，怎么还那么多绵羊啊？"我和冯敏循声望去，可不是嘛，远处一大群绵羊卧在地上，像怕冷似的一动不动。陪同我们的当地人听到后，乐得哈哈大笑："那不是羊，那都是石头。"新疆人把"石头"的"头"字念一声，读作"石偷"。田震听了恍然大悟："怪不得呢！我就说那些羊怎么那么听话，一动不动，就跟要偷袭谁似的。"她的话让一车人爆笑不已。

没过多久，就到了举世闻名的达坂城。可能是冬天的原因，我们举目四望，除了遍地一动不动的"石偷"，就只有两排破旧的平房。王洛宾老人编译的《达阪城的姑娘》使这里名扬四海。我们在这里下车，因为要安排我们去吃有名的大盘鸡。一下车，风大得差点把我刮回车上，这才想起这里是世界上著名的风口。沿途我们也看见了许多壮观的风车。

在饭馆等着吃饭的时候，我很留意给我们端饭的姑娘，还不断观察窗外街上，看有没有王洛宾写的“达坂城的姑娘辫子长，两只眼睛真漂亮”。可是给我们端饭的，都是说着内地口音和北京饭馆里普通话的服务员。饭后两位女士要去上厕所，但不到一分钟就回来了，看到我们的诧异，她们表示：“我们还是忍忍吧！”

我去了那个厕所，理解了她们的选择，在那个低矮土墙围起来的空间方便，肮脏不堪倒也可以忍受，关键是风大得有些夸张。男的还好说，左手边有一根木头可以抱着，要是女士的话，真有直上青云的危险。这就是我第一次到达坂城的感受，那是我见过的最大的风。多年以后看到一则新闻，说达坂城当地的小学生为防止被风刮跑，每次上学时都要给书包装好多石头。我有同事认为这太夸张了，不可信，我告诉他们，你们不信的话，可以在冬天去那里试试，但最好带上降落伞。十年后，我再次到了达坂城，可能是秋天的缘故，风小了许多。达坂城也已变了样，成了一个著名的景点。周围绿草茵茵，草丛中到处都是绵羊，但那些绵羊的确是羊，绝不是被田震当时错当成绵羊的“石偷”。

后来我们又到了交河故城。这里在唐朝时，曾是安西都护府所在地，也曾车水马龙人丁兴旺，繁华一时，可如今展现在我们眼前的，却是一片废墟。但即使是废墟，你也能感受到一千多年前的生活气息。所有的街道都还是原来的样子，只不过两边的店铺、屋舍只剩遗址，但也有保存得相当不错的。那天整个交河故城，就只有我们这一拨游客。田震站在一座保存相对完好的土窑式的房子前面对我说：“海潮，你有没有一种感觉。这种样子，就像能从屋里走出一个唐朝的人，看也不看咱们，接着去干他的事。”田震所说的感觉我也有，我想那天所有的人都会觉得自己和历史之间，离得如此之近。

这种人去城空的荒凉，让每个人都若有所思也若有所悟。从交河故城出来，田震和翟建新导演一直讨论着什么样的人生才算是快乐而有意义的人生。翟导老家在白洋淀，他说他像小兵张嘎一样，在白洋淀里游来游去的童年是最快乐的时光，田震也说自己在门头沟山里的岁月最为难忘。但大家都感叹那些美好时光早已逝去，在梦里都很难相遇了，就像这交河故城一样，曾经的那些热闹景象，连回忆都已断代，只能凭后人各自的想象。人们在这种最直观的历史变迁面前，很容易明白一个道理，那就是快乐也好，伤心也罢，一切终成往事，你能把握的，只能是你现在的生活。如果每个现在都是快乐真实的自我，那你的一生，应该就是快乐而有意义的人生。

我们还参观了吐鲁番市区、坎儿井还有左公柳，给我的疑问是，什么样的信仰，才能成就林则徐和左宗棠那样伟大的人？要说公仆这个词的话，这两个人无疑是这个词的标本。我当是只是对林则徐，有一些那种大家都有的泛泛认识，对左宗棠的认识，除了镇压农民起义以外，别的几乎不怎么知道。但这次旅行，让我了解到不少关于他们所创造的伟业。当时就在心里感慨，要没有左宗棠的话，作为陕西人，可能就没有我这个人的存在了。

这次旅行使我对田震有了新的认识，在以前，我只是认为她是大名鼎鼎的歌星，但在这次旅途的聊天中，我发现她对很多事情都有自己独到的见解。我记得可能是看了一天的历史遗迹，我们大家聊着聊着聊到了历史，也不知怎么的就聊到了远征军，我才发现自己对这段历史的了解，远远不及田震。在十几年后电视剧《我的团长我的团》热播时，有一次我和田震聊到这部剧，她说她看了好几遍，而且她显然对那段历史又有了不少新的感受。由此可见，在演艺事业之外，田震显然有另一个广阔天地，她能从那里找到属于自己真正的乐趣。你在各种花边新闻中，根本找不到田震的影子，这对于一个演艺生涯近三十年的人来说，是个奇迹。

跟田震熟了以后，她告诉我，说前一天彩排之前，她一直纳闷儿，怎么老有一个电工一样的人跟着演员一起形影不离？还是翟导告诉她我是个歌手，演唱《楼兰新娘》。田震说她听过不插电的演出，也知道我，只是当时没对上号，把我当成电工了。在乌鲁木齐的几天过得很愉快，我也认识了田震、张恒、柳力博等人。在首都机场向田震告别的时候，她随口说了句："没事的时候，给我写两首歌。"我当时以为这是田震出于客气随便说说，因为在以往的演出中，也有歌手让我写歌，但往往都没了下文。而且我当时觉得像田震那种级别的歌手，给她写歌的人肯定都是词曲名家，还轮不到我这种无名小卒，所以我虽然嘴上答应着："好的，田姐。"但心里并没抱太多希望。

69

两个月后的一天，我的传呼机响了，我一回电话，是田震："海潮，歌写得怎么样了?"我当时脑子有些懵，因为我还没有满意的新歌，但又不愿失去这个机会，于是就说："田姐，都写好了，明天我拿给你听。"当天晚上，我在贺婧家里用音响录了几首歌的小样，还录了一遍当时没名字、只有一段的《干杯朋友》。录完后，我发现这也太不像一首完整的歌了，只能算动机，于是就叫贺婧帮我抹掉，那时候的磁带是可以洗掉内容反复录制的。但这首《干杯朋友》在诞生时虽然其貌不扬，可生命力显然比较顽强，竟然神使鬼差没被抹掉。第二天我去田震家里，她和制作人张卫宁听了我前面的几首歌，表示很不错，但我能看出来，那些歌并没有给他们眼前一亮的感觉。我们说话的时候，录音机依然转着，里面传出了那首只有一段的《干杯朋友》，他们俩听后很感兴趣，问我这是什么歌。

我说这歌还没名字，只有一段很不完整，我本来想抹掉，等完整以后再拿出来的。张卫宁听后马上拿过来一把吉他给我："你唱给我听听。"于是我拿过吉他，用一个和弦弹唱了这首只有一段的歌。张卫宁和田震显然被这首歌打动，田震对我说："海潮，你把这首歌的词写完，越快越好。"我说这首歌的旋律就这么一段，应该有副歌才对，他们俩都表示不用了，这么一段就够了。那是我第一次见到张卫宁，但他的名字我很早就知道。从校园民谣时代他制作《校园民谣》专辑，并为《同桌的你》等一系列校园歌曲编曲，到红星生产社制作郑钧的《赤裸裸》以及田震的《田震》专辑，张卫宁是那个时候国内一流的制作人。我很佩服他和田震对歌曲的敏锐判断，在《干杯朋友》还是雏形的时候，就能果断认定这是他们想要的音乐。

在随后的几天里，我全力投入歌词的创作，但写了好几稿自己都不满意。我发现越是简单的歌，词越难写。表达友情的歌在当时有不少，其中不乏情感真挚旋律动人的精品，我前几稿也是照着那个方向写的，甚至还加上了励志的成分，比如在送别朋友的时候，祝福他前路多珍重、未来多努力之类的。但那样的歌词形同废话，而且和第一段相去甚远，我自己不满意，田震和张卫宁也觉得没有新意。要说文字功底的话，田震属于那种深藏不露的人，偶然小露一手，就能技惊四座，她唱的那首《野花》就是她自己作的词。我当时就在想，他们俩之所以喜欢这首歌，就是因为第一段那种质朴却又真诚的感情，而那种情感是当初在北京站送别北大朋友时心底自然流淌出来的，不是坐在屋子里遣词造句造出来的，这首歌既然诞生于离别时的站台，我自己又是一个为了梦想四处漂流的人，那我何不去火车站走走？

就这样，在一个晴朗的下午，我来到北京南站。自从92年寒假，我从这儿以一个“信访人员”的身份离开北京，就再也没有来过这里。五年过去了，时间似乎是绕此而过，这个地方没什么变化，四处还是面带倦色、灰头土脸的拥挤人流，但多了不少商店和饭馆，耳边全是用喇叭播放的各种叫卖声：“走过路过不要错过，本店商品一律两元……”“几度风雨几度春秋，春有毛衣夏有裤头……”南站西边的一个胡同尤其热闹，汇集着各式各样的人，旅客、访民、市民、打工的，还有几个外国人拿着相机打量着周围的人群。在这地方摆地摊的人很多，卖着各种各样的东西，大多都是旧衣服、旧物件之类的。我发现其中还有几个旧书摊，就走到一个旧书摊前，刚蹲下，就看见摆摊的人慌乱地收摊四散奔逃。这种场面我当然很熟悉了，当小贩的时候没少经历。我记得一个蹬三轮卖菜的中年男子，一边飞快地蹬着三轮，一边不住回头用河南话大声喊：“敌进我退！敌进我退！”脸上竟然还带着笑容，远处一个女人抱着孩子冲他大喊：“不是的，不是的，快回来！”看来这是一场虚惊，摆摊的人们又纷纷回到原来的位置，那个卖菜的男子竟然又笑着喊：“敌退我进！敌退我进！”向着他的妻儿蹬车而去。

我来这里的目的，本来是要感受一下人们离别时的那种气氛，好从中寻找到自己写这首离别歌、朋友情的灵感，但眼前看到的一幕幕场景，显然与我想象中的或浪漫或伤感的艺术化氛围，相去甚远。这里的离别或是重逢，几乎都是为了生活而产生的空间位移，忙忙碌碌的人们从这个地方去往另一个地方，或从别的地方来到这个地方，只是为了寻找一个自己想象中的，更好的梦想之地。这么多为了寻找更好生存空间的人，汇集到一起，往往制造出彼此都很失望的环境。所以，我来这里寻找我想象中的，像电影里那种感人的朋友送别场景，企图从中获得灵感，自然是徒劳无功了。但这个世界就是这么奇怪，所谓有心栽花花不开，我专门去找灵感，灵感却像猫猫一样躲着不见，可当我放弃找它准备回去的时候，它却自己找上门来。

那天回宿舍的路上，我偶然抬头，才意识到终日在城市里的自己，已很少仰望天空。那天的天气非常好，湛蓝的晴空延伸到人的想象之外，我就一直站在路边抬头看着天空，就像我小时候流鼻血，不得不做的那样。周围路过我身边的人，如同那个老笑话里讲的一样，有不少人顺着我的目光，也抬头看着天，他们不明白空空如也的天上，究竟有什么东西，能让这个年轻人如此的着迷。有个老头路过我身边，围着我转了一圈，然后看了看天上问我：“鸽子不回窝了？”我看着他，有些哭笑不得，同时也意识到，自己站在路边这么一直看着天确实很奇怪。于是我准备坐车回宿舍，但就在那一刹那，脑子里竟然冒出一句话：天空是蔚蓝的自由。构成这句话的词语都很简单，但搭配到一起竟让我如此喜欢。我不知道这句话对我要写的歌词有什么用，但我知道，人们写歌，就是对世界有话要说，而这句话，就是我在心底里最想说的，虽然它还很不完整。我赶紧把这句话记下来，生怕自己忘了，回到宿舍，立即投入创作。我把这句话延展为这首歌的第二段，然后把一年前在麟游的麦浪中捡来的那句“绿绿的原野没有尽头，像儿时的眼眸”，发展为这首歌的第三段，再加上当初在北京站站台上写的第一段，于是，一首完整的歌曲《干杯朋友》就这样完成了。我把歌词拿给张卫宁和田震，他们看后一致认为，太棒了，一个字都不用改。

干杯朋友

朋友你今天就要远走，干了这杯酒。
忘掉那天涯孤旅的愁，一醉到天尽头。
也许你从今开始的漂流，再没有停下的时候。
让我们一起举起这杯酒，干杯啊朋友。

朋友你今天就要远走，干了这杯酒。
天空是蔚蓝的自由，你渴望着拥有。
但愿那无拘无束的日子，将不再是一种奢求。
让我们再次举起这杯酒，干杯啊朋友。

朋友你今天就要远走，干了这杯酒。
绿绿的原野没有尽头，象儿时的眼眸。
想着你还要四处去漂流，只为能被自己左右。
忽然间再也忍不住泪流，干杯啊朋友。

（收录于1998年田震《顺其自然》专辑　杨海潮词曲）

两个月之后的一天，田震通知我去红星生产社签歌曲的合同，包括这首《干杯朋友》在内，我有三首歌被红星生产社选中。那天我和阴影乐队的小毛一起去往红星生产社，这家公司创造了中国流行音乐的很多传奇，它旗下的歌手郑钧、田震、许巍、小柯、希莉娜依、眼镜蛇乐队、麦田守望者乐队等等，都是当时歌坛炙手可热的人物，它的制作人团队也同样优秀，张卫宁、张亚东、栾树伟、程进等人，也是国内当时一流的制作团队，甚至它的企宣团队，像詹华、姜弘等人也成为日后企宣行业中的标杆人物。总之，红星生产社在当时是国内原创音乐的一面旗帜，参加过不插电音乐会的安徽歌手李徽，就签约了红星，让我们大家都羡慕不已。

红星音乐生产社位于北京西边老山的半山腰上，有着独立的别墅式的小楼，工作人员和歌手吃住在一起，跟我们当时在汉唐那种共产主义的生活很类似，但显然比我们富裕。红星的老板叫陈健添，是香港人，英文名字叫 Leslie，此人是华语乐坛屈指可数的优秀星探。他曾慧眼独具地发现 Beyond 乐队并与之共同奋斗，成为 Beyond 乐队的经纪人，见证了这支不朽乐队从初创到辉煌的整个历程。他也曾发现王菲、黑豹乐队等人的音乐才华，并将其介绍到香港，为他们后来的辉煌打下基础。陈健添后来在北京组建红星生产社，并全力打造由郭传林推荐的郑钧，使之成为 1995 年前后国内乐坛最火热的红星之一，影响力一直持续至今。而红星生产社在 1995 年推出的《田震》专辑，使得田震这位歌坛宿将再次成为中国歌坛的风云人物，重现昔日傲视群雄的霸气。

陈健添留着小胡子，一副温文尔雅的样子，田震介绍我们认识，他对我说你叫我 Leslie 就好了。在签过合同之后，我们在红星的餐厅一起吃饭，聊天时我得知 Leslie 是甲壳虫乐队的超级粉丝，他收藏着甲壳虫乐队几乎所有的唱片，还有跟甲壳虫有关的很多纪念物。Leslie 很喜欢《干杯朋友》这首歌，而且这首歌的名字也是他起的，因为大家为这首歌想名字的时候，都不知该叫什么，Leslie 就说这首歌一直重复着“干杯，朋友”，那就叫“干杯朋友”好了。陈健添很赞赏陕西歌手的创作实力，他在大陆做的第一个歌手郑钧就是陕西人，而当时的许巍也是红星的签约歌手，他的那首《执著》被田震唱红大江南北，在没什么宣传的情况下，许巍第一张专辑《在别处》取得令人惊讶的销量。

Leslie 对音乐及艺人有着敏锐的判断力，但他在唱片公司的经营方面，显然逊于他对艺术的把握，因为日后他旗下的艺人如 Beyond 乐队、郑钧还有其他的一些歌手都与红星纠纷不断。那次是我第一次去红星，还没有感觉到什么危机，但日后我数次去红星，可以用每况愈下来形容。当我在 1999 年冬天有一次去红星的时候，在路上碰见了红星的签约歌手李徽，好久不见的他当时从石景山回来，手里拎着一个烤饼用的饼铛。我说你的小日子过得不错啊，还自己烤起饼来了，没想到李徽听后说：“什么不错，我这是准备去街上卖烤饼。”看我不相信的样子，他再次强调：“真的，我真的要去卖烤饼。”我从红星出来后相信了他所说的话，因为当时的红星生产社似乎只剩下 Leslie 的弟弟路易斯，还有一个会计，另外的人就是终日在红星二楼的小屋里弹琴写歌的许巍。

红星生产社从辉煌到没落乃至后来销声匿迹，只有短短的几年时间，这种结局令人唏嘘。从大的方面看，跟国内当时整个音乐环境有一定关系，那就是在商业利益驱动下，快餐式的流行歌曲大行其道，同时盗版异常猖獗，追求有沉淀、有底蕴的原创音乐步履维艰，连红星这样的品牌也落到朝不保夕的地步。从小的方面说，就以我个人的体会，那就是创作者的权益几乎没有任何保障，我当时跟红星签了三首歌，拿到预付版税九千港币，也就是差不多九千多人民币，按照合同约定，唱片公司每年分两次把收益的百分之五十分给作者，如果真按照这个标准，那就像很多人说我的那样，靠版税收入就足以使我过上所谓富足的生活。可实际情况是，包括《干杯朋友》这首流传广泛的歌在内，2003 年以前，我在红星生产社拿到的版税总共不到两千块钱，这让我都不太好意思说出来，这个可怜的数字，怎么能配得上“版税”这两个代表创造所得的汉字。2003 年以后，我再也没有得到来自红星方面的任何版税，因为红星已经没了。但我还得遵守当时所签的合同，不光我得遵守，凡是跟红星生产社签过作品代理合同的人，都得遵守，包括 Beyond 乐队、郑钧、许巍等等所有作者。

而唱片公司对此的解释是，他们收不到钱，自然无法分版税给作者。这种情况，借用当时流行音乐圈一句流传很广的话，就是把大家从穷人变成了有名的穷人，我所知道的很多创作者在当时都在此列。我记得有一篇关于许巍的报道，许巍说他在红星的时候，虽然两张专辑的销量都在几十万张，但在 2002 年左右却不得不回家，甚至想开个小商店，而当时他回家的火车票钱还是找朋友借的。当然，现在的许巍万众瞩目，苦熬十年终成正果，作为歌手，他实现了自己的梦想，但即使像许巍这样当红的创作歌手，他每年收到的创作版税也就几千块钱。这种现状使得很多创作人要么成为歌手，靠演出挣钱，要么大量接歌写歌，以量取胜，就跟工厂接订单一样。但创作这种事情，毕竟跟生产袜子、裤子还是有区别的，批量生产的歌曲大家也都听到了，往往和袜子、裤子一样，男款都差不多，女款也都很像。

刚开始，我沉浸在《干杯朋友》的走红给我带来的兴奋中，想着以后好好写歌就行了，像我这种不爱抛头露面的人，用创作养活自己再好不过了。可是后来，当我发现歌曲再红也跟作者没什么关系的时候，我和另外几个作者一起去找红星，那次我们几个人加起来，拿到的版税也不到五千。红星当时的老板，Leslie 的弟弟路易斯，给我们出示了详细的版税明细单，一脸无辜："全在这里了，就这么多，我也没办法。"我相信他所说的话，这个澳籍香港人看上去有着挺不错的修养，他的哥哥把他派到大陆来，管理危机日益深重的红星音乐生产社。这个从小在讲规则的社会中长大的年轻人，面对这个无序竞争的市场，似乎总处于焦头烂额及孤立无援之中。我相信他所说的是真的，因为真相可以掩饰，真诚却难以伪装，我能从他的脸上，看到那种真诚。

我记得我最后一次给他打电话，是在 2002 年左右，那次他接我电话的时候，似乎在挤地铁，因为电话里传出地铁到国贸站时播音员的报站声，旁边还有人不断催促他："你到底上不上啊?"但即便如此，路易斯还是在电话里向我耐心解释关于版税的问题，当然，那是一个他永远无法解释清楚的问题。有些事情，在我们这片土地上，往往都变了样，这不是某个人或某个行业的问题，这是一个国家对创造和制造的态度问题。在这一点上，作为个人来说，你无能为力。说到著作权保护，中国音乐著作权协会这个民间组织，这么多年来一直在默默地为音乐创作者们，贡献自己的力量。我在 1995 年就成为这家协会的会员，虽然刚入会的时候，一年收到的版税才几十块钱，但他们在保护创作者的合法权益方面，从未停止努力。我的版税从刚开始的几十块钱，到现在一年能收到几万块钱，这十几年间从未间断，而且呈不断上升之势。对此，我作为一个创作者，真的很感激，如果没有音著协这些年来的不懈努力，那我们这些把青春岁月献给音乐创作的人，只能在青春已逝的时候，集体合唱刘欢的那首《从头再来》了。

我之所以用这么长的篇幅，把后来发生的事情提前写出来，是因为著作权保护的强弱程度，影响到我日后的人生轨迹。要知道，并不是每个投身于音乐行业的人，都很愿意成为一个歌手的。是的，我曾经想当一个歌手，并为此付出了许多年的努力，也为了这个梦想四处漂泊、颠沛流离，但是当我最终实现这个梦想的时候，却发现自己并不适合做一名职业歌手，或者说歌手这个职业跟我的性格相左。于是我将所有精力投入到歌曲的创作中，并在后来的岁月里，创作出了不少还算有些影响的作品，但是这些年的经历告诉我，纯粹靠写歌生活的话，只是个神话，如果把歌坛比作花坛的话，那花坛里总该有些绿叶吧？如果绿叶们都蔫头耷脑的，那你怎么可能指望那些花儿们长盛不衰呢？在后来的岁月中，我做过很多跟音乐没多少关系的工作，所幸都还跟创作有关，从广告公司的创意文案到创意总监再到影视剧策划拍摄，这些工作当然与音乐创作没多少关系，但却是我生活的主要保障。我一直还写着歌，并将一直写下去，如果说每个人一生中都有一个不变的理想，那我的，依然是创作歌曲。只是如今我的创作，已没有什么非要达到的目标，忠于内心，写出我眼中的这个世界，是我对自己创作唯一的要求。

70

生活永远有自己行进的轨迹，它不会因为我把后面发生的事提前写出来，前面的那段日子就会隐身不现，相反，从写出那首《干杯朋友》开始，我的幸福生活终于来临，并一直持续至今。1997 年 10 月份的一天令我记忆犹新，在医科大学的宿舍里，我们几个再次和卢苇展开象棋大战，说是大战，其实就跟一帮小孩联合对付一个成人差不多，即使我们这边又多了从新疆来的彪形大汉李洪波，战果依然一败涂地。卢苇手揽一摞本来属于我们联军的“兵马”，任我们联军七嘴八舌，他却一脸蒙娜丽莎般的神秘微笑，人也像蒙娜丽莎一样我自岿然不动。诸葛孔明在谈笑间，樯橹灰飞烟灭，可卢苇连谈都不用谈，只用他那神秘的微笑，就让我们联军人仰马翻。我们屡战屡败，以至于大家推选人高马大的李洪波向卢苇提议：“走，咱们去操场，比比摔跤。”卢苇再次让大家领教到他的聪明。一脸书生气的他面对我们的挑战，不慌不忙说道："比摔跤没问题，可是每次下棋我至少让你们两个棋子，那摔跤的话，洪波得让我两条胳膊。"我们一听当然无法接受："洪波不用胳膊还怎么摔?"卢苇听后微微一笑："这个你们不用操心，怎么摔那是我的事……"

他的回答聪明而又幽默，等我们反应过来，大家哈哈大笑。笑声中，收音机里传来排行榜的介绍：排行第一的作品是田震演唱的《干杯朋友》，作词作曲杨海潮。那一刻，宿舍安静了下来，大家认真听完这首歌，顿时一片欢腾，因为他们见证了这首歌的诞生过程——从我在宿舍里一遍一遍用吉他试各种版本的歌词，到现在第一次听到就成为排行榜的冠军。那天晚上，我们在宿舍喝酒庆祝，杨雪飞给大家做了他最拿手的一道菜，柳蒿芽炖排骨，那个柳蒿芽是他从大兴安岭带来的，我们大家都很喜欢。我们喝了不少酒，一起唱着《干杯朋友》，这首歌似乎很应景，在喝完这顿酒后没几天，杨雪飞和姚林军就回牙克石去了。而我，也将在两个月后告别这间宿舍，从此结束飘来飘去的单身生涯，从那时候开始，我的人生即将开始全新的篇章。

1997 年的最后两个月，虽然已是寒冬，但对我来说，却是收获的季节。我从二十一岁也就是上高五那年开始创作，到我即将二十七岁的时候，终于让更多的人知道了我的作品，听到了我对这个世界的表白。我曾经像个农夫一样，默默耕耘着自己的土地，因为我知道，除了耕耘这片土地，我没有其他赖以生存的办法。在眼前这个世界越来越热闹、越来越华丽的时候，我只能站在自己的地头，拄着锄头远远地看着，我明白，在自己的土地没有收获之前，那是一个与你无关的世界。在我耕地的时候，有路过的朋友帮我扶犁，我播种的时候，有热心的朋友帮我撒种，我还能遇到像薇娜那样的好姑娘，在烈日下为我擦去额头的汗水。命运如此善待我这个农夫，在我耕耘的每个环节，都有朋友陪在身旁，替我分担劳作的艰辛，为我增添平凡的快乐，还在薇娜离开之后，把贺婧这样一个从少年时代就和我在一起、优秀善良的女孩安排回我的身边，从此和我一起并肩耕耘，共担风雨，用她宽容的心，容纳我这个优点明显、缺点突出的生活中的艺术家，艺术家中的生活者，开始我们共同的岁月，至今已走过十多个春秋。

我这个农夫终于在1997年年底前，喜看稻菽千重浪，耳边尽闻我的歌。《干杯朋友》一经田震演唱，迅速成为热门歌曲，我随便到什么地方，总会在不经意中听到它。有一次我和贺婧坐公交车，坐在我们前排的一个小伙子看着窗外，一路上没完没了地唱着这首歌。我初次体会到自己的作品被人传唱的喜悦，要不是贺婧拉住我，我都差点拍着人家肩膀说："这首歌是我写的。"还有一次在琉璃厂，那里有很多乐器店，贺婧和我都喜欢旅游，她要给我买把旅行吉他，携带方便。我们去了好几家店，都没有那种吉他，好不容易在一个店看见一把小一些的吉他，那家店的老板或是店员，一个扎着马尾的男子却一脸傲慢，先来了句："哎，不买别碰。"在得到我确实要买的回答后，他又问我："会弹吗?"我如实相告："会一点，就几个和弦。"于是他拿起琴调了一会儿，很熟练地弹起来。他弹得确实很好，第一首弹的是《yesterday》，第二首弹的竟然是《干杯朋友》，弹了一段后抬眼看着我："好听吗?"我说："好听，好听。"于是就掏钱买下了这把吉他。

那时候有很多做音乐的同时也经营琴行，这个人显然也是其中之一，因为他虽然经营琴行，但脸上一直有种类似虎落平阳的神情，所以在我买琴的过程中，他始终显得傲慢，一副居高临下的架势，就像国营餐厅的服务员。我的买琴，在他这种傲慢下，变成了求琴，于是心里颇不舒服，在临出门前，对他说："你刚才弹的第二首歌，是我写的。"说完，我把他的那副傲慢神情，移植到自己脸上，拉着贺婧离开。回来的路上，贺婧对我进行了严肃的批评："你有些骄傲了啊，他喜欢你的歌，你应该高兴才是，你非得让人家知道那是你写的，那以后会唱这首歌的人越来越多，你干脆拿个大喇叭站在街上喊：'我是这首歌的作者!'"她没说完就被自己的话逗笑了，我也被想象中的那个场面逗乐，同时也觉得自己总想炫耀自己。

贺婧告诉我，她们医院一位女医生的丈夫是一位老作曲家，曾经写过很多中国人耳熟能详的作品，但他从来不刻意炫耀自己，总是拎着饭盒给自己的爱人送饭，谁能想到那是一位写过那么多优美歌曲的人。我非常敬重那些天才式的老艺术家，比如刘炽，我为自己家乡能出现这么一位伟大的作曲家而骄傲。现在的很多人都不知道这个名字，但没关系，因为人们无法绕过他的作品——《我的祖国》《让我们荡起双桨》《新疆好》等等。还有王酩、雷振邦等等一大批艺术家和他们不朽的作品——《难忘今宵》《知音》《五朵金花》《花儿为什么这样红》等等等等。抛开歌词的历史局限不说，那些音乐作品在艺术上达到的高度令后人难以望其项背，可这些人招摇的从来只是作品。我就这么一首作品开始为人关注，就沾沾自喜，于是受到了“领导”贺婧的批评，我也虚心接受。在以后的岁月中，我见多了那种有一两首歌走红一两年，就狂妄得目空一切的人，我只能说，原谅他吧，那仅仅是出于无知。

1998 年对我来说，是喜事连连的一年：1 月 10 号，我和贺婧举行了婚礼。我越来越认同当时汉唐同事们说我有狗屎运的说法，因为我的岳父母对我这个“六无”女婿，没有什么物质上的要求。在他们看来，现在有的，不代表将来就一直有，现在没有的，将来有了就行，没有也不是什么大不了的事，年轻人如果受制于物质束缚，将无缘面对更广阔的天地。他们的这种想法来源于自身的学识及豁达的性格，他们是我见过的活得最洒脱的老人，从年轻时就热衷旅行，那时候大家工资都不高，但只要有节假日，他们基本上就是在去远方的路上。退休后他们更是一年时间里，往往半年在路上。两个白发苍苍的老人，开着一辆同样上了年纪的汽车，跑遍了中国的绝大部分省份，如果没有边境线的话，那世界上很多国家的人，都可以一睹这对中国老人的风采。

人以怎样的心态面对生活，生活将以同样的面目示人。这两位老人近半生的旅行生涯中，总是会遇到友善的面孔，就算曾经遇到过一些危险，但竟然都神奇地化险为夷。八十年代初，他们去广东沿海旅行，在汕头一带的渔村里看见有人在卖电子表，这在当时的内地还是稀罕物，于是他们就想买一些送给同事。谁曾想当他们跟着几个当地人去家里看货时，刚一进院子，那几个人就把门一关，手握木棒凶相毕露，让他们把随身的钱物交出来。贺婧的父亲毫无惧色，怒喊道：“我当了一辈子军医，走南闯北什么人没见过？还会怕你们这几个毛贼？”听他此言，对方一个领头的态度明显转变："你是医生?"于是，刚才上演的打劫场面，迅速转换成一场对远方来客的欢迎仪式。原来那个领头的人，他的妈妈得了病，在很多地方都没有治好，于是对这两个送上门来的军医一番款待。医生以救死扶伤为天职，在那人的恳求下，贺婧的父母在他家里住了好几天，悉心为他的妈妈治疗，老人的病情大为好转，几近康复。临走时，那家人感激得无以复加，送给他们很多当地的土特产，当然，也少不了这场喜剧的媒介——那些电子表。

2003年秋天，两位老人开着一辆老爷车，旅行到云南省，在中缅边境的大山里，他们见识了什么叫拐不完的弯和永不散去的雾。在这样的路况下，我岳父的车撞上了一辆丰田霸道，把人家的车门给撞凹进一个大坑。对方下车后开口就要他们赔五万块钱，我岳父说我们身上没有五万块钱，这样吧，这辆车我也不要了，你们随便处理就当赔款，说完两人开始收拾东西，并留下车就准备走。对方的几个人竟被二老这个举动给逗乐了。他们可能从来没见过这样的老人，行为如顽童，再一看他们的车牌，从那么远的北京来，于是心生敬意，就跟他们聊了起来，还聊得很投机，也不要他们赔钱了，还交换了联系方式。聊天中，对方说自己是云南烟草公司的车，车本身有保险不碍事，还关切地询问他们需不需要帮助。这种坏事变好事的情形，在他们的旅行中还碰到过几次。我的岳母总说你平时怎么对待别人，那在你遇到问题的时候，别人也会以同样的方式对待你。他们两个就是这种崇尚自由生活、不为物质牵绊、总在路上的人，于是也就对我这个飘来飘去、一无所有的人有了同类般的理解，在我和贺婧的婚事上，他们给了我们完全的自由。

我们在宝鸡举办了婚礼，我的中学同学还有朋友、亲戚以及父母单位的同事欢聚一堂，婚礼办得很热闹。那些曾给我许多帮助的朋友来了不少：有给我一大把硬币助我第一次北京之行的程光进，还有在钢管厂给我提供食宿让我专心写歌的王凯声，带我到岐山县参加帐篷歌舞团的王斌，给我介绍很多优秀音乐并给我在西安提供食宿的林涛，还有表哥张谦等等很多人。大家都知道那些年我是怎么过来的，所以都为我真心感到高兴。我的父母更是乐得合不拢嘴，那时候爸爸和妹妹的二手车生意做得不错，也有了一些积蓄，婚礼基本上都是他们操办的。我爸妈对贺婧喜爱有加，在以后的岁月中，他们每年都有一段日子住在北京，短则几个月，长则一两年，贺婧和我父母的关系竟然比我还要好。说来惭愧，我总是忙忙碌碌，难得跟父母聊天谈心，再加上经常创作，有时候脾气暴躁，喜怒无常，多次让父母伤心。性格温和的贺婧成了我和父母之间的纽带，我爸妈有什么事经常先和贺婧商量，他们之间的关系那么融洽，十几年来从没闹过一次别扭。我常在网上看到声讨公婆的儿媳或怒斥儿媳的公婆，于是就常在心里庆幸，天哪，看来我真是那个有狗屎运的人。

71

就像失望、无望、绝望曾经排着队等我一样，喜事们也常常采取排队的方式，一个接一个的到来。我和贺婧在宝鸡家里过了一个非常温馨的春节，那也是我五年来第一次在家过年，同时也是那些年来我们家第一次团圆。过完年我们回到北京没几天，就接到张卫宁的电话："海潮，准备一下，咱们去广州领奖去。"原来是我们的《干杯朋友》得了国内十大金曲奖。于是在3月的一天，我和张卫宁、田震以及红星生产社的老板 Leslie，还有艺术总监杨晓东一起飞往广州领奖。说到杨晓东，我们还真是有缘分，我当初作为流浪歌手，四处跑唱片公司的时候，他在北京文化艺术出版社，曾握着我的手说：欢迎你们这些来自全国各地的有志青年！后来我在几次演出或其他活动中，至少有两三次和他住一个房间，想起来很有意思。一年前，张卫宁、田震听我唱这首还只有一段的歌，如今这首歌已开始被人传唱，还四处得奖，这个过程也真的很有意思。那时候，程光进、梁民等几个我中学时的朋友恰好在广州，还有曾经跟我在西安和林涛住在一起的江冰，我们一起分享了这份喜悦。我们还给在深圳的李骐打电话，却没有联系到他。我很想在这首歌得奖的时候，李骐能够在场，但生活就是这样，不可能一切圆满。

我们在天河体育馆领奖，真是大腕云集，众星璀璨，香港那边也来了不少艺人。他们那边娱乐产业发达，艺人是财富流水线上最重要的一环，所以处处都要把这一点显露出来，往往前呼后拥如临大敌。我在后台和江冰他们聊天时，一群人簇拥着一个我看着眼熟的女人走过来，那些人应该是保姆、保镖还有保安。我真佩服那些保镖猫头鹰般的视力，因为在后台那么暗的地方，他们还都带着墨镜。那群人走近我才看出那是当时很红的陈慧琳，她在广州这种地方更是粉丝众多，而且粉丝们的眼神比保镖还要好，看台离嘉宾席那么远，但他们依然能一眼看见自己的偶像，兴奋地高声喊着她的名字。

我走向领奖的嘉宾席，发现写有我名字的座位旁边，紧挨着的座位上写着付林，我心想人生何处不相逢啊，五年前我第一次去付林老师家里，拿着自己的歌向他自荐，如今我们坐在一起领奖，这期间的甘苦真让人感慨，同时我也为自己一年前，在电话里说要告他而感到不好意思。过了会儿，付林老师入座，他写的《香港，别来无恙》也得了金曲奖，他发现旁边坐的是我，也同样有些感慨。我们愉快地聊起了一些往事，他很高兴我取得的成绩。那一刻，我就在想，如果当初我没完没了地纠缠《楼兰姑娘》那件事，把心思放在如何借机炒作上，那今晚坐在这里领奖的，可能也就不是我了。人生说到底，就是一系列轻重之间的选择，何为轻？何为重？每个人的看法都不会相同，对孰轻孰重不同的判定，决定了每个人不同的人生。

晚宴的时候，第一次吃粤菜的我差点闹笑话。我看到餐桌上一人一碗汤，色泽诱人，于是就准备端起来喝。坐在我身边的田震见状，迅速把手伸进自己面前的碗里，我顿时明白那是洗手水，于是也学着她的样子，把本来伸过去准备端起来喝汤的手，伸进碗里洗了起来。田震此举很让我感激，因为当着一大桌的人，她没法告诉我那是洗手水，不能喝，于是就用这种巧妙的办法，避免了我当众出洋相。我们那一桌人除了红星生产社的人马，还有零点乐队的五个大汉，那时候他们是国内最火的乐队，我们双方都不知道的是，仅仅几个月之后，我们这一桌除了红星老板 Leslie 以及艺术总监杨晓东，剩下的人都成了同一家公司的同事。

娱乐圈的分分合合聚聚散散，就像当天郑钧获奖的那首《天下没有不散的筵席》中所唱的那样，作为红星的第一个歌手，与红星老板当时基本上是在公堂上见，其中的是非曲直外人无权评说，但当天两个人形同陌路，互相视而不见，让人唏嘘令人感叹。在晚宴上我遇见了黄燎原，自从汉唐的众位兄弟姐妹纷纷开起了酒吧，黄燎原干脆关了唱片公司，往来于各个酒吧之间，成了一名酒仙。此时他的身份是《音乐生活报》的副总编，这家报纸也是那次颁奖礼的主办方之一。我端着一杯酒，恭敬地向黄燎原敬酒，因为我知道，人的一生中，遇到的那些真心帮你的人，叫做贵人。

当我捧着两个奖杯回到北京，贺婧喜笑颜开："哎呀，我们家的状元回来了。"我一脸得意洋洋："怎么样？崇拜我吧？"贺婧顿时不屑："忘了我给你辅导功课的日子啦，还崇拜你呢……"我又接着要求："那你就崇拜我这一回，就一回。"于是贺婧把手放在胸前，做出一种崇拜的样子："哎呀，我真的好崇拜你哟。"随即一脸平静："那你今天洗碗。"于是我用一次洗碗，换得了一次崇拜。因为从初中就是同学，同学之间是很平等的，习惯了直呼其名，所以婚后的岁月，我和贺婧之间从来都没有昵称，而是直接叫全名。而且没有谁必须听谁的，家庭事务基本上是民主决策，但两个人一人一张选票，都有否决权，所以民主决策到最后往往无法进行。于是我提议，按出生年月排大小，我比她早生一年，月份也比她大好多，当然得听我的，但这个提议在世间只存在过这么一回，就遭到贺婧理所当然的否决。于是在我们家，经常会听到"石头剪子布"的男女声，要知道，那不是游戏，那是民主。

这种对民主和平等的追求，体现在我们家庭生活的各个方面，比如我们有一次聊天，聊到小时候看什么书，我说我小学看的是《儿童文学》，贺婧说她小学最爱看《少年文艺》。我当然不乐意了，我说我还比你大，我看《儿童文学》，你就看《少年文艺》了，你这不是在影射我智商比你低吗？于是我就问她小学都唱什么歌。贺婧往往只能唱出不到十首，而我能唱出三四十首，然后得意洋洋，以此追回刚刚失去的平等。我们的婚姻生活跟别人没什么两样，快乐融洽是主旋律，但也有争吵打闹，我的毛病不少，但贺婧为人宽容，我们没有持续时间超过一天的矛盾。婚姻是这个世界上最需要求同存异的结合，贺婧的工作和我的工作完全不同，但我们有着一个最大的共同爱好，那就是和我的岳父母一样，酷爱旅游。从开始的两人小组到女儿出生后的三人小队，再到三个人带着一条小狗，这么多年来，我们的足迹将梦想之地逐步一一踏遍。每当我看到她们三个快乐地游玩于原野之上、山水之间，我总会在心里感谢上苍，这是老天爷赐给我今生最大的幸福。

2010年10月28日晚，也就是现在，当我在电脑前刚写完上面这段话，贺婧也刚刚煮好一大杯咖啡。在我写这本书的日子里，这已成为她的习惯，她的下一个习惯是把咖啡放在我身边，然后探过头："让我看看写到哪了?"她看完这一段后说："咱们都结婚了，你流浪北京的日子也结束了，怎么还没写完?"我想想也是，如果要把后面十多年的事情写出来，那我得写到后年去了，看来流浪北京的日子是得结束了，后面的事情得重新再写一本书了。贺婧说你这些年过得多丰富多彩啊，下一本书干脆叫《我在北京的幸福生活》。我听后用一个"俗"字一票否决，我说就叫《暂住北京的日子》吧。你们娘俩都是北京人，我当了十六年的北京暂住人口，这个名字太合适了，这是一个充满哲理的身份，它无时不在提醒你，不要渴望永恒，一切都是暂时的，包括你来到这个世界上的生命，对，就叫《暂住北京的日子》。我的女儿此时正和她的忠实伙伴——小狗太白，从楼下玩回来，听到我的话，问我："爸爸，那你下一本书该写到我了吧?"我说："当然，不光有你，还有你的太白。"太白是我们家养的小白狗，名字取自秦岭的主峰太白山，寄托着我们这一家来自秦地的北京居民，对故土的念念不忘。